"双创"教育背景下大学孵化器
社会资本对企业创业绩效的影响研究

丁　克　著

东北大学出版社

·沈　阳·

图书在版编目（CIP）数据

"双创"教育背景下大学孵化器社会资本对企业创业绩效的影响研究／丁克著. -- 沈阳：东北大学出版社，2024.5. -- ISBN 978-7-5517-3537-7

Ⅰ. F272.923

中国国家版本馆 CIP 数据核字第 2024KP9942 号

出　版　者：东北大学出版社
　　　　　　地址：沈阳市和平区文化路三号巷 11 号
　　　　　　邮编：110819
　　　　　　电话：024-83683655（总编室）
　　　　　　　　　024-83687331（营销部）
　　　　　　网址：http://press.neu.edu.cn
印　刷　者：沈阳市第二市政建设工程公司印刷厂
发　行　者：东北大学出版社
幅面尺寸：170 mm×235 mm
印　　张：16.25
字　　数：330 千字
出版时间：2024 年 5 月第 1 版
印刷时间：2024 年 5 月第 1 次印刷
策划编辑：汪子珺
责任编辑：白松艳
责任校对：汪子珺
封面设计：潘正一
责任出版：初　茗

ISBN 978-7-5517-3537-7　　　　　　　定　价：66.00 元

基金支持

本书为 2024 年贵州省高校人文社会科学研究项目+2024RW273、"创新创业教育对大学生创新能力的影响研究"的研究成果。

同时，本书作为贵州省哲学社会科学创新团队：六盘水师范学院资源型城市旅游产业化研究（CXTD2023010）；2020 年六盘水师范学院校级重点学科项目"应用经济学"（编号：LPSSYZDXK202001）；六盘水师范学院科学研究培育项目"高校创业孵化器背景下新创企业社会资本对创业绩效的影响"（编号：LPSSY2023SSGPY02）等 3 个课题的阶段性研究成果，得到以上课题的资助。

前　言

　　科技是第一生产力，创新是一个民族进步的灵魂。随着"大众创业，万众创新"暨"双创"理念的提出，创新创业成为激发民众创业精神、缓解就业压力、推动经济和社会发展的主要方式。大学孵化器提供了技术和科学知识的转让、产品商业化的开发、创业企业的培养，成为大学生和草根创业者理想的创业平台。自1990年东北工学院（现东北大学）建立了中国第一家高校孵化器以来，大学孵化器得以快速发展。但是商业知识和商业社会关系网络的普遍匮乏，使得孵化企业容易遭遇客户的不信任、供应商议价能力过强和产品开发难度大等新进入者缺陷问题。企业社会资本和关系网络的培育对于企业创业绩效具有积极意义。

　　本书将研究视角聚焦于大学孵化器模式下的社会资本与企业创业绩效的关系。首先，系统检索了Web of Science外文数据库以及CNKI中文数据库中关于大学孵化器、企业创业绩效、孵化器下企业社会资本的主题文献，利用CiteSpace可视化分析工具对本书的研究主题脉络和趋势进行量化分析与可视化呈现。其次，分析了大学孵化器下企业集群的知识协同过程，讨论了隐性知识在企业间流动的基本原理。再次，构建了大学孵化器下社会资本与企业创业绩效关系的理论模型，并确定了理论模型的检验方法、样本和研究范式。之后，调查了贵州省18家大学孵化器中的421名创业者，采用定量研究和实证分析的方法对数据进行描述性统计学分析、效度分析、信度分析、因子分析、回归分析、中介效应分析、调节效应检验，探讨了大学孵化器下新创企业社会资本对创业绩效的影响。最后，根据数据分析结果，基于"双创"教育背景，提出大学孵化器下企业社会资本积累、创业绩效提升，以及创新创业高质量发展的对策和建议。

　　本书在内容安排上，尽可能全面、系统，从概念出发，系统回顾研究现状，使用科学研究范式，进行严谨的实证分析与检验。注意全书的整体逻辑结构及其各部分之间的内在联系。在叙述语言上，著者力求简明易懂，语言精练。在研究方法上，综合了文献计量法、问卷调查法、实证分析法等，以科学的研究方法和客观的研究态度去探究大学孵化器企业社会资本与创业绩效的关系，探究大学孵化器企业社会资本对创业绩效影响的实际过程和理论路径，以期为创业者、大学孵化器管理者、高校和其他读者提供有益的参考。

在本书出版之际，著者想要感谢重庆工商大学李红霞教授、泰国兰塔纳功欣皇家理工大学 Jiranwan 教授、贵州大学罗敏教授、贵州财经大学袁剑锋博士、六盘水师范学院余成斌博士在著者撰写书稿时给予专业的学术指导和无私帮助。感谢六盘水师范学院创新创业中心张万贺老师在本书实地调研和数据收集过程中给予的热心帮助。同时，感谢贵州师范大学刘苹苹、贵州师范学院韩灿、六盘水师范学院张发国等学生帮忙收集问卷、整理数据。

著者深知，对于大学孵化器企业社会资本和创业绩效的深入研究，在很多方面超出了著者个人的学识和能力范围。作为一名关注创新管理和创业教育的研究者，著者还处于不断学习、不断实践的过程中。因此，本书中可能存在一些不足、缺陷或者错误。在将本书奉献给各位读者的时候，著者真诚地希望读者对本书中的缺点给予批评和指正。著者将进一步阅读新的资料、开展更深入的社会实践调查，对本书不断完善，不断提高。

丁 克

2023 年 7 月 25 日

目　录

第1章　绪　论…………………………………………………………… 1

　1.1　研究背景　…………………………………………………… 2

　1.2　研究意义　…………………………………………………… 6

　1.3　研究问题　…………………………………………………… 8

　1.4　研究目的　…………………………………………………… 10

　1.5　本章小结　…………………………………………………… 11

　　本章参考文献　………………………………………………… 11

第2章　大学孵化器的概念及研究现状………………………………… 15

　2.1　孵化器的概念　……………………………………………… 15

　2.2　大学孵化器的概念　………………………………………… 16

　2.3　大学孵化器与科技孵化器　………………………………… 19

　2.4　大学孵化器的研究趋势　…………………………………… 21

　2.5　本章小结　…………………………………………………… 35

　　本章参考文献　………………………………………………… 35

第3章　创业绩效的概念及研究现状…………………………………… 40

　3.1　创业绩效的概念　…………………………………………… 40

　3.2　大学孵化器创业绩效　……………………………………… 41

　3.3　大学孵化器创业绩效的研究现状　………………………… 42

　3.4　大学孵化器创业绩效的研究趋势　………………………… 44

　3.5　本章小结　…………………………………………………… 58

　　本章参考文献　………………………………………………… 61

第 4 章　社会资本的概念及研究现状 ···················· 65

　4.1　社会资本的概念 ································· 65

　4.2　企业社会资本的概念 ························· 65

　4.3　企业社会资本研究现状 ····················· 67

　4.4　本章小结 ····································· 77

　本章参考文献 ······································· 78

第 5 章　创新集群下的企业知识协同 ···················· 82

　5.1　集群的概念和特征 ··························· 82

　5.2　知识协同的概念 ····························· 86

　5.3　集群企业知识协同的信任关系分析 ············· 88

　5.4　孵化器下企业间知识协同过程分析 ············· 92

　5.5　本章小结 ····································· 100

　本章参考文献 ······································· 100

第 6 章　企业社会资本与创业绩效的关系模型 ··········· 102

　6.1　关于孵化器和社会资本研究的先期理论 ········· 102

　6.2　大学孵化器下企业社会资本维度的划分 ········· 107

　6.3　探索式创新和利用式创新的中介作用 ··········· 112

　6.4　创业者风险承担与孵化器主动行为的调节作用 ··· 115

　6.5　企业社会资本与创业绩效研究理论模型 ········· 117

　6.6　本章小结 ····································· 122

　本章参考文献 ······································· 123

第 7 章　企业社会资本对创业绩效影响的分析方法 ······· 127

　7.1　社会科学研究的基本范式 ····················· 127

　7.2　贵州省大学孵化器概况 ······················· 130

　7.3　变量测量和研究设计 ························· 140

　7.4　模型验证与数据分析方法 ····················· 149

　7.5　试点测试的统计分析结果 ····················· 154

　7.6　本章小结 ····································· 163

本章参考文献 ·· 163

第8章　新创企业社会资本对创业绩效的影响路径 ········· 166

8.1　研究问题概述 ··· 166

8.2　变量与样本 ··· 171

8.3　主效应检验 ··· 178

8.4　创新行为的中介效应检验 ······························· 187

8.5　创新行为的中介作用分析 ······························· 194

8.6　本章小结 ··· 195

本章参考文献 ·· 196

第9章　新创企业社会资本对创业绩效的影响机理 ········· 198

9.1　研究问题陈述 ··· 198

9.2　变量与样本 ··· 200

9.3　主效应检验 ··· 205

9.4　创业者风险承担的调节效应检验 ························· 206

9.5　管理者主动行为的调节检验 ····························· 211

9.6　风险承担和主动行为的调节作用 ························· 215

9.7　本章小结 ··· 218

本章参考文献 ·· 219

第10章　新创企业社会资本对创业绩效的研究结论 ········ 222

10.1　社会资本与创业绩效的直接关系结论 ···················· 222

10.2　社会资本与创业绩效的关系路径结论 ···················· 224

10.3　社会资本对创业绩效的影响过程结论 ···················· 226

10.4　本章小结 ·· 228

本章参考文献 ·· 228

第11章　"双创"教育下促进创新创业发展的管理启示 ······ 230

11.1　刚柔并济，促进社会资本的建构和积累 ·················· 230

11.2　守正创新，激发师生创新活力与创业动力 ················ 234

11.3　踔厉奋发，培养创业者风险承担意识 ···················· 236

11.4 奋楫笃行，发挥孵化器管理者主动作用 …………………… 237

11.5 本章小结 ……………………………………………………… 239

本章参考文献 …………………………………………………… 239

附 录 …………………………………………………………… 241

大学孵化器社会资本对新创企业创业绩效影响调查问卷 ………… 241

第一部分：大学孵化器社会资本对新创企业创业绩效影响调查问卷 …… 242

第二部分：孵化器、企业和企业负责人基本信息情况 ………… 244

后 记 …………………………………………………………… 246

第1章 绪 论

2015 年，国家出台了《国务院关于进一步做好新形势下就业创业工作的意见》和《国务院办公厅关于深化高等学校创新创业教育改革的实施意见》等文件，提出要施行就业优先的策略以推行大众创业、万众创新，对于高校大学生等重点群体，要推动他们参与就业，鼓励他们采取多种形式进行就业。"大众创业，万众创新"的"双创"理念使得创新创业成为推动中国经济和社会发展、提升国家综合国力，以及缓解高校毕业生就业压力的主要方式。同时，创新和创业也为国家科技创新的发展提供了"创新创业型人才"，扩大了人力资本储备。在这样的背景下，很多高校更加积极地探索创新创业发展的路径。

大学孵化器，也称作大学科技园，作为高校的"双创中心"，是促进创业发展和培育新创企业的重要阵地。而大学孵化器内培育的创业企业则是"双创"教育可持续发展的核心载体，是创业者将创新知识转化为市场可接受商品的主要阵地。通常说来，孵化器网络下的新创企业拥有最新的研发技术和创新知识，但是商业知识和商业社会关系网络普遍匮乏，容易遭遇客户的不信任、供应商议价能力过强和产品开发难度大等新进入者缺陷问题，导致创业绩效低下，孵化失败。而新进入者缺陷问题可以通过强化社会关系网络、抓取商业知识和经验来解决，即企业社会资本强化。但是孵化网络下企业社会资本与孵化企业绩效之间的关系仍存争议。部分学者的研究结果表明大学孵化器下新创企业构建利益交易网络和共同价值规范能够促进创业企业绩效的提升；也有学者认为过多社会关系会分散创业企业的注意力，过度的网络社会资本投入可能会导致负面回报。这个争议长期困扰着企业负责人和孵化器管理者。因此，高校孵化器背景下企业社会资本对新创企业绩效的影响成为本书的关注点。

>> 1.1 研究背景

1.1.1 现实背景

大学孵化器对于促进新企业成长和创新创业发展具有积极的作用。创业有助于新产品的产生、就业机会的增加、生活水平的提升和贫困的减少，被视为一个国家创新促进和经济可持续发展的关键驱动力。而在全球范围内，企业孵化器特别是大学孵化器已被视为支持创业发展和新企业成长的重要机制。大学汇聚的是一群最有理想和创意的人群，他们实现知识与技术的创新开发，而这种知识研究和知识转让对经济发展产生重大影响。

大学孵化器加快了科技成果的转化，孵化成功大量企业，是中国主要的创新模式之一。大学孵化器提供了技术和科学知识的转让、商品商业化的开发、创业企业的培养、前沿研究的营销和合作研究，成为草根创业者理想的创业平台和科技小企业孵育的天堂。中国被认为是非常重视大学创新的国家，政府积极推动大学与企业的合作开发、促进高校与外部机构的联动、培育新创企业的成长，成功地生产出创新产品，创造新兴业务，成为中国主要的一种创新模式。1990年，自东北工学院（现东北大学）建立中国第一家大学孵化器以来，经过三十多年的探索和发展，大学孵化器依托高校优势，不断强化核心功能，在创新资源集成、科技成果转化、科技创业孵化、创新人才培养、开放协同发展等方面取得显著成效。图1.1展示了近年来大学孵化器的快速发展。

在中国，依照大学孵化器的规模、孵化企业数量和质量、建设水平等，划分为国家级、省级和一般级别的大学孵化器。近年来，国家级大学孵化器数量和孵化企业数量逐年增加，孵化了大量的企业，孵化企业具体数据详见图1.2。

国家级大学孵化器数量

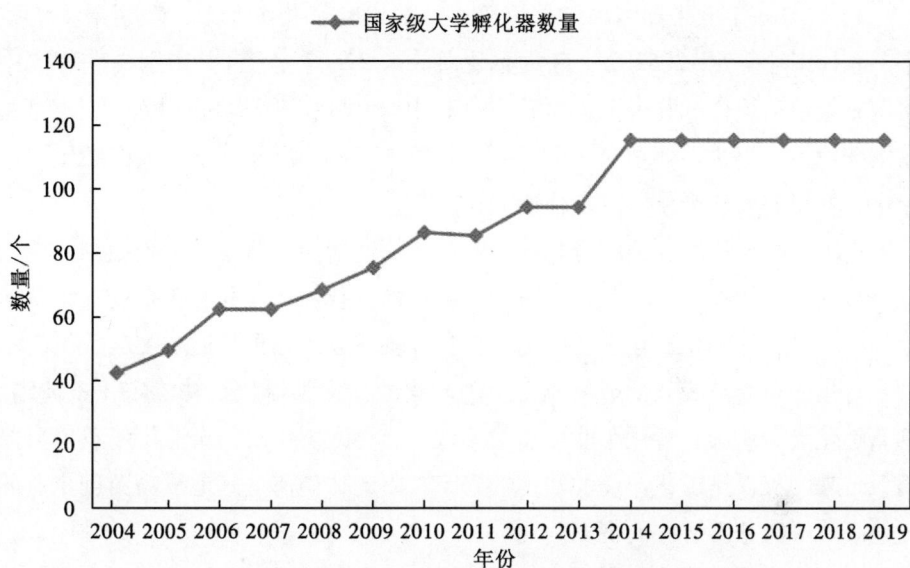

图 1.1 中国国家级大学孵化器 2004—2019 年数量变化统计①

在孵企业数量　已孵企业数量

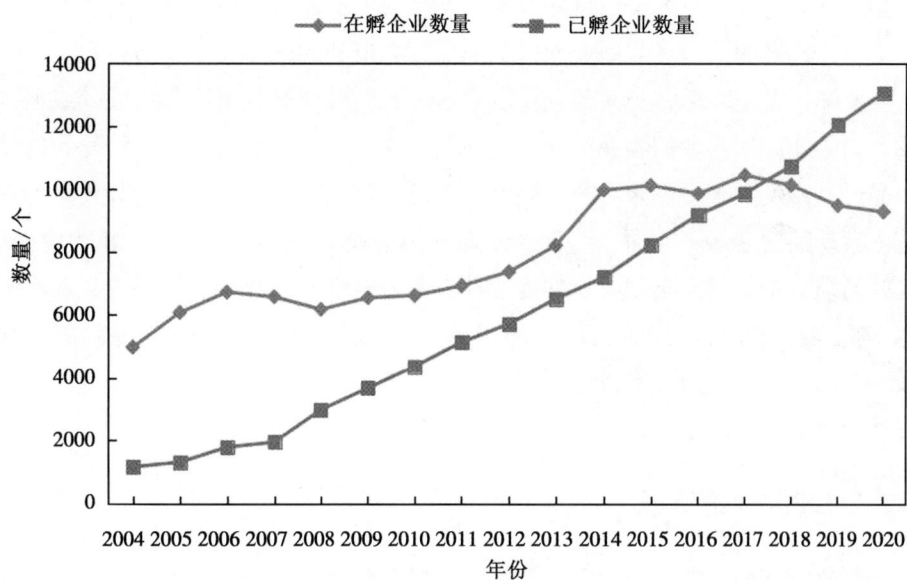

图 1.2 中国国家级大学孵化器新创企业和已孵化企业数量变化统计

---

① 数据来源：中国火炬统计年鉴 2020。

截至 2019 年，中国国内"国家级大学孵化器"共 115 个，新创企业 9483 个，累计毕业企业 12052 个，新创企业总收入 325.7 亿元①。特别是作为"中国国家大数据综合试验区"的贵州省，是中国大数据开发实验和创新应用试验的主阵地，成为业界新理念、新观点、新思维互通交流和创新发展的殿堂，近年来，贵州省大学孵化器得以快速成长。

中国大学孵化器和完成孵化的企业数量快速增加，但是孵化企业创业绩效提升缓慢。虽然中国大学孵化器数量大幅增加，新创企业和孵化企业数量快速增加，可是大学孵化器在发展中仍然存在许多问题，如盲目追求孵化数量的增加、孵化面积的扩展和低端复制，更为严重的是大学孵化器功能定位不清晰、创新孵化能力偏低、孵化企业创业绩效低下，导致孵化出的企业市场竞争力薄弱，带来的仅仅是孵化产业的非理性繁荣。因此，如何更好地提高新创企业的创业绩效成为急需解决的现实问题。

大学孵化器下创业者所拥有的网络社会资本水平能有效解决新创企业"新进入者缺陷问题"。大学孵化器中的创业者有着独特的个体特征，通常包括技术型新创人员、研究人员、创业教授或学生，他们通常以创业者的新角色，作为学术入选者的身份参与商业网络。他们拥有最新的研发技术和创新知识，但是商业知识普遍匮乏，与其他创业者、客户和供应商等的商业联系很少或根本没有。因此，创业者们容易遭遇供应商议价能力过强、消费者的不信任和创新产品开发难度大等新进入者缺陷问题。幸运的是，企业社会资源能有效改善新进入者缺陷问题。一方面，新创企业初期的创业资金、核心员工、首份订单、规模与绩效主要都来自创业者的商业社会关系网络，创业者所拥有的关系资源越丰富，就越容易获得相关信息和资源支持；另一方面，与志同道合的人会面、互动、分享的内部支持协同则能够促进新创企业经验的增长，是新创企业成功孵化的关键因素。

1.1.2 理论背景

孵化器网络中的社会关系资源弥补了单个创业企业资源和能力的不足。孵化器是一个由新创者组成的社会网络，而社会资本是嵌入社会网络中的一系列现实的和潜在的资源，可以被个人或社会单位接触或获取。在大学企业孵化网

---

① 数据来源：中国火炬统计年鉴 2020。

络中，孵化器内的在孵主体大学、投融资机构、孵化器、中介服务机构、商业咨询机构，以及其他新创企业等组织通过联合互动，形成了以合作共赢、资源共享和风险共担为目标的孵化网络。而新创企业的社会资本来源于不同网络主体之间的合作关系，这些合作伙伴关系依靠共享感知得到加强，被视为一种认知性的社会资本；而孵化器的桥梁作用为新创企业建立丰富的社会关系提供了有效的保障，使新创企业更容易获得专业咨询服务、技术援助、资金支持、政策支持和市场信息，被认为是关系性社会资本；同时，网络的集群优势可以帮助新创企业与其他网络成员形成认知、共同价值和愿景的共享，创造网络协同效应，提升共享资源的效率，这种社会资本被认定为结构性社会资本。

大学孵化器下新创企业社会资本对新创企业创业绩效的影响成为学者们争论的焦点。部分学者的研究结果表明大学孵化器通过帮助新创企业构建利益交易网络来提升创业绩效，并且大学孵化器的空间距离集聚和统一管理，有助于创业企业共同价值观的孕育。因此，孵化器下新创企业社会资本正向影响新创企业绩效。但是，也有学者的研究结果表明新创企业精力有限，过多的社会关系会分散新创企业的注意力；强关系网络会限制新创企业的个人边界；过度的网络社会资本投入可能会导致负面回报。这一部分学者认为大学孵化器下新创企业社会资本与新创企业在孵绩效无关，甚至存在负相关关系。因此，虽然大量研究结果表明大学孵化器下新创企业社会资本有助于提升新创企业绩效，但社会资本与孵化企业绩效之间的关系仍存在争议。

企业创新行为在孵化器下企业社会资本和创业绩效的关系中扮演中介角色。大量学者的研究结果表明科技型企业通过创造新机会、创造价值及利用机会来创造可持续竞争优势，创新是创业活动的主要内容。而新创企业创新创业活动包括利用式创新和探索式创新，利用式创新和探索式创新行为是企业创业活动中保持持久生存能力的重要方式。企业探索式创新的主要方式为获取新知识、探索新服务、开发新产品、创建新市场，从而获得暂时垄断，提高企业创业绩效，而利用式创新则倾向于沿用企业现有经验、知识、技术和市场，通过提升技术和扩展原有市场等方式获取企业绩效。影响企业创新的因素有很多，在孵化器网络中，内部知识共享和信息沟通能促进协同创新；诚信和契约激励组织成员畅所欲言和知识共享；共同愿景、价值观和语言则有助于组织成员齐心协力实现创新。关于创新对企业绩效的影响则得到学者的普遍认可，部分学者认为创新有助于企业绩效的提升。但现有研究多以成熟企业作为研究对象，而较少关注新创企业创新能力与创业绩效之间的关系，特别是在孵化器网络下，新创企业的创新能力和创业绩效之间的关系有待进一步验证。作为创新的主阵地，大学孵化器下新创企业社会资本促进创新从大学成功移植到了企业，但孵化器下新创企业社会资本与新创企业之间的关系路径机理仍然模糊不清。特别是对于更加具体的社会资本的各个维度如何通过影响企业创新从而影响创业绩效，还没有一致的可信任的观点。

创业者的风险承担和孵化器管理者的主动行为在企业社会资本和创业绩效关系中具有调节作用。学者们探索了创业者的风险承担能力和孵化器管理者的主动行为等创新特征对企业创新方面的重要作用，认为创业者的风险承担能激发创业者的冒险意识，提高他们勇于承担风险的能力，对于创新具有积极作用；而孵化器管理者的主动行为则可以将新创企业与其他网络连接起来，并且可以加强组织内部个体间信任和友谊的建立，增加新创企业社会资本，影响知识的流动，促进创新发展。但在大学孵化器中，从社会资本理论视角探讨创新对于新创企业创业绩效的中介作用，以及创业者的风险承担能力和孵化器管理者的主动行为对于创新调节作用尚未被学者们深入探讨。

▶▶ 1.2　研究意义

作为给新创企业提供创业资源网络合作的平台和渠道，大学孵化器被各国视为促进创新发展和支持新企业创业的重要工具。大学孵化器是一个由教授、学者、学生、新创企业为主要新创者组成的社会网络，而社会资本是嵌入社会网络中的一系列现实的和潜在的资源，可以被个人或社会单位吸收或获取，从而促进企业成长。本书基于社会资本理论视角，揭示大学孵化器下新创企业社会资本与新创企业创业绩效的交互作用机理，具有重要的理论和现实意义。

1.2.1　理论意义

第一，本书深化了企业社会资本理论研究，扩展了其研究广度。基于社会资本理论，从孵化器网络化的视角，探讨影响大学孵化器内新创企业创业绩效的社会资本因素，分析孵化器模式下新创企业社会资本对于新创企业绩效的价值影响，深化了孵化器下新创企业社会资本理论。作为特殊的中介组织，大学孵化器通过搭建社会网络关系、建立孵化器管理规范、加强内部企业的沟通合作，为新创企业提供各种服务和资源。大学孵化器下新创企业社会资本体现在孵化网络的关系强度、资源渠道、网络结构紧密形成的结构性社会资本；孵化器内共同的语言、文化、价值观形成的认知性社会资本；孵化主体之间无形的信任、规范、责任和认同形成的关系性社会资本。在社会资本视角下，通过定量研究的方式，以调查和访谈为主要方法，深入刻画大学孵化器下企业社会资本对创业绩效的影响，构建大学孵化器下新创企业社会资本与新创企业创业绩效关系理论模型，为当前新创企业的创新孵化模式提供理论基础，丰富和拓展社会资本理论在大学孵化器领域的运用，为深化创新孵化机制提供新的理论视角。

第二，本书系统梳理了孵化器下新创企业社会资本与创业绩效的逻辑关系。本书通过梳理孵化器下新创企业社会资本、企业创新行为与创业绩效的关系，提出"孵化器下新创企业社会资本—创新行为—新创企业绩效"非线性关系，完整地刻画出新创企业创新生成路径。从探索式创新和利用式创新两个维度，探究孵化器下新创企业社会资本对于新创企业创新行为的影响，进而影响企业绩效的关系路径，揭示新创企业创新行为（探索式和利用式）的中介作用，厘清新创企业社会资本通过促进企业创新提升绩效的思路，填补该研究领域知识的空缺。

第三，本书为孵化器下新创企业社会资本与创业绩效关系研究提供了新的理论阐述。从创业者风险承担和孵化器管理者主动行为调节视角，提出"孵化器下新创企业社会资本—创新行为—新创企业绩效"关系的综合理论框架。大学孵化器下企业社会资本通过影响创新行为促进创业绩效提升，这一关系受到组织人员行为的调节作用。基于孵化器组织人员行为视角，提出创业者风险承担和孵化器管理者主动行为是"孵化器下新创企业社会资本—创新行为—新创企业绩效"关系的重要权变因素，这为已有研究的争议提供了新的理论阐述。

1.2.2 现实意义

大学的研究、教学和创业活动对于地方经济发展和国家经济发展都有重要作用。特别是研究和知识转让对这种增长产生了重大影响。大学孵化器的建立对于鼓励技术和科学知识的转让、促进创新和培育新创企业有重要意义。本书为探索大学孵化器与新创企业的交互、孵化器下新创企业之间的交互机理提供了重要的参考，有助于指导大学孵化器的管理实践和孵化器新创企业创业发展实践。

首先，对于新创企业而言，本书有助于企业采取积极行为，促进绩效提升。基于社会资本研究角度，探讨"孵化器下新创企业社会资本—创新行为—新创企业绩效"非线性关系，深入地认识孵化器下新创企业社会资本如何影响企业创新生成路径机理，从而影响企业绩效，对新创企业充分利用孵化器模式下新创企业社会资本相关资源进行知识交流、经验分享、技术创新，从而采取积极主动的创新行为，提高企业绩效和存活率，为创业成功提供管理启示。

其次，对于大学孵化器而言，本书有助于大学孵化器管理者提升服务，协助交流，规范管理。如何提升自身竞争力，提高孵化企业存活率与绩效，帮助企业适应消费者市场需要，一直是大学孵化器面临的现实问题。在中国大力倡导"双创"教育高质量发展的背景下，构建孵化器内部共同的认知和文化，从而促使企业间达成共识、加强网络结构治理以优化孵化网络结构功能，强化资源渠道，最终完善孵化器下新创企业社会资本，提高新创企业创业绩效是当下大学孵化器发展的关键。因此，本书对指导大学孵化器服务能力提升、孵化器规范化管理、孵化器商业模式创新具有重要现实意义。

最后，对于政府部门而言，本书可为政府指导大学孵化器发展、优化创新体系提供参考借鉴。在中国，自 1990 年第一家大学孵化器出现以来，大学孵化器便成为国家创新体系的重要组成部分和实施创新发展的政策工具。大学孵化器对促进知识转让、技术创新、科技成果转让、孵育新创企业、建设国家创新体系具有重要作用。因此，本书为政府部门指导大学孵化器发展、加快国家创新体系建设、促进创新平台发展与关系治理等方面都具有重要的现实意义。

▶▶ 1.3 研究问题

大学孵化器是一个由新创企业组成的社会网络，作为新创企业与内部或外部潜在合作伙伴之间的中介，大学孵化器帮助新创企业与供应商、专业服务的提供者、金融和资金机构、研究机构、大学及企业之间等建立丰富的社会关系，促进新创企业与网络内外部人员实现交流合作，获取专业咨询服务、技术援助、资金支持、政策支持和市场信息，从而促进企业创新成长。因此，基于孵化器下新创企业社会资本视角，刻画创新孵化机理，促进新创企业创业绩效研究成为当前孵化器新创企业理论和实践关注的焦点。从已有关于大学孵化器下新创企业社会资本与新创企业创业绩效的关系来看，学者从不同角度进行了探究，但相关研究结论仍存在争议，二者之间路径机理仍然不够清晰，大学孵化器下新创企业社会资本如何有效促进新创企业的创业绩效，成为需要解决的问题。因此，现有研究需要深入理论和实证来研究大学孵化器下新创企业社会资本与新创企业创业绩效的路径机理。

大学孵化器通过搭建资源平台，为新创企业构建利益交易网络和价值规范，提供系列业务帮助，正向影响新创企业绩效，促进新创企业的存活和成长。而部分学者持相反的态度，认为过多的关系维护会导致负面回报，影响孵化器创新创业投入，对新创企业绩效不利或没有关系。因此，在大力提倡创新创业发展的背景下，基于社会资本理论，探讨大学孵化器模式下新创企业社会资本与创业绩效的关系意义重大。因此，大学孵化器模式下新创企业社会资本对新创企业创业绩效促进是否有价值？影响新创企业创业绩效的孵化网络社会资本有哪些？这是本书需要回答的第一个问题。

研究问题 1：大学孵化器下企业社会资本与创业绩效之间的关系是什么？社会资本与大学孵化器新创企业的创业绩效是否存在相关性？

现有研究大多关注孵化器下新创企业社会资本对于企业创业绩效的直接关系。而事实上，在大学孵化器中，知识创新和技术创新企业是大学孵化器最主要的新创企业，创新活动是新创企业创业活动的重要内容，大学孵化器下企业社会资本与创业绩效关系会受到企业创新行为的影响。但是，现有研究较少刻画孵化器下新创企业社会资本下新创企业创新行为的特点和影响。在大学孵化器特定组织情境下，新创企业受知识、资源和经验的约束，影响新创企业创新行为。因此，对于孵化器下新创企业社会资本与企业创业绩效关系研究，新创企业的探索式和利用式创新行为的中介效应需要进行深入的理论和实证探索，新创企业创新生成路径这一特定关系需要深入研究。这是本书需要回答的第二个问题。

研究问题 2：新创企业的社会资本如何影响创业绩效？创新行为在大学孵化器下创新企业的社会资本与创业绩效之间是否起到中介作用？

企业创新行为的选择不仅依赖现有的资源，同时与行动者的行为选择密切相关，创业者风险承担意愿和对成功的渴求越强烈，越容易采取创新行动。而那些积极主动的管理者，可以参与传递关系给入驻企业的管理者，在孵化器租户之间建立信任和友谊的基础上建立网络和社会互动，促进知识流动和创新。因此，从孵化器组织人员行为角度出发，创业者风险承担和孵化器管理者主动行为是解释孵化器模式下新创企业社会资本与企业创新关系的核心。因此，著者认为值得深入探索创业者风险承担和孵化器管理者主动行为对"孵化器下新创企业社会资本—创新行为—新创企业绩效"这一创新生成路径具有怎样的调节作用？这是本书需要回答的第三个问题。

研究问题3：新创企业的社会资本是否直接影响创业绩效？创业者的冒险行为和孵化器管理者的积极行为如何影响社会资本与创业者绩效的关系？

>> 1.4 研究目的

研究大学孵化器下新创企业社会资本对新创企业创业绩效影响的目的总结如下。

首先，探讨大学孵化器下新创企业社会资本的维度，以及各个维度对新创企业创业绩效的价值影响。大学孵化器内的新创企业，其创业绩效的结果受许多影响因素制约。本书通过调查研究，重点探讨大学孵化器下新创企业社会资本变量对新创企业创业绩效的影响。变量包括：孵化器结构性社会资本，如孵化器的网络联结、网络配置和网络结构；认知性社会资本，如共同的语言、文化、价值观；关系性社会资本，如信任、规范、责任、期望、认同。

其次，讨论大学孵化器的社会资本对于新创企业创业绩效的影响机理，并分析了企业创新行为的中介作用。孵化器下新创企业社会资本是嵌入孵化网络中各主体之间的社会关系和资源的总称，企业通过创造（探索式创新）和利用（利用式创新）孵化器内的关系和资源来创造价值，从而促进企业绩效的提升。本书以贵州省大学孵化器为研究对象，通过调查，对大学孵化器模式下新创企业社会资本对新创企业绩效的影响进行实证研究，并探讨探索式创新和利用式创新的中介效应。

最后，深入探讨孵化器管理者主动行为和创业者的风险承担对于孵化器下新创企业社会资本与创业绩效的调节作用。研究基于社会资本理论的视角，对大学孵化器下新创企业社会资本如何直接影响新创企业的创业绩效进行了实证研究。研究结合贵州省大学孵化器的实际情况，从提高企业认知、完善孵化网络结构、强化关系等角度提出创业绩效提升的支持体系，探讨孵化器管理者主动行为和创业者的风险承担促进新创企业创业绩效提升的对策和途径，努力探索知识和资源高速流动的孵化网络体系。

1.5 本章小结

本章通过讨论提供了本书的研究背景，有必要探讨大学孵化器背景下新创企业社会资本与创业绩效的关系；孵化网络下的社会资本对于企业绩效提升和创新发展具有重要实践价值。同时，阐述了研究价值、研究意义、研究问题和研究目的。此外，定义了理论框架中的主要概念，并描述了研究方法和研究的局限性。最后，对研究的结构进行了总结。

本章参考文献

[1] 蔡固顺,王方,裴云龙.新时代国家大学科技园高质量发展的若干建议[J].中国高校科技,2021(5):67-70.

[2] 杜建华,田晓明,蒋勤峰.基于动态能力的企业社会资本与创业绩效关系研究[J].中国软科学,2009(2):115-126.

[3] 葛宏翔,梁微.社会资本对创业绩效的影响分析:创业机会感知能力的调节作用[J].技术经济与管理研究,2020(7):45-50.

[4] 胡小龙,丁长青,肖鹏.社会资本、知识获取与新创企业的创业绩效[J].统计与决策,2013(16):171-173.

[5] 蒋天颖,张一青,王俊江.企业社会资本与竞争优势的关系研究:基于知识的视角[J].科学学研究,2010,28(8):1212-1221.

[6] 谭云清.上海民营企业创新现状、问题与对策:基于375家上海民营企业的调研报告[J].科学发展,2021(10):24-32.

[7] 马红玉,陈梦妍,夏显力.社会资本、心理资本与新生代农民工创业绩效

[J].科研管理,2020,41(11):193-201.

[8] 齐文浩,王利国,王云霞.社会资本调节下创业绩效对经济增长的影响研究[J].山东社会科学,2022(11):152-161.

[9] 薛静.创业者特质、社会资本与创业企业绩效:研究述评及展望[J].管理现代化,2018,38(6):122-125.

[10] 吴能全,李芬香.创业者心理资本、人力资本与社会资本对其创业能力的影响研究:基于结构方程模型的分析[J].湖南大学学报(社会科学版),2020,34(4):39-46.

[11] 王国红,周建林,邢蕊.孵化器"内网络"情境下社会资本、联合价值创造行为与新创企业成长的关系研究[J].中国管理科学,2015,23(S1):650-656.

[12] 张魁伟,许可.产业集群的社会资本运行机制[J].经济学家,2007(4):59-64.

[13] 张鹏.PPP模式在产业园区建设中的应用与思考[J].中国商论,2019(5):215-216.

[14] 张鑫,谢家智,张明.社会资本、借贷特征与农民创业模式选择[J].财经问题研究,2015(3):104-112.

[15] 仲璐,刘颜楷.双创背景下创新型设计人才培养双螺旋模型研究[J].大众文艺,2019(24):231-232.

[16] 周妍.双创教育背景下大学生创业意愿对创业行为的影响研究[D].长沙:长沙理工大学,2021.

[17] 朱鹏.创业绩效:理论溯源与研究进路[J].求索,2020(6):157-166.

[18] ATUAHENE-GIMA K,MURRAY J Y.Exploratory & exploitative learning in new product development:a social capital perspective on new technology ventures in China[J].Journal of international marketing,2007,15(2):1-29.

[19] ANTONCIC J A,ANTONCIC B,GANTAR,M,et al.Risk-taking propensity and entrepreneurship:the role of power distance[J].Journal of enterprising culture,2018,26(1):1-26.

[20] AUDRETSCH D B,KEILBACH M.The theory of knowledge spillover entrepreneurship[J].Journal of management studies(wiley-blackwell),2007,44

(7):1242-1254.

[21] BOURDIEU J, KESZTENBAUM L, POSTEL V G, et al. Intergenerational wealth mobility in France, 19th & 20th century[J]. Review of income & wealth,2019,65(1):21-47.

[22] CHAN L K C, KARCESKI J, LAKONISH-OK J. On portfolio optimization: forecasting covariances & choosing the risk model[J]. Review of financial studies,1999,12(5):937-974.

[23] CHANG Y Y, HUGHES M, HHTHO S. Internal & external antecedents of SMEs' innovation ambidexterity outcomes[J]. Management decision,2011,49 (10):1658-1676.

[24] CHEN F, TEBOURBI I. The relationship between business performance, corporate social responsibility & innovation capital: a case study of Taiwan[J]. Managerial & decision economics,2021,42(2):360-368.

[25] DÍEZ-VIAL I, MONTORO-SÁNCHEZ Á. How knowledge links with universities may foster innovation: the case of a science park[J]. Technovation,2016, 50/51:41-52.

[26] ETZKOWITZ H. Incubation of incubators: innovation as a triple helix of university-industry-government networks[J]. Science & public policy,2002,29 (2):115-128.

[27] FREEMAN R E. My own book review strategic management: a stakeholder approach[J]. Management,2022,25(1):67-69.

[28] HEE-JAE CHO, PUCIK V. Relationship between Innovativeness, quality, growth, profitability, and market vsalue[J]. Strategic management journal, 2005,26(6):555-575.

[29] KOKA B R, PRESCOTT J E. Designing alliance networks: the influence of network position, environmental change, and strategy on firm performance[J]. Strategic management journal,2008,29(6):639-661.

[30] KOSTOVA T, ROTH K. Social capital in multinational corporations & a micro-macro model of its formation[J]. Academy of management review,2003,28 (2):297-317.

［31］ LEE R.Social capital & business & management：setting a research agenda ［J］.International journal of management reviews,2009,11(3)：247-273.

［32］ LIU Y N,CHEN Y F,REN Y,et al.Impact mechanism of corporate social responsibility on sustainable technological innovation performance from the perspective of corporate social capital［J］.Journal of cleaner production,2021, 308(0)：127345.

［33］ MCADAM M,MCADAM R.High tech start-ups in University Science Park incubators：the relationship between the start-up's lifecycle progression & use of the incubator's resources［J］.Technovation,2008,28(5)：277-290.

［34］ PORTES A.Social capital：its origins & applications in modern sociology［J］. Annual review of sociology,1998,24(1)：1.

［35］ TANG W,CUI Y G.Private enterprise life cycle & R&D input［J］.Journal of accounting monthly,2015(36)：8-13.

［36］ VOSS G B,VOSS Z G.Strategic ambidexterity in small & medium-sized enterprises：implementing exploration & exploitation in product & market domains ［J］.Organization science,2013,24(5)：1459-1477.

第 2 章　大学孵化器的概念及研究现状

≫≫ 2.1　孵化器的概念

1959 年，美国纽约贝特维亚的商人约瑟夫·曼库索（Joseph Mancuso）将自己的一幢 85 万平方英尺的综合大楼分隔成不同大小的单元（见图 2.1），将这些单独的隔间出租给那些准备创业或者创业不久的小企业，并向承租企业承诺会提供融资和咨询等服务来促进其成长。这一举措被验证是成功的，在接下来的几年时间，他成功地创造出了数以千计的就业机会。约瑟夫·曼库索将这种经营模式命名为"企业孵化器"。因此，贝特维亚工业中心成为世界上第一个帮助企业孵化和成长的"企业孵化器"。

图 2.1　贝特维亚工业中心①

① 资料来源：https://www.sohu.com/a/377272126_505902。

最初，孵化器只是提供基础设施服务和共享办公空间。现如今，企业孵化器已经发展成为在可流动期间以有形资源（如空间、共享设备和行政服务）和无形资源（如知识、网络接入）支持新企业的建立和成长，在开放式创新环境中提供各种商业服务，由赞助商（如政府、公司）提供资金和/或从受让人处收取租金（或较少的股权）的企业孵化组织。现今，企业孵化器已经逐渐演变出大学孵化器、区域孵化器、公司内部孵化器、独立运营孵化器、虚拟孵化器等不同类型。其中，大学孵化器作为知识创新和知识转化的重要单位，主要为科学家服务，承担着重要的公共使命。

≫ 2.2 大学孵化器的概念

正如 Houser（2014）所指出的那样，大学汇集了大批有理想和有创意的人群，大学孵化器提供了合作研究、开发知识产权和支持发明可商业化的新产品和服务的基础，成为草根创业者理想的创业平台。世界上，建立第一家大学孵化器的是美国的斯坦福大学。斯坦福大学于 1885 年成立，1891 年开始正式招生，占地约 8180 英亩（见图 2.2）。

图 2.2　斯坦福大学旧照①

---

① 资料来源：https://zhidao.baidu.com/question/1963781017511270780.html。

1951 年，为了弥补学校研究经费的不足，经斯坦福大学董事会研究，决定将校内闲置的一千英亩土地以极低廉的价格租给毕业校友或工商业界设立公司。再由这些公司与学校合作，为该校的教师提供研究项目场所和学生实习的机会。这种模式后来逐渐演变为将斯坦福大学实验室的技术向公司转让并转化为商品。作为一种技术转移和知识转化的创新模式，大学孵化器在许多国家和地区迅速推广。1872 年，英国先后建立了赫利奥特瓦特大学孵化器、剑桥科学园、沃里克大学孵化器等一大批科技园；1956 年，哈佛大学支持北卡罗来纳州立大学、北卡罗来纳大学、杜克大学建立了北卡罗来纳州科研三角园；20 世纪 60 年代，日本依托筑波大学启动了筑波科学城计划；2004 年，泰国教育部下属的高等教育委员会（OHEC）发起了大学企业孵化器（UBI）计划，以加强国家公立和私立高等教育机构的技术商业化；欧盟委员会强调了大学作为向社会转让和传播知识的推动者所发挥的作用，以期推动和塑造"2020 年知识欧洲"的建设。

而在中国，东北工学院（现东北大学）于 1990 年建立了中国第一家大学孵化器，拉开了大学孵化器的序幕。东北大学孵化器是中国第一家依靠高校优势创办的大学科技园。2001 年，东北大学孵化器被中国科学技术部和教育部联合认定为"国家大学科技园"，是全国首批 22 家被命名的单位之一。

图 2.3　东北大学创新创业孵化基地①

① 资料来源：https://image.baidu.com/search/detail？ct＝503316480&z＝0&ipn＝d&word。

大学的教学、研究和创业活动有助于经济发展，特别是知识转让对经济增长的影响尤为突出，能够鼓励科学技术的培育和转让，培养创业精神。Pellegrinil 等（2020）认为孵化器是由教授、学者、研究人员和当地创业者创立新创企业，推动电子产品和服务的开发，创办和加速初创公司的一套生态系统。

对于大学孵化器的定义并不少见，在各种研究中，大学孵化器的定义与大学孵化器、大学研究园、商务园和创新中心等互换使用。著者在文献中发现了一系列关于大学孵化器的广义和狭义定义（见表 2.1）。

表 2.1　大学孵化器的经典定义

大学孵化器的定义	作者与文献发表时间
一群研究和商业的组织，致力于将实验室中的研究成果应用到工业生产阶段	Worthington，1982
拥有绿地设施，容纳起步的和中等规模的高新企业并为其提供支援设备，也可以从事小规模的生产	Cruie and Eul，1985
是一种工商园区，园内主要企业的基本活动是研究和产品开发，而不是制造、销售或其他实业功能。从事研究与开发活动的主要是高水平的科学家和工程师	M. L. Luger and H. A. Goldstein，1988
目的是鼓励知识经济和其他相关组织在园内形成和发展；具有积极地为园区内的机构提供技术转让和商务服务的管理功能	UKSPA（英国科学园区协会），1998
现存和规划的土地和建筑的开发，主要目的是促进个人及公共机构的研发和高科技公司的发展，以及相关的支持服务；主要作用是促进大学及其工业伙伴的研究发展，帮助新的风险投资项目的成长和推进经济的发展；资助大学和工业企业之间技术和商业技能的转化	AURP（美国大学企业孵化器协会），2002
作为新创企业与外部潜在合作伙伴之间的中介，帮助新创企业与供应商、专业服务的提供者、金融和资金机构或研究机构等建立友好合作关系[①]	Schwartz and Homych，2010
目的是创办公司，并帮助它们在财务上变得可行[②]	Al-Mubaraki and Busler，2011

---

① 《英国科学园区协会 1998 年度报告》，英国科学园区协会网站：www.ukspa.org.uk。

② 美国大学企业孵化器协会网站：www.aurp.net。

表2.1(续)

大学孵化器的定义	作者与文献发表时间
大学为草根提供了理想的创业平台，因为它们汇集了雄心勃勃的人，同时为合作研究、开发知识产权和支持发明可商业化的新产品和服务提供了稳定的基础	Houser，2014
推动电子战产品和服务的开发，创办和加速初创公司，并创建创业生态系统；由教授、学者、研究人员和当地创业者发起新创企业	Mason Pellegrinil and Richard Johnson-Sheehan，2020

2006 年，科学技术部、教育部印发的《国家大学科技园认定和管理办法》，把大学孵化器（大学科技园）定义为"以具有较强科研实力的大学为依托，将大学的综合智力资源优势与其他社会优势资源相结合，为高等学院科技成果转化、高新技术企业孵化、创新创业人才培养、产学研结合提供支撑的平台和服务的机构"[①]。

≫ 2.3 大学孵化器与科技孵化器

在知识经济时代背景下，大学孵化器是大学发挥除教学和科研以外的第三种职能所产生的新的形态，是科技园区与大学结合的产物。大学孵化器的出现赋予了大学双重职责——既要生产新知识，又要促进技术转让和知识溢出。与一般的科技企业孵化器（以下简称 CBI）相比，大学孵化器（以下简称 UBI）有几点不同。

首先，资源依托不同。CBI 所依赖的资源是整个社会资源，通常为新创企业提供内部便利设施，如办公空间、文书支持、法律顾问和通信；而大多数 UBI 依赖于大学的基础设施，提供支持人员、设备和服务。UBI 主要发挥大学的科研优势，提供实验室和设备、管理和技术支持、法律咨询和网络等服务，为正在孵化的公司增加价值。

其次，对新创企业支持的持续度和目标不同。CBI 的目标是促进科技成果

---

① 中华人民共和国科学技术部网站：www.most.gov.cn/index.html。

转化为产品，倾向于将精力集中在处于启动和启动早期阶段的公司上，新创企业一旦在财务上实现自立，通常就会脱离 CBI；而 UBI 倾向于科技成果商品化，为新创企业推出的业务提供持续支持，实现自给自足的新创企业如果愿意，通常会被允许继续留在 UBI，成为大学不断扩大的创业生态系统和大学校园内及周边不断增长的企业网络的一部分。

再次，资金运行方式不同。CBI 倾向于向租户收取办公空间租金，有时还会持有新创企业的股权，以此来维系其运转。与此不同，UBI 的预算通常包括大学孵化器的信息系统维护经费。UBI 和它们的新创企业不仅可以通过申请外部资助，也可以从大学的研究基金会中提取内部资金。财政支持成为 UBI 运营的主要资金来源，这让 UBI 可以从长计议，而不仅仅依赖于内部创业公司的成功或盈利。

最后，功能定位不同。创业者通常会带着一个现有的商业模式、一类产品、一种服务的原型进入一个传统的 CBI，依靠自己的科技力量促进高新技术成果的商品化、产业化和国际化，完善优化产业结构和产品结构，开启创业之路。与此不同，在 UBI 中，创业者们通常处于概念阶段，UBI 提供关于如何创建公司、编写商业模式、开发平台、建立网络联系，以及营销产品或服务的概念培训，为初创团队（通常不是单个创业者）提供教育、监控和指导，并将他们与经验丰富的创业者、风险资本家、天使投资者和企业高管联系起来，为毕业生向潜在投资者推介的公开推介活动做好准备。总而言之，UBI 通常比传统的 CBI 更早开始与潜在的内部人员合作。

UBI 的主要功能更多体现在对中小企业的创新促进、技术和科学知识的转让、培养创业精神和前沿研究的营销、开发未来产品等方面。因此，我们可以对大学孵化器与科技孵化器的区别进行概括（见表 2.2）。

表 2.2　大学孵化器与科技孵化器的区别

区别点	大学孵化器	科技孵化器
资源依托	以高校或科研机构的技术力量、人才资源为主要依托	以整个社会资源为依托
设定目标	促进科技成果转化为产品	加速科技成果商品化
企业支持持续度	持续支持	主要支持处于启动和启动早期阶段的公司

表2. 2（续）

区别点	大学孵化器	科技孵化器
资金运行	财务预算，政府支持	收取租金，获取股权
基本活动	建立孵化器先进技术和产品的研究和开发活动，偏重研发与解化	从事集研究、开发、生产、销售和服务一体化的活动，偏重中试与成品的规模化生产
功能定位	提供关于如何创建公司、编写商业模式、开发平台、建立网络联系，以及营销产品或服务的概念培训，为毕业生向潜在投资者推介的公开推介活动做好准备	依靠自己的科技力量促进高新技术成果的商品化、产业化和国际化，完善优化产业结构和产品结构

▶▶ 2.4　大学孵化器的研究趋势

大学孵化器因为提供了技术和科学知识的转让、商品商业化的开发、创业企业的培养、前沿研究的营销和合作研究，而成为草根创业者理想的创业平台和科技小企业孵育的天堂。在中国，大学孵化器被称为大学科技园，是指以研究型大学或大学群为依托，把大学的人才、技术、信息、实验设备、图书资料等综合智力优势与其他社会资源优势相结合，为技术创新和成果转化提供服务的机构。它在加快科技成果转化、促进技术创新、培育科技型小企业、促进区域经济发展等方面发挥重要作用。

许多学者积极探讨了大学孵化器的功能和作用。他们认为大学孵化器主要包括三大职能：第一是培育创新主体；第二是促进企业技术创新；第三是支持企业创业活动。尽管学者们关注到了大学孵化器的重要性，以及其对于新创企业创业成效的积极作用，但是利用科学的文献分析工具对大学孵化器的研究热点和趋势进行系统分析的文献凤毛麟角。因此，本节使用 CiteSpace 软件绘制知识图谱，对大学孵化器的研究现状、热点、脉络和趋势进行研判，以掌握大学孵化器的研究现状。

首先，利用具备共现原理和 LLR 算法聚类原理的 CiteSpace 软件，绘制了大学孵化器研究的系列知识图谱，系统回顾了大学孵化器研究的现状、热点、脉络和趋势。接着，以 1995—2022 年 Web of Science（以下简称 WoS）数据库来源期刊中关于大学孵化器的 744 篇文献为数据分析对象，数据真实且权威，有利于提高结果的准确性。最后，通过分析知识图谱，掌握了大学孵化器研究的前沿，为其他学者的研究提供了参考和借鉴。

2.4.1 数据来源与研究方法

2.4.1.1 数据来源

本书以 WoS 核心合集为来源数据库，以 SCI、SSCI、A&HCI、ESCI 等为索引，采用高级检索模式，检索策略主要分为 3 步。第一步 Q1 为输入检索关键词 TS＝"university business incubator"；第二步 Q2 输入检索关键词，以 TS＝"university incubator" 进行检索；第三步以 Q1 OR Q2 进行检索。时间跨度为 1995—2022 年，检索时间为 2023 年 3 月 1 日。对检索结果进行筛选数据清洗后，共得到文献 744 篇。下载格式为文本形式，命名格式采用 download_ N. txt（N 为自然数）对文本进行命名。

本书仅从数据库中筛选期刊的研究程序，以确保所使用的研究是高质量的，已经接受同行评议。为了确保所有的研究都是适用的，著者要求全文可用。

2.4.1.2 研究方法

CiteSpace V 是美国德雷赛尔大学信息科学与技术学院以陈超美为首的研究团队基于 Java 平台开发的可视化软件。借助该软件，科研人员可以很好地洞悉某一知识领域或学科领域的发展脉络，并可以以知识图谱的形式展现该知识领域或学科领域的研究现状与研究趋势。同时，该软件可以通过图谱挖掘到数据，准确地帮助学者进一步深入研究。科学知识地图是科学计量引文分析的基本原理，它是基于信息可视化的技术手段，以科学测量数据为依据。CiteSpace 分析软件是一种最有效、最便捷的方法，它能对有关学科的发展进程进行分析和辨识，并能代表该学科的知识库和热门话题。下面将 CiteSpace 的研究综述根据学科领域分为两个部分。

（1）CiteSpace 软件应用于其他领域的研究情况。

骆康等（2022）获取中国知网（CNKI）数据库中 1999 年 1 月至 2021 年 3 月关于网上药店的文献，利用 CiteSpace 软件对文献的相关数据进行处理，分析其研究热点和发展趋势，在该领域借鉴国外的成熟经验以保证国内网上药店的良好发展。刘文霞运用 CiteSpace 可视化分析软件对检索的"UGS"协同育人文献进行统计分析，对"UGS"协同育人的研究机构、研究热点、重点关注的问题及对策进行系统探讨，并进一步深入分析思想政治教育专业（师范）"UGS"协同育人研究的优点与不足。苗文文等（2021）选取中国知网 2010—2019 年收录的 1539 篇文献，利用 CiteSpace 软件分析探究当前我国地铁运营安全风险领域的研究前沿与热点。程明等（2019）运用 CiteSpace 对 CSSCI 的可视性进行了统计，总结出从党的十八大以来，论文的发文数量呈逐年增长趋势，其中"精准扶贫"成为当前研究的热门话题，学者间合作网络分布较为分散。王翠婷等基于知识图谱可视化软件 CiteSpace 对 2011—2017 年国内全域旅游研究进行热点和发展趋势分析，希望能为国家全域旅游政策的制定提供理论依据，为发展全域旅游提供理论参考价值。杨丽娟等（2016）利用 CiteSpace 分析 CNKI 数据库的数据，通过图谱以空间形式在一定时间范围中系统的可视化显现，揭示旅游人类学当前的研究现状：研究课题、群体与合作的划分，研究课题的知识结构及其演化规律。综上所述，研究者使用 CiteSpace 软件分析主要来源于 WoS、CSSCI 和 CNKI 等数据库的数据，广泛应用于医疗、教育、管理、计算机应用、生态、经济、体育等多个领域探索演化规律及各阶段的热点话题。

（2）CiteSpace 软件应用于孵化器的研究情况。

王晓青等（2020）选取知网中 2004—2018 年的相关期刊文献作为数据源，用 CiteSpace 软件分析我国孵化器研究对商业孵化器发展的关系。杨雪等（2021）通过 CiteSpace 软件基于 CSSCI 数据库，对近 20 年来关于科技企业孵化器行业的文献进行研究，总结出研究热点视角逐渐从宏观向微观转变，且研究成果数量总体上保持稳定，但仍呈一定下降趋势的结论。祁宁等（2020）利用 CiteSpace 图谱进行量化分析研究，发现近 20 年间我国技术创业领域研究的文献数量经历了倒 V 形的三段发展态势；依据关键词突现，"技术创新""技术创业者""创业教育"等词成为最新研究热点；而在新时期面对技术创业"百花齐放"的研究现状，"孵化链条""创业管理""技术创新推动产业升级"等成为产学研等研究者对技术创业研究的最新前沿话题。王晓青等（2020）以 WoS 核心合集中收录的 1990—2019 年 710 篇企业孵化器相关文献为研究对象,基于 CiteSpace 可视化分析工具绘制知识图谱,通过对国内外企业孵化器的研究概况、研究热点的分析,归纳和总结得出国际研究发文量在近3年出现爆发式增长的结论。综上所述,CiteSpace 软件应用于本领域的时间起步较晚,因此相关研究相对较少,目前主要研究分析比较分散,比如对企业孵化器的概况进行分析、对国内与国外孵化器技术方面的创新性等进行分析时,相较于定量分析、建立模型实证研究来说,使用知识图谱的方式分析热点前沿的很少,而用该软件对有关大学孵化器创业绩效研究进行可视化分析的研究少之又少。

本章主要针对大学孵化器的研究热点和前沿趋势进行研究,分别利用 CiteSpace 软件的突变检测识别研究前沿、计算中心性高的关键点标注研究领域,以及利用聚类标注及时识别新趋势和突变。在研究热点方面主要利用共现原理和 CiteSpace 软件的 LLR 算法聚类原理进行研究,选取寻径网络算法(pathfinder)对图谱进行裁剪,聚类结果主要以#进行标识,以关键词为提取标签,聚类指标以模块值(modularity measure,简称 Q 值)和平均轮廓值(mean silhouette,简称 S 值)两个指标进行衡量。当 Q 值大于 0.3 时,就表示聚类得出的社团结构显著。当 S 值为 0.7 时,聚类非常高效且有说服力;如果 S 值在 0.5 以上,则一般认为聚类是合理的。然后结合关键词出现的频次、中心性,以及聚类结果对大学孵化器的研究热点进行总结。阈值方面主要以 Top $N=50$,即每阶段频次前 50,时间切片(timeslice)依据数据情况设定为 1 年。

2.4.1.3 数据处理过程

如图 2.4 所示为 CiteSpace 功能与参数设置区域,此界面包含项目、时间切片、文本处理、网络裁剪、可视化、数据状态、运行报告等功能参数区。

(1)时间切片:本章研究设置单个时间切片为 1 年,跨度为 1995—2022年。该功能主要是对数据的时间进行切分,分析阐明研究对象的动态发展进程。

(2)节点类型:节点决定了使用 CiteSpace 进行分析的目的,CiteSpace 中共有 11 个节点类型。其中,合作网络分析用于区分作者、机构和国家;而主题、关键词和主题类别可以做共现分析;可以做共被引分析的是被引文献、被引作者和被引期刊这三者。

(3)选择标准:CiteSpace 中共有 7 种选择的标准。通过调节节点选择标准的阈值可以控制网络模型的图谱效果。本章研究在分析机构、作者和关键词时，通过对阈值的多次调节选取 Top *N* 作为最合适的选择标准，选择 Top *N* = 50，选取每个单位时间内出现次数最高的前 50 个机构、作者或关键词。

（4）网络裁剪：Pruning 是一种在网络大小较大的情况下，利用裁剪的方式可以节约大量的链接，从而增加图像的易用性。CiteSpace 有两种可裁切的方式，其一是寻径网络、最小生成树；其二是二次裁剪，分为网络裁剪、合并网络裁剪。在进行了大量的实验后，本章研究最后决定采用寻径网络和合并网络裁剪。

（5）生成图谱：经过前期工作设置好参数后，点击"Go"便可自动生成可视化图谱，根据所需在控制面板中调节节点的大小、颜色以及字体的大小等优化美观图谱直至研究者满意并下载保存使用为止。

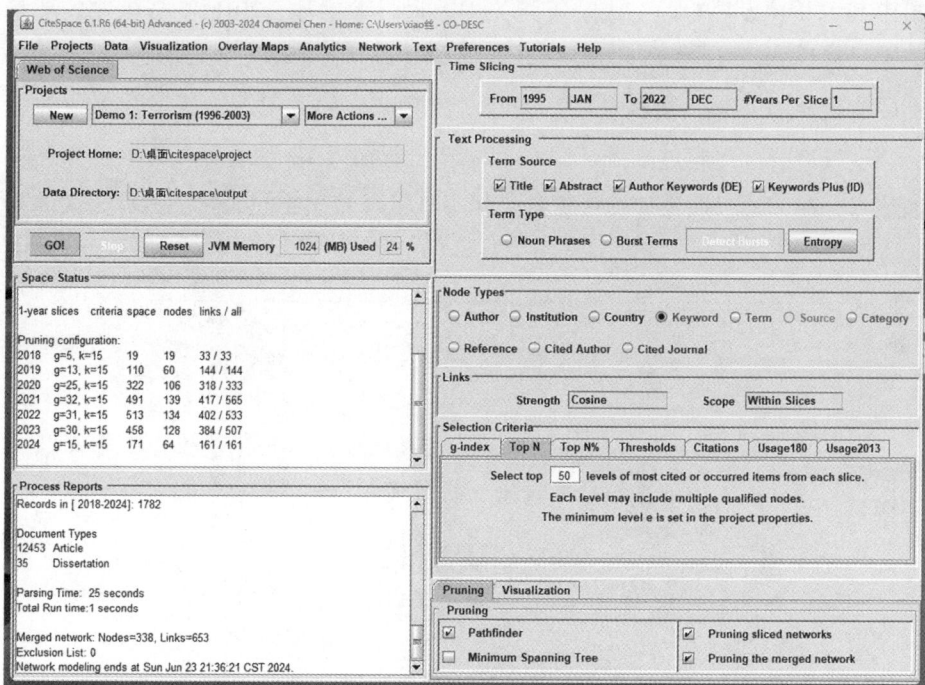

图 2.4 CiteSpace 功能与参数设置

2.4.2 文献分布的结果分析

2.4.2.1 文献发表年代分布与趋势

1951 年，斯坦福大学建立了第一家大学孵化器，历经多年的演化，斯坦福大学研究园发展成为闻名遐迩的硅谷。紧随其后，美国的哈佛大学、英国的剑桥大学、中国的东北大学等多个国家的大学陆续建立了大学孵化器，帮助新创企业成长。学者们对于大学孵化器的研究则起步于 1995 年，之后越来越多的学者开展关于大学孵化器建设的研究。图 2.5 使用计量方法统计了"大学孵化器"这一主题的研究趋势。如图 2.5 所示，1995—2022 年发文量不断上升，可分为三个阶段：1995—2015 年的起始发展阶段。该阶段是大学孵化器研究的开始和发展时期，总体发文量较低，但是每年的文献数量都在增长。2016—2019 年的快速发展阶段。该阶段相关文献量显著增加，2018 年文献发表数量最多，有 70 篇，很多学者开始关注大学孵化器的发展。2020—2022 年的缓慢发展阶段。2020 年，随着全球新型冠状病毒感染的暴发，大学孵化器整体发展速度被迫放缓。通过分析可知，大学孵化器在近 10 年来一直是学术界关注的热点，在一定时期遭遇发展瓶颈，但对于大学孵化器的研究仍然有很大的探索空间。

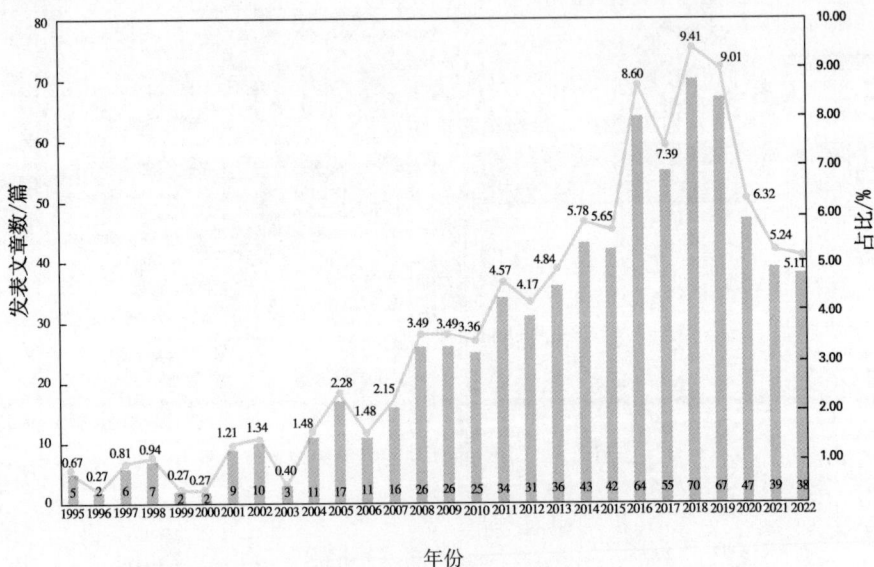

图 2.5　1995—2022 年发表文章数统计趋势图

2.4.2.2 发文国家分布可视化分析

为了解各个国家对于大学孵化器研究关注的分布情况，本章研究将分析时间设定为 1995—2022 年，节点类型为"国家"，时间切片为 1 年，可视化分析后得到国家共现图谱（见图 2.6）。有关大学孵化器的研究主要集中在美国、中国、西班牙、英国、澳大利亚、意大利等国家。在参数设置为 1995—2022年（切片长度为 1）的条件下，共现网络中节点有 80 个，连线 82 条，网络密度 Density＝0.0259。Lagest CC 为 62（77%），说明大学孵化器主题研究的国家合作关系最大群体为 62，占总数的 77%，国际合作研究较多，合作关系较强。

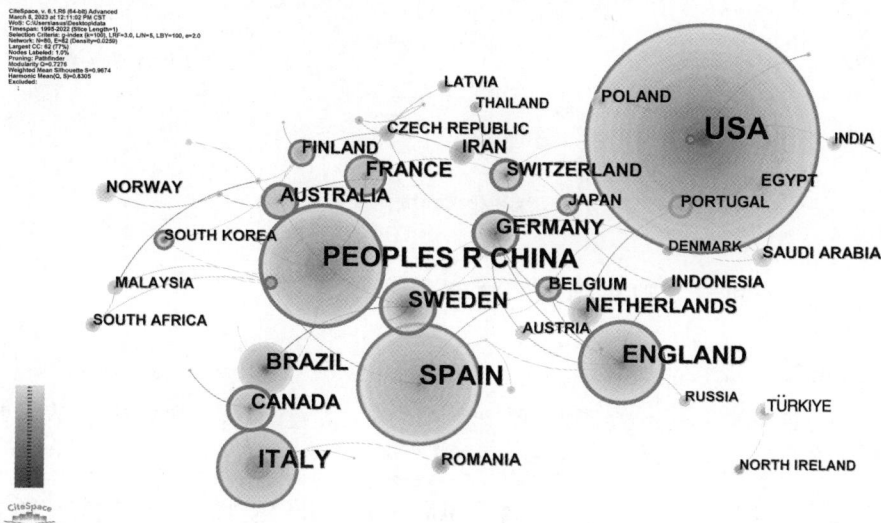

图 2.6 大学孵化器研究国家分布知识图谱

2.4.2.3 发文作者可视化分析

通过对发文作者可视化分析可知该领域核心作者的研究现状。根据研究作者合作图谱（见图 2.7），大学孵化器研究发文数量最高的作者包括 Meseguer & Marcos，Mcadam and Maura，Desutter and Laure 等。在参数设置为 1995—2022 年（切片长度为 1）的条件下，共现网络中节点有 1642 个，连线 2696条，网络密度 Density＝0.002。Lagest CC 为 40（2%），说明大学孵化器主题研究的作者合作关系最大群体为 40，占总数的 2%。通过以上分析可知，大学孵化器关注者较多，研究内容相对分散，作者合作研究基数不大，合作关系较弱。

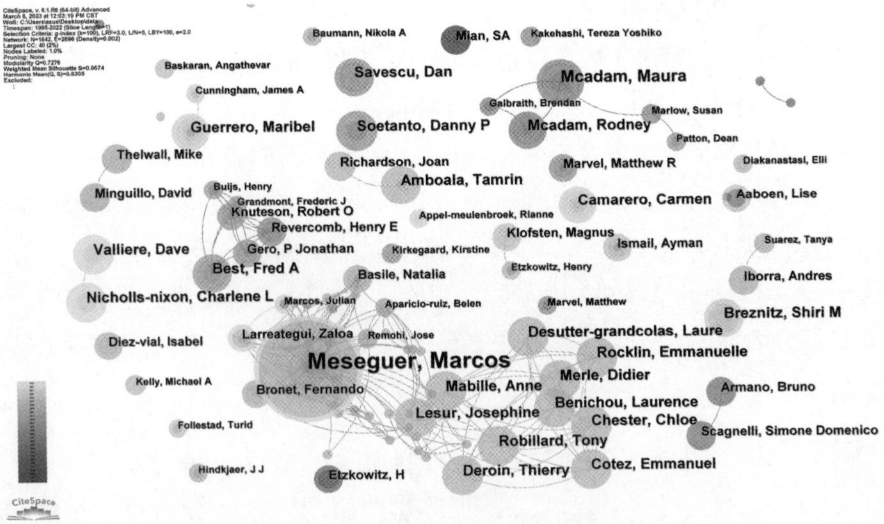

图 2.7 大学孵化器研究作者合作图谱

2.4.3 研究热点与趋势的结果分析

2.4.3.1 热点分析

关键词是论文主要观点和主要内容的凝练。关键词共现图中的线条表示共现关系，线条越多，则共现关系越紧密。将节点类型换为"关键词"，通过CiteSpace分析后可以得到关键词共现图谱（见图 2.8）。图谱中关键节点频次较高的关键词为"创业""创新""企业孵化器""孵化器""技术转移""学术创业""创业教育""大学""创业大学"等，出现的频次均在 10 次以上，它们是大学孵化器研究领域学者关注的焦点。基于上述可视化分析可以看出，学者主要从创新发展、创业促进与知识转移几个方面进行探究，研究热点还涉及创业教育、加速器、创业生态系统等，研究热点话题较为广泛。

表 2.3 清晰和直观地描述了大学孵化器研究高频关键词，限于篇幅，本章研究只列出排名前 28 的高频关键词。由表 2.3 可知，创业（0.09）、创新（0.23）、企业孵化器（0.12）、孵化器（0.15）、技术转让（0.07）等关键词具有较高的中心性。

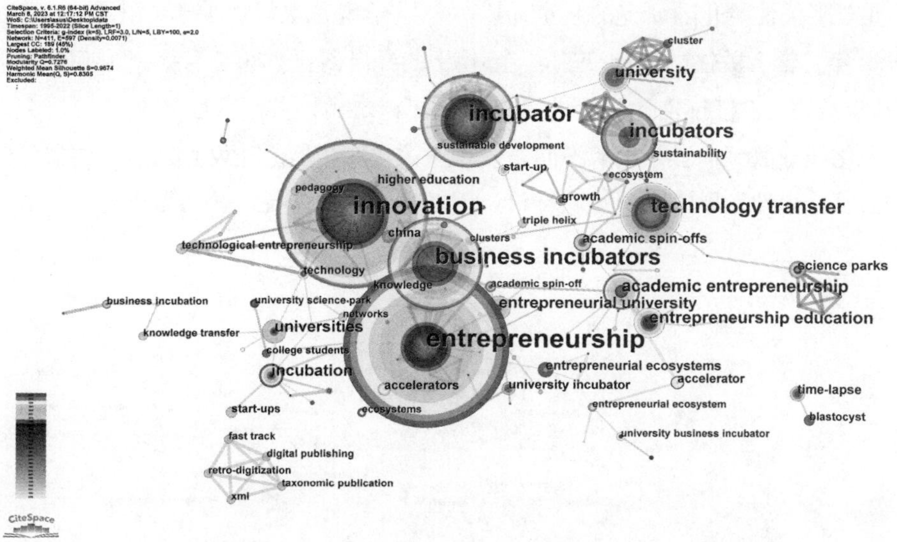

图 2.8 关键词共现图谱

表 2.3 高频关键词

排名	关键词	频次	中心性	排名	关键词	频次	中心性
1	创业	75	0.09	15	加速器	6	0.02
2	创新	67	0.23	16	大学孵化器	6	0.03
3	企业孵化器	42	0.12	17	加速器	6	0.01
4	孵化器	42	0.15	18	中国	6	0.04
5	技术转让	28	0.07	19	高等教育	6	0.01
6	学术创业	16	0.10	20	胚泡	5	0.00
7	创业教育	14	0.01	21	增长	5	0.03
8	大学	14	0.07	22	可持续性	5	0.00
9	创业型大学	11	0.00	23	初创企业	5	0.00
10	孵化	11	0.03	24	知识	5	0.08
11	科技园区	8	0.02	25	技术	5	0.03
12	学术分拆	8	0.05	26	技术创业	5	0.01
13	延时	7	0.00	27	启动	5	0.02
14	创业生态系统	7	0.01	28	集群	4	0.06

如图 2.9 所示，从大学孵化器研究关键词的时区图可以看出关键词出现的时间排序，知晓所研究领域的演化动态和发展脉络，并预测该领域的发展方向与需要解决和关注的问题，以此了解研究趋势。由图 2.9 可知：孵化器和科技

园是学者关注孵化器研究的起点，1998 年，学者首次提出关于孵化器的概念；1999 年，学者关注的焦点变为了企业孵化器与创业；2022 年，"创新集群""知识竞争""科技创业"等关键词被提出。之后，关于大学孵化器的研究趋于细化和分散。学者开始从不同角度思考大学孵化器的建设和发展，如关注孵化器可持续性发展模式、知识转移、创新生态系统、技术转移等方向。

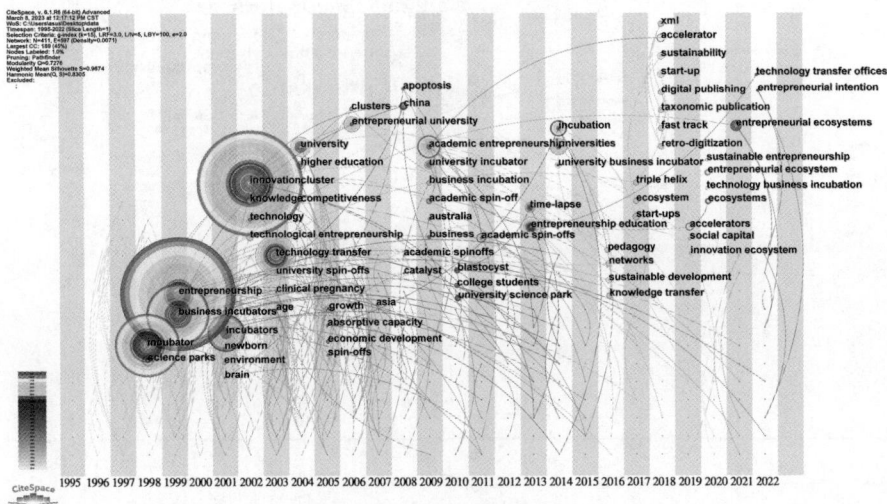

图 2.9　关键词时区图

2.4.3.2　热点聚类分析

对关键词共现图谱进行调节，使用 LLR 算法进行聚类分析，得到关于大学孵化器的研究热点聚类图（见图 2.10）。

结合关键词频次和聚类结果，可将大学孵化器研究领域的重点主题归纳为以下 7 个聚类。

（1）集群#0：创业。最大的聚类（#0）有 43 个成员，剪影值为 0.994。LLR 将其称为企业孵化器，LSI 将其称为创业生态系统，MI 将其称为教育机构（2.5）。该集群的主要引用文章是 Ledgerwood（1999）撰写的《创建基于技术的企业电视村——后现代区域发展理论》。该集群中被引用最多的关键词成员是创业（75）、企业孵化器（42）、创业大学（11）。

（2）集群#1：创新。第二大聚类（#1）有 36 个成员，剪影值为 0.961。LLR 和 LSI 都将其标记为大学生，MI 将其标记为新商业理念开发方法（1.53）。集群的主要引用文章是 Iborra（2017）撰写的《超越传统的工程创业教育，从大学促进物联网创业》。该集群中被引用最多的成员是创新（67）、孵化（11）、高等教育（6）。

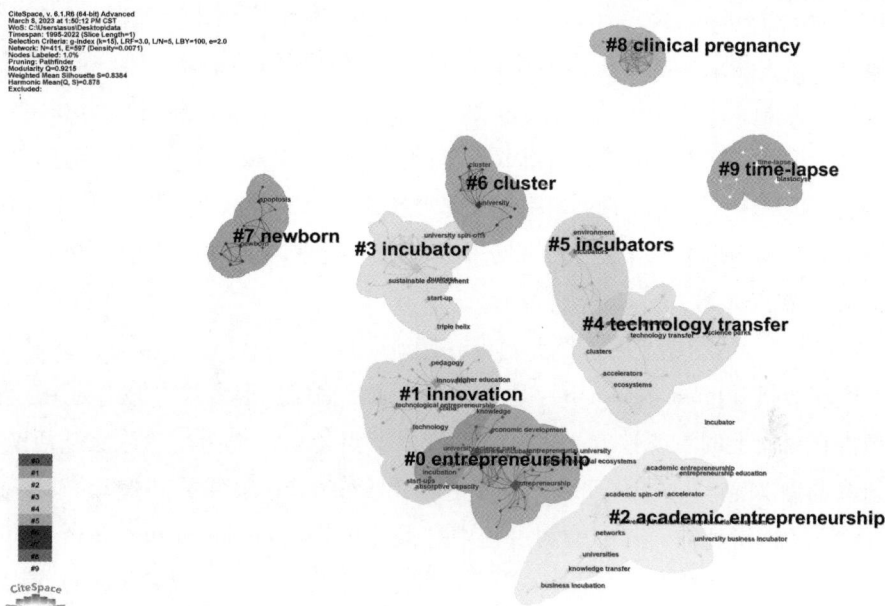

图 2.10 研究热点聚类图谱

（3）集群#2：学术创业。第三大聚类（#2）有 28 个成员，剪影值为 0.97。LLR 和 LSI 都将其标记为归纳研究，MI 将其标记为知识链接（0.39）。该集群的主要引用文章是 Shankar 等（2020）撰写的《快速扩张或快速失败：加速度的归纳研究》。该集群中被引用最多的成员是学术创业（16）、创业教育（14）、大学（11）。

（4）集群#3：孵化器。第四大聚类（#3）有 26 个成员，剪影值为 0.99。LLR 标记其为高新技术产业开发区，LSI 标记其为发展趋势，MI 标记其为可再生能源（0.33）。该集群的主要引用文章为 Li（2004）撰写的《中国高新技术产业开发区的作用、模式和发展趋势》。该集群中被引用最多的成员是孵化器（42）、初创企业（5）。

（5）集群#4：技术转移。第五大聚类（#4）有 21 个成员，剪影值为 0.923。LLR 和 LSI 都将其标记为大学技术转移，MI 将其标记为动态视角（0.25）。该集群的主要引用文章是 Dahab（1998）撰写的《理想科技园中的服务细节》。该集群中被引用最多的成员是技术转让（28）、科学园区（8）、加速器（6）。

（6）集群#5：集群。第六大聚类（#5）有 16 个成员，剪影值为 0.901。LLR 和 LSI 将其标记为 incubators 孵化器，MI 将其标记为孵化管理器（0.02）。该集群中被引用最多的成员是加速器（17）、孵化器（42）。

（7）集群#6：集群。第七大聚类（#6）有 13 个成员，剪影值为 0.898。LLR 和 LSI 将其标记为 Cabral-dahab 科学园区管理范式，MI 将其标记为通信技术部门（0.02）。该集群的主要引用文章是 Cabral（2004）撰写的《科学园区管理范式应用于瑞典的案例》。该集群中被引用最多的成员是大学（14）、聚类（4）、支持（2）。

2.4.3.3　前沿与发展趋势分析

突现分析（burst detection）是 Kleinberg J 根据信息觅食效应提出的用于测度节点在时间上的重要性的一种算法。突发节点越多，说明活动区域越活跃，是研究的新兴趋势。如图 2.11 所示是利用 CiteSpace 软件的"突变（burstness）"功能得到的，其中检测过程中"最小时间（minimum duration）"设置为 2 年。图谱中开始（begin）是关键词突变开始的年份，结束（end）是突变结束的时间，二者的跨度是突变关键词的持续周期，强度（strength）表示突变强度。

由图 2.11 可以看出，学者们对大学孵化器研究的长期关注点在"公司（company）"，突变持续时间从 1997—2011 年。在全球范围内，大学孵化器被视为是孵化中小企业发展成长的重要机制。大学孵化器的建立对于鼓励技术公司实施技术转让、企业创新和绩效提升具有重要意义，这也是学者们长期以来所关注的。"经济发展"成为学者关注大学孵化器研究持续时间比较长的另一个方面，突变持续时间从 2008—2014 年。Nasir、Iqbal、吴溪溪等学者都认为大学孵化器促进了创业行为的发生，而创业则有助于新产品的产生、就业机会的增加、生活水平的提升和贫困的减少，被认为是一个国家创新促进和经济可持续发展的关键驱动力。

近年来，对于大学孵化器的研究，学者们的关注点逐渐转移到"创业大学"（2018—2022）、"新创企业"（2020—2022）、"影响"（2020—2022）、"模式"（2020—2022）等方面。必须肯定的是，学者们对于大学孵化器促进企业绩效提升和经济可持续发展的影响仍然持积极的态度。但是，学者们也同样关注到了大学孵化器发展中的不好的影响，例如，盲目追求孵化数量的增加、孵化面积的扩展和低端复制问题，更为严重的是大学孵化器功能定位不清晰、创新孵化能力偏低、孵化企业创业绩效低下的问题，导致孵化出的企业市场竞争力薄弱，带来非理性繁荣。因此，探索促进大学孵化器可持续发展模式成为目前学者关注的焦点，如目前被讨论和执行的"导师+基金+场地"模式、"垂直产业型"模式、"媒体依托"模式等。

Top 29 Keywords with the Strongest Citation Bursts

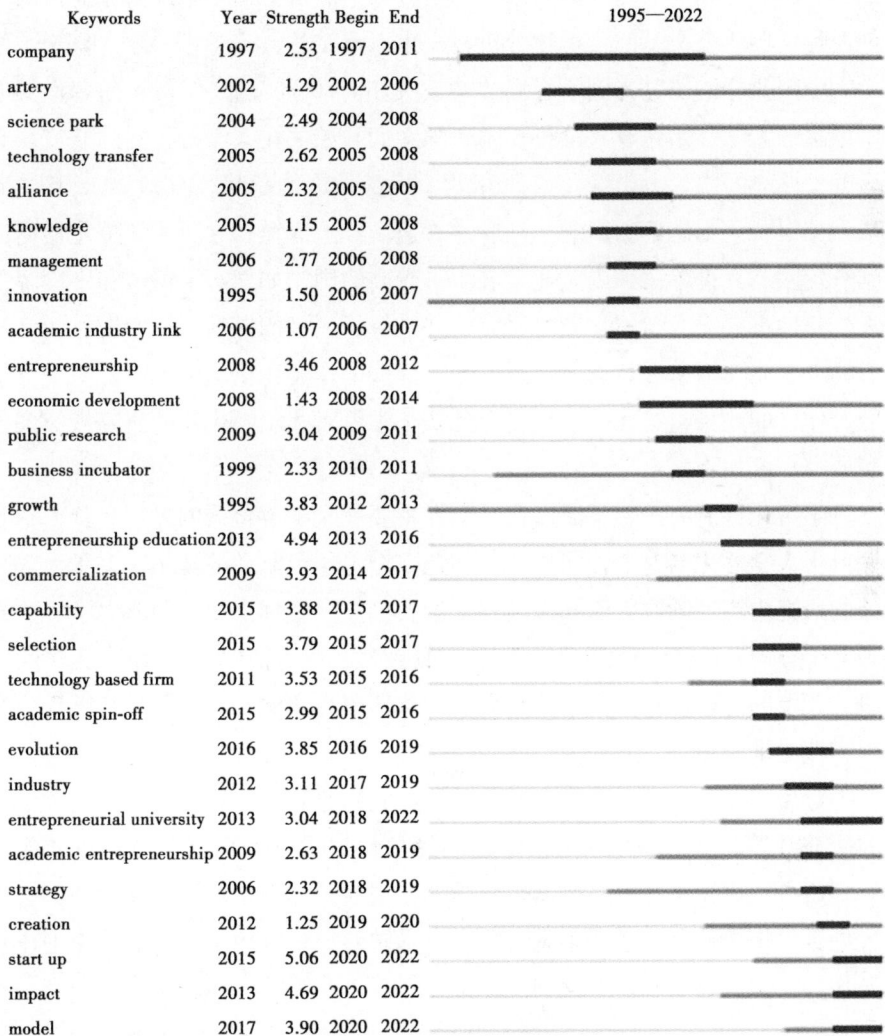

Keywords	Year	Strength	Begin	End	1995—2022
company	1997	2.53	1997	2011	
artery	2002	1.29	2002	2006	
science park	2004	2.49	2004	2008	
technology transfer	2005	2.62	2005	2008	
alliance	2005	2.32	2005	2009	
knowledge	2005	1.15	2005	2008	
management	2006	2.77	2006	2008	
innovation	1995	1.50	2006	2007	
academic industry link	2006	1.07	2006	2007	
entrepreneurship	2008	3.46	2008	2012	
economic development	2008	1.43	2008	2014	
public research	2009	3.04	2009	2011	
business incubator	1999	2.33	2010	2011	
growth	1995	3.83	2012	2013	
entrepreneurship education	2013	4.94	2013	2016	
commercialization	2009	3.93	2014	2017	
capability	2015	3.88	2015	2017	
selection	2015	3.79	2015	2017	
technology based firm	2011	3.53	2015	2016	
academic spin-off	2015	2.99	2015	2016	
evolution	2016	3.85	2016	2019	
industry	2012	3.11	2017	2019	
entrepreneurial university	2013	3.04	2018	2022	
academic entrepreneurship	2009	2.63	2018	2019	
strategy	2006	2.32	2018	2019	
creation	2012	1.25	2019	2020	
start up	2015	5.06	2020	2022	
impact	2013	4.69	2020	2022	
model	2017	3.90	2020	2022	

图 2.11 关键词突变图谱

2.4.4　研究结论

知识经济时代背景下，大学孵化器是大学发挥除教学和科研以外的第三种职能所产生的新的形态，是科技园区与大学结合的产物。大学孵化器的出现赋予大学双重职责——既要生产新知识，又要促进技术转让和知识溢出。大学孵化器的主要功能更多体现在对中小企业的创新促进、技术和科学知识的转让、创业精神的培养和前沿研究的营销、开发未来产品等方面。本章研究通过对大学创业孵化器研究文献的可视化分析，得出以下结论。

大学孵化器的研究受到学者们的持续关注。20 世纪 90 年代，随着世界上各个国家的大学开始建设大学科技园，学者们开始关注大学孵化器的研究。在之后的一段时间内，大学孵化器研究处于稳步发展的趋势，直到 2020 年受到全球新型冠状病毒感染的影响，创业发展速度被迫放缓，导致大学孵化器研究受到一定限制。世界范围内企业发展水平较高的国家如美国、英国和中国等的学者均高度重视对大学孵化器的研究，并进行了积极的探索。从发文作者和发文机构可视化图谱来看，发文数量占绝对优势的作者和机构不集中，呈现分散和低合作度的趋势，这在一定程度上反映了学者对大学孵化器的研究持续关注度和研究深度均不足。

大学孵化器研究内容不断深化。学界主要就大学孵化器的界定和价值，积极探讨了大学孵化器对于公司成长、创业促进、创新驱动的作用，关于大学孵化器的研究内容逐渐收敛于知识转移、创新创业、管理模式、创业大学、管理创新几个方向。其中，管理模式创新、可持续发展、创新生态系统在大学孵化器研究领域的重要性日益突出，是大学孵化器研究领域的研究前沿，研究内容及研究范围动态拓宽。

大学孵化器研究方向逐步多元化。从研究趋势和研究热点来看，关于该领域的研究，学者们的研究方向从最初的简单探讨大学孵化器与公司成长的关系，到后来注重知识转移和创新集聚，再到现在关注孵化器可持续发展、管理模式创新、知识转移、创新生态系统、技术转移等。该领域的研究趋于细化和多元化。

≫ 2.5 本章小结

本章先是对孵化器和大学孵化器的概念进行了理论定义，界定了大学孵化器的内涵；然后，比较了大学孵化器和科技孵化器的差异；最后，使用 WoS 数据库中有关大学孵化器的 744 篇期刊文章作为分析对象，使用 CiteSpace 可视化分析工具对大学孵化器研究的发文数量、作者、地区、关键词进行可视化分析。分析结果呈现了过去近三十年以来大学孵化器的研究进展和变化趋势。

知识图谱的研究结果发现：大学孵化器的出现赋予了大学双重职责——既要生产新知识，又要促进技术转让和知识溢出。大学孵化器充分发挥了大学的科研优势，提供实验室和设备、管理和技术支持、法律咨询和网络等服务，为正在孵化的公司增加价值。孵化网络为新创企业提供了获取外部关系资本的集成平台，并且通过合作关系加强企业的社会资本，弥补了单个创业企业资源和能力的不足，更有利于新创企业的孵化成功。在全球范围内，大学孵化器已被视为支持创业发展和新企业成长的重要机制。

但需要指出的是，受限于 CiteSpace 对于文献格式的要求，本书只选取了期刊文章，且仅选取了 WoS 一个数据库，因此难免会漏掉一些文章。同时，没有更好区分各个国家或者地区的研究现状。未来的研究可以考虑使用更丰富的数据库来检索主题相关的文献，并且将学位论文和会议论文等文献进行充分考虑和分析，扩展研究对象，进一步确保研究的完整性。

≫ 本章参考文献

［1］ 毕可佳.孵化器价值主张对企业孵化网络协同影响研究［D］.西安:西安理工大学,2018.

［2］ 毕可佳.新创企业社会资本与创业绩效影响的理论构建［J］.现代交际, 2016(13):84-86.

［3］ 程明,吴波.十八大以来我国扶贫脱贫研究的轨迹、热点与趋势:基于 CSS-CI 数据库的 CiteSpace 软件可视化分析［J］.重庆交通大学学报(社会科学

版),2019,19(5):35-44.

[4] 段景伦.论孵化器的平台属性:基于相关文献的讨论[J].科技与企业,2015(24):199-202.

[5] 蔡固顺,王方,裴云龙.新时代国家大学科技园高质量发展的若干建议[J].中国高校科技,2021(5):67-70.

[6] 蒋开东,吴瑶,陈翔.孵化网络关系对市场孵化绩效的影响:基于创始人教育背景调节作用的实证分析[J].中国科技论坛,2021(6):38-45.

[7] 骆康,王杰玉,袁康耀,等.基于 CiteSpace 软件的国内网上药店研究可视化分析[J].中国药业,2022,31(5):28-31.

[8] 苗文文,王伟,邵志国.基于 CiteSpace 软件的地铁运营安全风险研究文献计量分析[J].城市轨道交通研究,2021,24(9):142-146.

[9] 祁宁,蒲晓川,宋长松.中国技术创业领域研究的发展动态与焦点透视(1998—2018)[J].科学管理研究,2020,38(6):11-17.

[10] 薛婷,张宝建,孙国强,等.国际企业孵化网络研究的图谱分析:基于 SSCI 数据库 20 年以来文献的科学计量[J].科技和产业,2014,14(12):77-82.

[11] 王晓青,吴秋明,秦星红.我国企业孵化器研究热点与趋势:基于 CiteSpace 的知识图谱分析[J].华南理工大学学报(社会科学版),2020,22(4):76-87.

[12] 杨丽娟,张璇.知识图谱视野下的中国旅游人类学研究现状的可视化分析:基于 CITESPACE 软件和 CNKI 数据库[J].旅游研究,2016,8(3):20-27.

[13] 杨雪,高峰,李久佳.我国科技企业孵化器研究前沿及热点趋势[J].天津经济,2021(12):30-37.

[14] 袁剑锋.孵化网络嵌入、创新行为与新创企业绩效关系研究[D].广州:华南理工大学,2018.

[15] 袁剑锋,许治.企业孵化器国际研究系统回顾:现状及未来发展方向[J].科学学与科学技术管理,2018,39(8):82-99.

[16] 袁伟,孙涛."互联网+"下电子商务课程创新创业型教学模式探索[J].电脑知识与技术,2015,11(36):143-144.

[17] ADHAM K A,MUHAMAD N S,SAID M F,et al.Diagnosing business incubation for social purpose:a viable system model approach[J].Systemic practice

& action research,2019,32(2):219-238.

[18] HDAIBAT B A,GOVAERTS W,YU K,et al.Initialization of homoclinic solutions near bogdanov-takens points:lindstedt-poincaré compared with regular perturbation method[J].SIAM journal on applied dynamical systems,2016, 15(2):952-980.

[19] ANTONCIC J A, ANTONCIC B, GANTAR M, et al. Risk-taking propensity and entrepreneurship:the role of power distance[J].Journal of enterprising culture,2018,26(1),1-26.

[20] AUDRETSCH D B,KEILBACH M.The theory of knowledge spillover entrepreneurship[J].Journal of management studies(Wiley-Blackwell),2007,44 (7):1242-1254.

[21] BATTIST M,MCADAM M.Challenges of social capital development in the university science incubator the case of the graduate entrepreneur[J].The international journal of entrepreneurship & innovation,2012,13:261-276.

[22] BOUMA J J,KAMP-ROELANDS N.Stakeholders' expectations of an environmental management system:some exploratory research[J].European accounting review,2000,9(1):131-144.

[23] BØLLINGTOFT A.The bottom-up business incubator:leverage to networking and cooperation practices in a self-generated,entrepreneurial-enabled environment[J].Technovation,2012,32(5):304-315.

[24] CAO X,XING Z Y,ZHANG L P.Effect of dual network embedding on the exploitative innovation & exploratory innovation of enterprises-based on the social capital & heterogeneous knowledge[J].Technology analysis & strategic management,2021,33(6):638-652.

[25] CAO Q,GEDAJLOVIC E,Zhang H.Unpacking organizational ambidexterity: dimensions, contingencies & synergistic effects [J]. Organization science, 2009,20(4):781-796.

[26] CAINELLI,G,EVANGELISTA R,SAVONA M.Innovation & economic performance in services:a firm-level analysis[J].Cambridge journal of economics,2006,30(3):435-458.

[27] DELL S,SUBEDI M,HSU M K,et al.Social capital and financial performance

in nonprofits[J].Public organization review,2022:1-18.

[28] DÍEZ-VIAL I,MONTORO-SÁNCHEZ Á.How knowledge links with universities may foster innovation:the case of a science park[J].Technovation,2016, 50/51:41-52.

[29] EGGERS J P,KAPLAN S.Cognition & capabilities:a multi-level perspective [J].Academy of management annals,2013,7(1):295-340.

[30] FRANÇOIS V,LAFAYE C,BELAROUCI M.The role of social capital in the growth of innovative nascent firms:the moderating effect of incubators[J].International journal of entrepreneurship & innovation management,2021,25 (4/5):326-345.

[31] GALIA F,LEGROS D.Complementarities between obstacles to innovation:evidence from France[J].Research policy,2004,33(8):1185-1199.

[32] GAO YUAN.Research on the impact of corporate social capital on firm value: based on the perspective of structural hole theory[J].Finance & accounting communications,2021(10):40-43.

[33] HARMS R.,WALSH S T,GROEN A J.The strategic entrepreneurship process-new avenues for research[J].International journal of entrepreneurial behaviour & research,2012,18(2):105-138.

[34] KLARA A,AGNIHOTRI R,BRIGGS E.The role of frontline employees' competitive intelligence & intraorganizational social capital in driving customer outcomes[J].Journal of service research,2021,24(2):269-283.

[35] LAL B B.The dilemma of qualitative method,herbert blumer & the chicago tradition(Book)[J].Sociology,1991,25(2):359-360.

[36] MARCH J G.Exploration & exploitation in organizational learning[J].Organization science,1991,2(1):71-87.

[37] MARTIN P R.Corporate social responsibility and capital budgeting[J].Accounting,organizations & society,2021,92:101236.

[38] NAHAPIET J,GHOSHAL S.Social capital,intellectual capital,& the organizational advantage[J].Academy of management review,1998,23(2):242-266.

[39] PAUWELS C,CLARYSSE B,WRIGHT M,et al.Understanding a new genera-

tion incubation model：the accelerator［J］.Technovation，2016，50/51：13-24.

［40］ SANCHEZ-FAMOSO V，MEJIA-MORELOS J H，CISNEROS L.New insights into non-listed family SMEs in Spain：board social capital，board effective-ness，& sustainable performance［J］.Sustainability，2020，12(3)：814.

［41］ SCHWARTZ M，HORNYCH C.Cooperation patterns of incubator firms & the impact of incubator specialization：empirical evidence from Germany［J］. Technovation，2010，30(9/10)：485-495.

第 3 章　创业绩效的概念及研究现状

中国被认为是非常重视大学创新的国家，政府积极推动大学与企业的合作、促进高校与外部机构的联动、培育新创企业的成长，成功地生产出创新产品、创造新兴业务，成为中国主要的一种创新模式。近五十年来，国内外学术界对大学孵化器的绩效进行了大量的探索，其成果呈逐年增加的趋势。但同时存在着研究范畴模糊、学科结构错综复杂等一系列问题。CiteSpace 软件是当前可视化分析应用软件中较为广泛使用的一种，它可以从数据信息中创建图谱，将海量数据进行可视化分析后能够从中发现隐藏的内部关系，通过图片和表格的形式，发掘数据之间的相互关系，可以直观地展示出此领域的研究现状、热点、研究前沿以及发展趋势，为解读和预测研究走势提供便利。

通过对文献的梳理发现，关于国外有关大学孵化器创业绩效，我国学者袁剑锋（2018）已经进行过系统的分析。因此，本章的研究仍然使用 CiteSpace 软件，主要对国内大学孵化器创业绩效文献进行字段提取，并以可视化的方式展示国内大学孵化器创业绩效研究中关于作者年发文量分布、合作作者、机构可视化、关键词共现和聚类突变性，能够有效解决大学孵化器创业绩效现有研究范畴模糊、研究学科错综复杂的问题，并对研究现状、热点、趋势和规律进行总结，能够为研究者提供有益的参考和借鉴。

▶▶ 3.1　创业绩效的概念

组织绩效是组织行为和组织研究最关注的核心点，但组织绩效的维度也是最模糊的，如 Covin 等（1991）所认为的那样，创业绩效是多维度的，是组织达到一定水平所获得的成果。这种成果可以用净资产收益率、销售额增长率、销售收入、净利润率、投资回报率、员工规模等财务指标去衡量，也可以用孵化企业创业能力、企业投入、成果转换、与外部主体协同程度等指标评价新创企业绩效。

》》 3.2 大学孵化器创业绩效

在以往的研究中，大学孵化器的绩效也是引起学者相当大兴趣的研究关注点。学者们采用不同的方法，侧重于不同的措施对大学孵化器的运营绩效、孵化器发展绩效、新创企业绩效三个方面进行探索和评估。第一，孵化器运营绩效。例如，Khorsheed 等（2014）所述，孵化器的成功离不开选择合理的入驻标准、完善的商业管理咨询、多层次孵化过程和有效获取资源等关键要素。孵化器管理效率、知识转移效率、辅助新创企业获得融资、创业项目筛选过程、网络服务组合等有效运营因素是孵化器运营绩效的关键要素。第二，孵化器发展绩效。学者们从新企业的创建和成长存活、毕业生人数、投入产出绩效等方面刻画孵化器发展绩效。第三，新创企业的创业绩效。新创企业发展绩效一直是孵化绩效刻画的重点，新生代创业者创业绩效是新创企业在创业过程中所能够获得的成绩和效率的总称，新创企业达到入驻标准，入驻孵化器，通过利用孵化器所提供的各项服务，包括孵化空间、商业信息、技术支持和知识等创业服务资源，从而促进科研转化与新创企业的经营业绩改善。

总体而言，有关企业创业绩效的测量已取得丰硕成果，学者们通常从财务指标和非财务指标两个维度对新创企业的创业绩效进行测度。其中，财务绩效是最基础的绩效测度指标，常见的销售额增长率、净资产收益率、净利润率、销售收入、投资回报率、员工规模等都是财务绩效测量指标。非财务测量指标是对财务指标的有益补充，学者们从新创企业的创业能力（获取相关资源、信息和政府优惠、开发新产品和销售业绩提升等）、经营能力（营业收入、利润率等）、孵化企业投入（高科技人才、研发人员占比等）、成果转换（科技成果转化率、新产品开发率和成功率）、孵化企业内部运营管理与外部主体协同程度等指标评价新创企业绩效。因此，学者们一般认为要从创新性绩效、盈利性绩效和成长性绩效三个方面刻画新创企业绩效。

3.3 大学孵化器创业绩效的研究现状

3.3.1 大学孵化器创业绩效的国外研究情况

知识经济时代背景下，大学孵化器是大学发挥除教学和科研以外的第三种职能所产生的新的形态，是科技园区与大学结合的产物。大学孵化器的出现赋予大学双重职责——既要生产新知识，又要促进技术转让和知识溢出。而绩效评估可以帮助企业理解企业的行为，并有利于企业之间的竞争。从20世纪后期开始，欧美等各国都对高校孵化器的绩效管理和考核问题进行了研究。各国的相关组织运用了量化和定性的测评指标，从绩效、项目、组织管理、综合素质等方面对孵化企业进行了全方位的测评。

Allen和McCluskey从三个指标评估孵化器绩效，即就业人数、总孵化期和存活率。通过对这三个指标进行分析，得出它们是如何影响大学孵化器创业绩效的。Allen等（1991）通过研究发现孵化器的运营规模和创办年限在很大程度上影响孵化器绩效。Mian等（1997）通过研究大学孵化器绩效，发现高校声誉、学生素质及实验设施对孵化公司的发展具有重要的作用。Peters等（2004）通过比较大学与营利性、非营利性的孵化器，探讨孵化器的基础设施、网络与培训对于孵化器的作用。研究结果表明，在不同类型的企业中，非营利型企业的经营业绩最佳。Chandra等（2007）通过研究发现，政府补助、创业投资及企业的筹资费用对孵化企业的经营业绩有很大的作用。Chan和Lau（2005）应用组织理论与集群理论，对科技型科技园孵化进行了评估。Lalkaka等（1997）通过对发展中国家中小企业孵化基地的实证分析，得出了影响其高效运作的主要原因。

综上所述，国外对于企业孵化器的孵化绩效的评价大多趋于微观层面，例如，就业人数、总孵化期、存活率、运营规模、基础设施和网络等方面。另外，有国外学者通过使用对个案的观察、实验和调查等研究方法和建立模型等方式研究其管理方法、运行策略、绩效评估等问题，探索创业孵化绩效的研究方向及趋势，实现聚焦视角的转变。

3.3.2 大学孵化器创业绩效的国内研究情况

大学孵化器在促进科技成果转化、促进技术创新、培育科技小型企业、促进区域经济发展等方面发挥了重要作用。中国被认为是非常重视大学创新的国家，政府积极推动大学与企业的合作开发、促进高校与外部机构的联动、培育新创企业的成长，成功地生产出创新产品、创造新兴业务，成为中国主要的一种创新模式。自东北工学院（现东北大学）于 1990 年建立中国第一家大学科技园以来，经过三十多年的探索和发展，大学科技园依托高校优势，不断强化核心功能，在整合创新资源、转化科技成果、科技创业孵化、培养创新人才、开放协同发展等方面取得巨大成就。

目前，我国许多专家学者对高校企业孵化器的创业绩效研究进行了较为深入的探讨。李恒光（2007）构建出基于 3C（评价对象、目的及原则）的科技企业孵化器绩效评价的分析框架。晏敬东等（2004）建立科学的科技企业孵化器管理绩效评价指标体系，有利于对孵化器管理效率作出全面客观的评价。代碧波等（2012）、张建清等（2017）均运用 DEA 方法对科技企业孵化器的运行效率进行了评价。阎明宇（2014）通过问卷调查法、结构方程模型分析法探讨创新集群的创业网络对科技企业孵化器绩效的关系。钟卫东等（2007）以社会认知理论为基础，探讨创业者的创业自我效能感和外部环境支持对初创科技企业绩效产生影响的路径及其联结关系。刘宁晖等（2007）、徐菱涓（2009）分别以灰色系统理论对于我国科技型企业孵化经营业绩进行评估。张礼建等（2006）根据评估指标的设计原理构建了一套评估指标体系。刘艳莉（2011）主要采用主成分实证方法构建孵化器绩效评价模型，建立了企业孵化器绩效评价指标体系，研究结果表明彼此存在差异。常梅等（2022）构建了一个动态两阶段 SBM 模型，将其应用于评价我国 29 个省份孵化器在 2014—2018 年的多周期经营绩效和各时期经营绩效，从多周期整体绩效、子阶段绩效和各时期经营绩效三个方面对我国 29 个省份孵化器的运营绩效进行了深入分析。

综上所述，通过前人多年间对企业孵化器孵化绩效的不断研究，产生了不同的思路和方法，尤其是研究视角趋于多元化，呈现较强的跨学科趋势，使得更多的研究人员开始研究企业孵化器的可持续发展。但是更多的学者通过定性和定量的方式方法，多方面、多角度探讨孵化绩效的影响因素和聚焦孵化器绩效评价体系，而且更多的研究是针对某一个地方或某一时段的企业孵化器发展情况，从整体的研究程度来看，自身存在着很多局限性。因此，本章使用 CiteSpace 软件对大学孵化器创业绩效研究的关键词、作者、机构突现词进行分析，旨在客观地揭示大学孵化器创业绩效研究领域的整体研究现状、热点词与前沿。

3.4 大学孵化器创业绩效的研究趋势

3.4.1 大学孵化器创业绩效发文数量趋势分析

研究每年发表文献的数量是衡量研究领域推进历程演变的重要指标，可以更直观地反映特定领域的活跃程度。根据知网的数据检索结果，如图 3.1 显示了 2001—2021 年大学孵化器创业绩效的发文趋势分布。

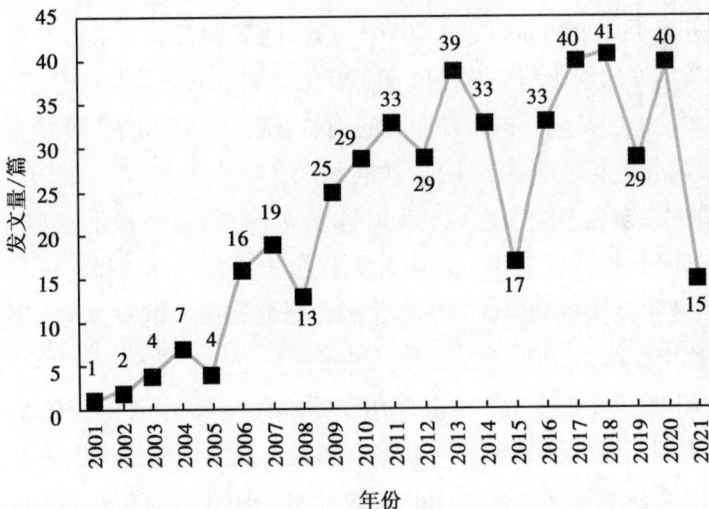

图 3.1 2001—2021 年大学孵化器创业绩效发文趋势

由图 3.1 可知，大学孵化器创业绩效研究的文献分布具体可分为三个阶段。2001—2005 年：起始阶段。该阶段是学者开始研究企业孵化器的运作模式与绩效评价的开始时期，总体发文量较低，年均发文数量不足 10 篇，这说明此阶段的状态是对大学孵化器创业绩效的研究还未得到学者普遍关注。2006—2014 年：发展阶段。该阶段相关文献量显著增加，从 2006 年的发文量 16 篇到 2013 年的 39 篇，说明此阶段的企业孵化器创业绩效研究领域得到一定程度的发展。2015—2021 年：快速增长阶段。2015 年的发文量相较 2014 年有短暂回落，但很快在 2016 年回归到 2014 年的水平，尽管 2019 年有所降低，但也保持高发文量，2021 年发文量跌至 15 篇，但 2017 年、2018 年、2020 年这三年的发文量均达到 40 篇及以上，说明创业绩效主题的研究正是学术界近年来研究的热点。

3.4.2 大学孵化器创业绩效高被引文献分析

高被引文献通常是本学科中的基础研究成果，对于本学科的发展有着重要的参考价值，可以作为"奠基石"。阅读高被引文献，可以帮助我们更好地理解这个领域的经典思想，从而更好地理解这个学科的核心问题。

本章对高被引文献被引次数达到 50 次以上的大学孵化器创业绩效研究中排名前 17 的文献进行分析，如表 3.1 所列。

表 3.1 大学孵化器创业绩效研究被引排名前 17 的文献

排名	作者	被引次数	文献
1	晏敬东，简利君，胡树华	123	科技企业孵化器管理绩效的评价指标体系设计
2	钟卫东，孙大海，施立华	122	创业自我效能感、外部环境支持与初创科技企业绩效的关系——基于孵化器新创企业的实证研究
3	孙凯，鞠晓峰，李煜华	118	基于变异系数法的企业孵化器运行绩效评价
4	林强	112	基于新创企业绩效决定要素的高科技企业孵化机制研究
5	张礼建，郑荣娟，程乐	105	科技企业孵化器孵化绩效评价指标体系构造
6	殷群，张娇	89	长三角地区科技企业孵化器运行效率研究——基于 DEA 的有效性分析
7	张炜，邢潇	81	高技术企业创业孵化环境与成长绩效关系研究
8	代碧波，孙东生	62	基于 DEA 方法的科技企业孵化器运行效率评价——以东北地区 14 家国家级企业孵化器为例

表3.1(续)

排名	作者	被引次数	文献
9	徐菱涓，刘宁晖	59	基于主成分分析法的科技企业孵化器绩效影响因素研究
10	张炜，邢潇	57	科技企业孵化器服务项目与服务绩效关系实证研究
11	张晓玲	56	中国农业科技园区发展的理论与实践问题研究
12	刘宁晖，王小敏	55	基于灰色系统理论的科技企业孵化器管理绩效评价
13	宋清，金桂荣，赵辰	54	科技企业孵化器绩效的影响因素实证研究
14	孙凯	54	新创企业社会资本对资源获取和技术创新绩效的影响
15	殷群，谢芸，陈伟民	53	大学科技园孵化绩效研究——政策分析视角
16	卢锐，盛昭瀚	52	核心资源与企业孵化器的创新
17	黄虹，许跃辉	51	我国科技企业孵化器运行绩效与区域差异研究——基于对260家国家级科技企业孵化器的实证分析

通过对高被引文献的分析可知，被引次数前三的文献分别为《科技企业孵化器管理绩效的评价指标体系设计》（123 次被引量）、《创业自我效能感、外部环境支持与初创科技企业绩效的关系——基于孵化器新创企业的实证研究》（122 次被引量）、《基于变异系数法的企业孵化器运行绩效评价》（118 次被引量）。高被引文献中有 7 篇文献主要针对企业孵化器绩效的评价进行研究，研究内容包括设计和构建指标体系、企业孵化器运行绩效、管理绩效评价；有 3 篇文献对绩效的关系展开研究，内容主要包括企业孵化器服务项目与服务绩效关系、高技术企业创业孵化环境与成长绩效关系研究；有 4 篇文献围绕绩效的影响因素展开研究，主要关于企业孵化机制、绩效的影响因素和创新方面；有 2 篇文献从科技园区发展的理论与实践问题和政策分析视角对科技园孵化绩效进行研究；有 1 篇从核心资源与企业孵化器的创新来阐释企业孵化的内涵以及外延。这些文献侧面体现了大学孵化器创业绩效主要研究成果不仅仅拘泥于概念性描述，而是从不同角度以实证分析对企业孵化的孵化绩效进行评价，并吸取在实践中的经验教训。

3.4.3 大学孵化器创业绩效发文作者可视化分析

核心作者是指某一领域文献发文数量较高且在研究领域内具有较大学术价值影响的学者，他们对探索深入研究一个领域起着不可忽视的作用。因此，本书通过发文量指标确定大学孵化器创业绩效的核心作者。选择作者合作分析节点，对节点的各项阈值进行调节后运行 CiteSpace 软件，根据自动生成作者合作图谱，调节优化美观后的图谱如图 3.2 所示。

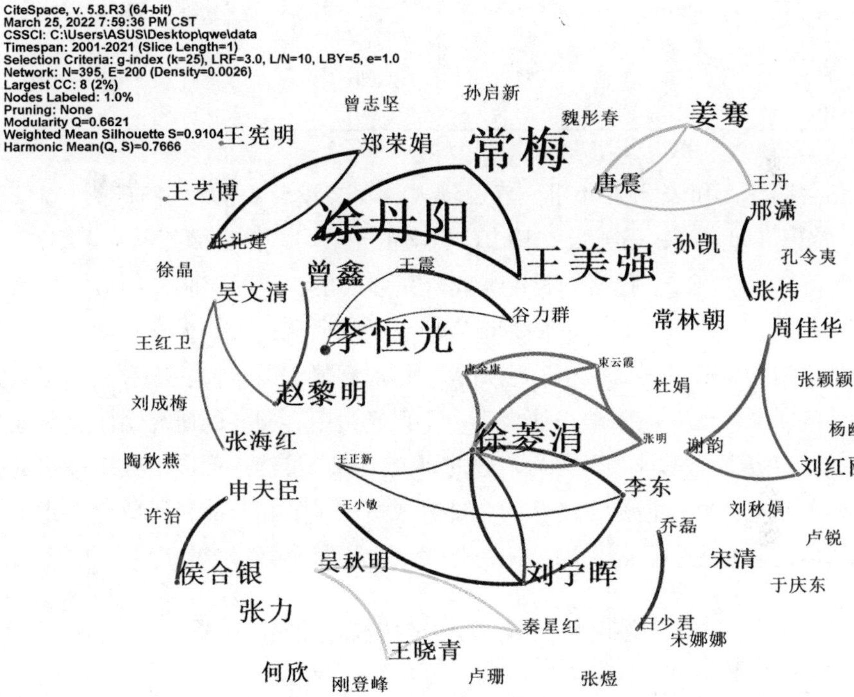

图 3.2 作者合作网络共现图谱

可以从三个角度分析图 3.2：第一是节点表示作者，节点越大、作者姓名的字体越大，作者发文数量就越多；第二是用连线表示作者的合作水平，线越宽表示合作水平越高；第三是连线颜色越深表示第一次合作时间越早，反之，颜色越浅，合作时间越晚。由图 3.2 可知，N 为 395 个节点，E 为 200 个链接，网络密度为 0.0026，代表了 395 个作者的 200 个写作链接的集合。节点分布较散，联系较少，说明作者之间的互动、合作程度较低。运行 CiteSpace 软件统计高频发文作者，结果如表 3.2 所列。

表 3.2　高频发文作者（Top20）

排名	姓名	发文量	排名	姓名	发文量
1	涂丹阳	21	11	张力	4
2	常梅	21	12	李东	3
3	王美强	13	13	王艺博	3
4	李恒光	11	14	张炜	3
5	徐菱涓	7	15	郑荣娟	3
6	姜骞	5	16	王晓青	3
7	曾鑫	5	17	吴秋明	3
8	刘宁晖	5	18	孙凯	3
9	赵黎明	5	19	王宪明	3
10	侯合银	4	20	吴文清	3

结合图 3.2 和表 3.2 可知，节点较大、发文量较高的作者有涂丹阳（21篇）、常梅（21 篇）、王美强（13 篇）、李恒光（11 篇）、徐菱涓（7 篇）、姜骞（5 篇）等。其中，我国的孵化绩效研究形成了一定的团队，如最大的团队是以徐菱涓、刘宁晖为核心的南京航空航天大学团队；天津大学管理系以赵黎明和吴文清为核心的科研队伍；贵州大学目前已建立以常梅、涂丹阳、王美强为骨干的科研队伍；哈尔滨工业大学由李恒光为中心领导的研究团队；三亚学院形成了以姜骞、王丹、唐震为核心的研究团队。虽然还形成了很多较小的关系紧密的研究团队，但是，团队的大部分成员都是从相同的科研单位中走出来的，团队的联系很弱，整个团队的协作情况也不是很好。

3.4.4　大学孵化器创业绩效发文机构可视化分析

一般来说，在该领域拥有高发文数量的作者群体的机构是该研究领域的重点机构，其研究成果普遍具有权威性，代表了当前研究领域的热点主题。将知网导出的数据导入 CiteSpace 软件，节点类型为"机构"，Top $N = 50$，对图谱进行调节优化后得到图 3.3。

如图 3.3 所示，一个节点代表一所机构，节点与机构标注字体越大，表示机构发文次数越多，反之亦然。在时间间隔参数设置为 2001—2021 年（时间切片为 1 年）的条件下，共现网络中节点有 213 个，连线 79 条，网络密度 Density = 0.0035。LargestCC 为 8（3%），说明大学孵化器创业绩效的研究机构合作关系最大群体为 8，占总数的 3%，机构间的合作研究较少，合作关系较弱。

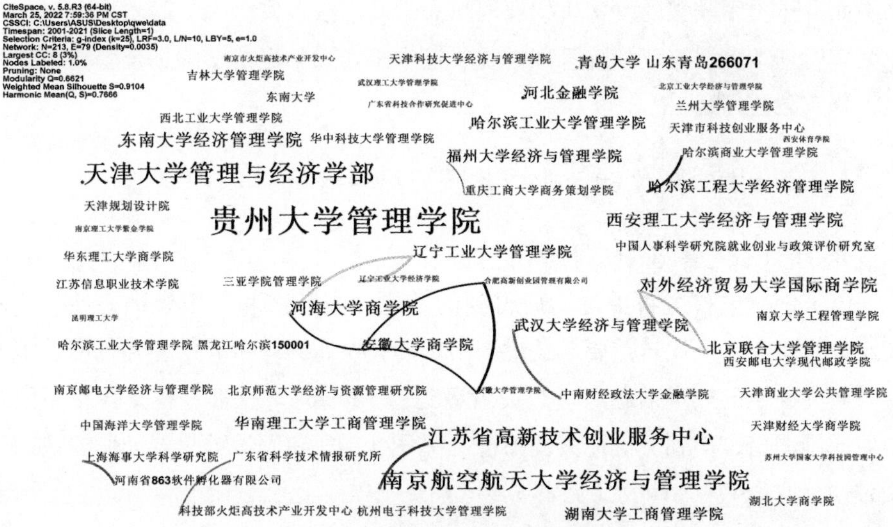

CiteSpace, v. 5.8.R3 (64-bit)
March 25, 2022 7:59:36 PM CST
CSSCI: C:\Users\ASUS\Desktop\qwe\data
Timespan: 2001-2021 (Slice Length=1)
Selection Criteria: g-index (k=25), LRF=3.0, L/N=10, LBY=5, e=1.0
Network: N=213, E=79 (Density=0.0035)
Largest CC: 6 (3%)
Nodes Labeled: 1.0%
Pruning: None
Modularity Q=0.6621
Weighted Mean Silhouette S=0.9104
Harmonic Mean(Q, S)=0.7666

图 3.3　机构合作网络共现图谱

表 3.3　大学孵化器创业绩效研究发文排名前 10 的研究机构

排名	机构	篇数	所占比例
1	贵州大学管理学院	21	4.48%
2	天津大学管理与经济学部	10	2.13%
3	南京航空航天大学经济与管理学院	8	1.71%
4	江苏省高新技术创业服务中心	6	1.28%
5	西安理工大学经济与管理学院	4	0.85%
6	对外经济贸易大学国际商学院	4	0.85%
7	河海大学商学院	4	0.85%
8	武汉大学经济与管理学院	3	0.64%
9	华南理工大学工商管理学院	3	0.64%
10	辽宁工业大学管理学院	3	0.64%

如表 3.3 所列，关于企业孵化创业绩效的研究，发文量较多的主要是贵州大学管理学院（21 篇）、天津大学管理与经济学部（10 篇）、南京航空航天大学经济与管理学院（8 篇）及江苏省高新技术创业服务中心（6 篇）四个机

构。而合作关系较强的发文机构有河海大学商学院、安徽大学商学院、辽宁工业大学管理学院、三亚学院管理学院、辽宁工业大学经济学院、合肥高新创业园管理有限公司。

3.4.5 大学孵化器创业绩效研究热点分析

3.4.5.1 关键词共现可视化分析

CiteSpace 软件分析关键词后得到的结论：高频次和高中介中心性，这两者对分析研究热点比较重要。关键词出现的频次越高、中介中心性越高，越能反映研究领域的热点话题。参数设置后运行 CiteSpace 软件，调整优化系统自动生成的图谱，得到关键词共现图谱（见图 3.4）和大学孵化器创业绩效高频关键词（Top24）统计表（见表 3.4）。

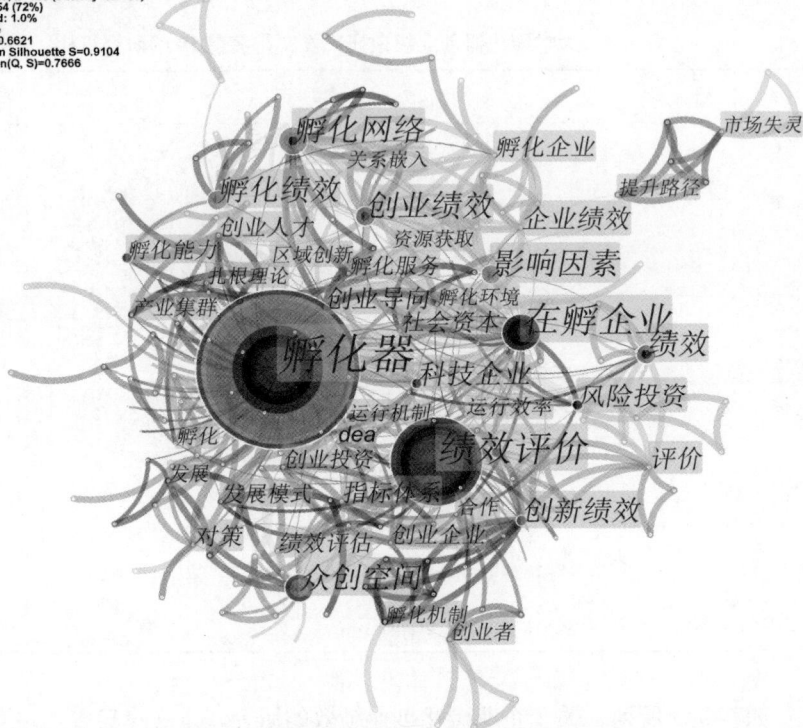

图 3.4 大学孵化器创业绩效关键词共现图谱

表 3.4 大学孵化器创业绩效高频关键词（Top24）统计表

排名	关键词	频次	年份
1	孵化器	100	2001
2	绩效评价	57	2004
3	新创企业	33	2003
4	孵化绩效	24	2009
5	多周期	22	2001
6	孵化网络	18	2010
7	创业绩效	16	2006
8	众创空间	15	2016
9	绩效	13	2003
10	影响因素	12	2007
11	dea	11	2010
12	科技企业	11	2006
13	运营绩效	11	2001
14	创新绩效	11	2012
15	风险投资	8	2001
16	孵化企业	8	2004
17	指标体系	8	2006
18	企业绩效	7	2005
19	创业企业	7	2007
20	社会资本	7	2008
21	孵化能力	7	2006
22	创业导向	6	2012
23	运行效率	6	2011
24	因子分析	6	2013

若关键词的中介中心性不小于 0.1，则说明关键词对应的节点在图谱中处于比较重要的地位。表 3.5 是大学孵化器创业绩效高中介中心性关键词（Top24）统计表。

表3.5 高中介中心性关键词（Top24）统计表

排名	关键词	中介中心性	年份
1	孵化器	0.62	2001
2	绩效评价	0.19	2004
3	新创企业	0.18	2003
4	影响因素	0.13	2007
5	孵化绩效	0.10	2009
6	绩效	0.08	2003
7	孵化网络	0.07	2010
8	创业绩效	0.07	2006
9	创新绩效	0.07	2012
10	众创空间	0.05	2016
11	风险投资	0.05	2001
12	企业绩效	0.05	2005
13	提升路径	0.05	2014
14	孵化企业	0.04	2004
15	孵化能力	0.03	2006
16	对策	0.03	2008
17	创业者	0.03	2005
18	合作	0.03	2011
19	创业企业	0.02	2007
20	社会资本	0.02	2008
21	创业导向	0.02	2012
22	创业投资	0.02	2009
23	绩效评估	0.02	2007
24	发展绩效	0.02	2004

从表3.5可以看出，"孵化器""绩效评价""新创企业""影响因素""孵化绩效"这五个关键词尤为重要。

从研究方向上来看，关键词"孵化器"的范围过于广泛且指向性不明显，不能突显本书的主要内容和方向，因此不做具体分析。最终确定关键词"绩效评价""在孵企业""孵化绩效""孵化网络""创业绩效""众创空间"为近二十年的研究热点主题词，并以此绘制了2001—2021年大学孵化器创业绩效关键词的频次-中介中心性散点图，如图3.5所示。

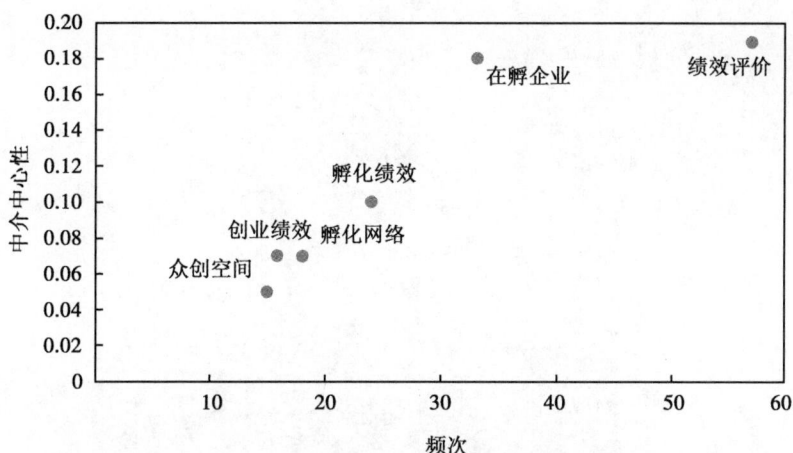

图 3.5 关键词频次-中介中心性散点图

3.4.5.2 关键词聚类分析

不同于共现分析，关键词聚类分析可以通过聚类图谱来反映研究前沿，而且有助于人们更好地理解各个研究热点之间的联系。通过聚类还可以直观揭示某一研究领域研究主题的演化路径。使用 CiteSpace 软件，通过 LSI 算法检索预处理后得到的 469 篇企业孵化器研究的相关文献，进行关键词聚类分析，得到 9 个研究聚类，如图 3.6 所示。Q 值一般在 $[0, 1)$ 范围内，当 Q 大于 0.3 时就表示聚类得出的社团结构显著。当 S 值为 0.7 时，聚类效果非常高效且有说服力；如果 S 值在 0.5 以上时，则一般认为聚类是合理的。$Q = 0.6621$，远大于 0.3，$S = 0.9104$，大于 0.7，这表明网络结构显著聚类清晰度高、聚类结果高效明显，科学计量结论是较为合理的。

根据 CiteSpace 的聚类详细信息汇总功能，制作出如表 3.6 所列的关键词聚类汇总表。其中，"孵化器"是规模最大的聚类，这与其作为研究的主旨方向相契合。由表 3.6 可以看出，10 个不同的关键词聚类分别是：#0 孵化器、#1 在孵企业、#2 创业绩效、#3 绩效评价、#4 众创空间、#5 孵化绩效、#6 评价、#7 创新绩效、#8 创业人才、#9 功能。通过整理聚类信息，可以发现聚类效果明显，且目前国内学术界已经对大学孵化器创业绩效领域的研究构造了理论框架。对聚类图谱中聚类关键词与其出现的年份进行对比，可以发现本章研究在不同的时间倾向于不同的研究主题。

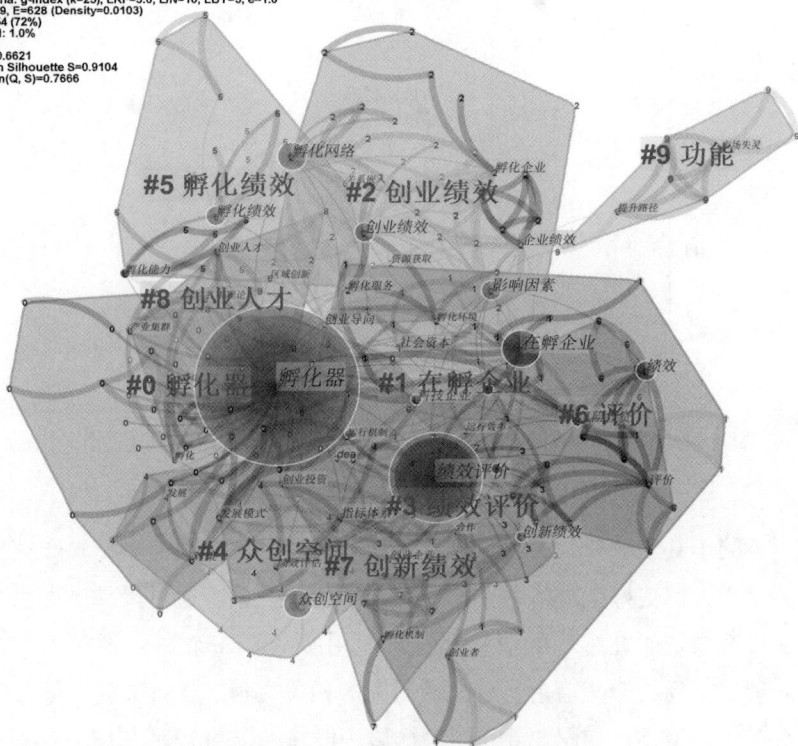

图 3.6 大学孵化器创业绩效研究关键词聚类图谱

表 3.6 大学孵化器创业绩效研究关键词聚类汇总表

聚类编号	聚类名称	聚类轮廓值	聚类大小
#0	孵化器	0.918	52
#1	在孵企业	0.875	42
#2	创业绩效	0.896	40
#3	绩效评价	0.913	26
#4	众创空间	0.940	24
#5	孵化绩效	0.850	24
#6	评价	0.971	18
#7	创新绩效	0.950	13
#8	创业人才	0.941	9
#9	功能	0.979	8

3.4.5.3 热点聚类分析

使用 LLR 算法对关键词进行聚类分析，得到关于大学孵化器创业绩效聚类共 10 个，如图 3.7 所示。

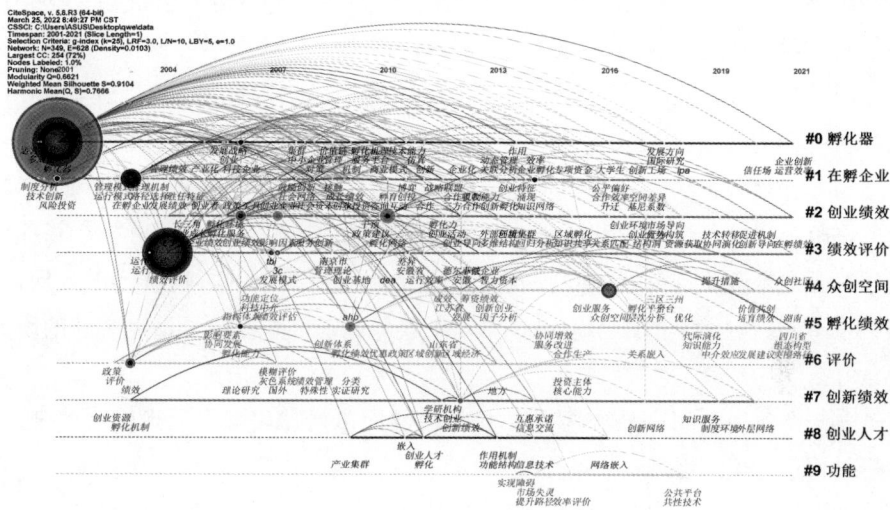

图 3.7　关键词聚类图谱

结合关键词的频次-中介中心性散点图结果，综合考量聚类效果，考虑关键词从孵化器发展模式、衡量孵化结果、孵化运行机制等角度描绘出企业孵化器创业绩效主题轮廓，但各聚类研究内容存在相互交叉现象。因此，经过进一步归纳，可以将企业孵化器创业绩效研究的重点主题归纳为以下几点。

（1）"孵化器"研究主题。"孵化器"与其共现的关键词形成的研究网络面积最大。该研究主题网络中包含"多周期""企业创新""运营绩效""孵化绩效"等关键词。常梅等将孵化器运营结构划分为"引入"和"孵化"两个串联子阶段，运用该方法建立了一个两阶段的动态 SBM 模型，对 2014—2018 年 29 个省市孵化企业多周期绩效及各个阶段的经营绩效进行了评估。王康等运用倾向得分匹配-双重差分模型，实证研究孵化器对企业创新的影响及其内在机制。研究结果表明，孵化器具有驱动企业创新的长效机制，但孵化期限并非越长越好；随着创新过程的推进，孵化器的影响逐渐消失；孵化器可以改善企业的人资、资金短缺和科技成果转化，从而促进企业创新。

（2）"绩效评价"研究主题。"指标体系""影响因素""运行机制"等关键词与该主题联系密切。晏敬东等（2004）构建的科技型企业孵化经营绩效的科学评估指标有利于对孵化器管理效率作出全面客观的评价。徐菱涓等在整理和统计调查问卷数据的基础上，对影响绩效的因素使用主成分分析法进行了实证研究。刘艳莉运用区位优势和产业集群等理论，对我国高新技术企业孵化器的制度运作和运营业绩问题进行了深入探讨。

（3）"新创企业"研究主题。"鼓励创新""风险投资""社会资本""咨询互动"等为主要共现关键词。孙凯（2011）利用调查问卷收集的数据，运用结构方程模型方法，对新创企业横向和纵向社会资本对信息、知识和资金的获取以及获得信息、知识和资金对技术革新绩效的影响进行统计分析。杨佳妮基于对国内外政策支持和风险投资对新创企业创新绩效的影响进行深入探讨，归纳了不同影响因素的作用效果，总结了其研究趋势并提出了重点突破的研究视角。

（4）"众创空间"研究主题。共现关键词包括"发展""优化""建议""绩效评估"等高频词汇。张静（2022）认为，要适应互联网大众创业、万众创新的潮流，要大力发展众创空间等创新创业服务，为创新创业创造条件。这是我国加快推进改革开放，顺应、引导新常态，激励千百万人民群众的创造性活动的一项重大措施，对建设新的发展动力至关重要。徐示波等（2020）通过实地调研、数据比较分析、比较分析，对目前国内众创空间发展状况及存在的问题进行分析并提出众创空间优化发展的相关建议。

（5）"孵化网络"研究主题。共现关键词包括"创业绩效""孵化服务""创业导向""价值创新""促进机制"等高频词汇。邢蕊等（2015）运用"创业策略结构—创新意愿—创新行动"的相关理论框架，建立了创新目标、创新意愿、孵化环境之间的关系。刘成梅（2017）通过分析孵化网络影响我国高水平人才的创业绩效问题，探讨其在促进高水平技术人员的聚集和培育方面的作用，对推动科技创新成果的转换，支持技术创新的中小型企业，推动创新中心的可持续发展，促进战略性新兴产业集群和区域经济的协同发展等均有帮助。

3.4.6 大学孵化器创业绩效研究前沿演变分析

普赖斯第一次提出了一个关于"前沿"的观念，这个观念用来形容一个学科的转变性质。在对突出词语和突出文献进行分析的前提下，应将所引用的资料与所被引用的资料相联系，做出全面的评判与探查。因此，应有效利用软件中的"突发性探测"功能探测统计关键词的突现频率，以此识别出大学孵化器创业绩效研究前沿的推进历程。

基于图 3.6 关键词聚类图谱，调节突发阈值，其中检测过程中最小持续时间（minimum duration）设置为 1 年。如图 3.8 所示，图谱中"Begin"和"End"是突现开始和结束的时间，二者的跨度是突变关键词的持续周期，Strength 表示突变强度，粗线段代表突现出现的起止时间段。得到突现关键词共 20 个，选择按突发时间排序，生成关键词突现列表 Top20。

Top 20 Keywords with the Strongest Citation Bursts

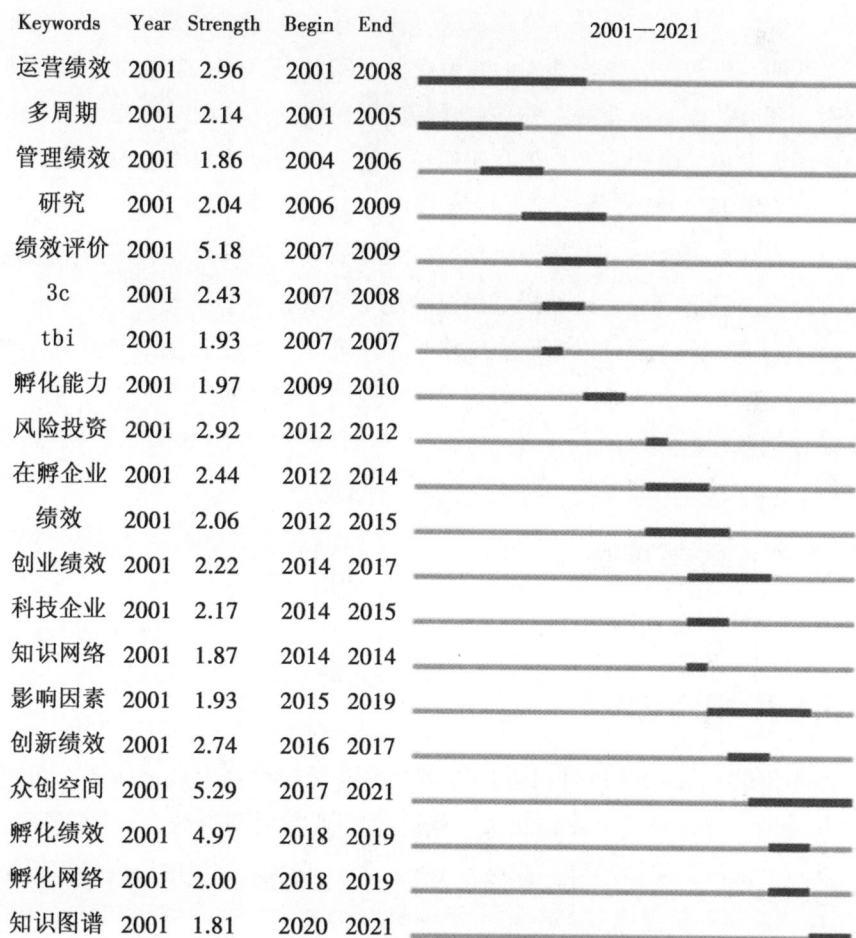

Keywords	Year	Strength	Begin	End	2001—2021
运营绩效	2001	2.96	2001	2008	
多周期	2001	2.14	2001	2005	
管理绩效	2001	1.86	2004	2006	
研究	2001	2.04	2006	2009	
绩效评价	2001	5.18	2007	2009	
3c	2001	2.43	2007	2008	
tbi	2001	1.93	2007	2007	
孵化能力	2001	1.97	2009	2010	
风险投资	2001	2.92	2012	2012	
在孵企业	2001	2.44	2012	2014	
绩效	2001	2.06	2012	2015	
创业绩效	2001	2.22	2014	2017	
科技企业	2001	2.17	2014	2015	
知识网络	2001	1.87	2014	2014	
影响因素	2001	1.93	2015	2019	
创新绩效	2001	2.74	2016	2017	
众创空间	2001	5.29	2017	2021	
孵化绩效	2001	4.97	2018	2019	
孵化网络	2001	2.00	2018	2019	
知识图谱	2001	1.81	2020	2021	

图 3.8 关键词突现排名 Top20

据图 3.8 可知，关键词突现强度较高的有"众创空间"（5.29）、"绩效评价"（5.18）、"孵化绩效"（4.97）、"运营绩效"（2.96）、"风险投资"（2.92）等，这说明这些关键词在其所对应的时间段里都是学者较为关注的前沿主题。关键词"创新绩效""影响因素""孵化绩效""孵化网络"的突变持续时间分别为 2016—2017 年、2015—2019 年、2018—2019 年和 2018—2019 年，均在 2019 年前，说明这几个关键词是前几年研究者的主要研究话题。而关键词"众创空间""知识图谱"的突变时间分别为 2017—2021 年和 2020—2021 年，均持续到 2021 年，是近几年研究的主要方向。

随着企业孵化器的发展，各国学者对企业孵化器的研究一一出现，他们建立起孵化器企业绩效评价体系，并对其绩效和发展动向进行了研究。这对评估我国企业孵化能力，引导并规范其发展，都有着十分重大的现实意义。与此同时，在新的、以开放分享为基础的新型企业的发展中，一大批低费用、便捷的全要素、开放的创新创业新服务平台开始涌现，更具互联网时代特色，大众创新创业的需求正在显现——众创空间的兴起使中国的创业载体出现了从传统到创新并存发展的新格局。基于此，一些科学家利用科学计量学方法，结合最新的信息可视化软件对已有的研究成果进行系统梳理，明确企业孵化器创业绩效的研究脉络与发展趋势，进而展示研究热点与前沿。

综上所述，企业孵化网络研究脉络与未来展望、企业孵化器创业绩效的评价、众创空间、结合可视化分析软件分析企业孵化器创业绩效的热点与前沿是未来研究创业绩效领域的主要研究方向。

≫ 3.5 本章小结

3.5.1 研究结论

本书借助 CiteSpace 软件对近二十年有关大学孵化器创业绩效的文献进行可视化分析，旨在宏观地总结出大学孵化器创业绩效研究近二十年的研究现状、热点、前沿及发展趋势。针对大学孵化器创业绩效的影响研究得出以下结论。

（1）通过分析作者发文趋势和高被引文献得知：文献数量总体呈现不断

上升趋势，得到学者高度关注；同时，学者们在不断地探索对企业孵化器具有影响的绩效评价指标。绩效的概念自被引入企业孵化器范畴对科技成果的转换进行衡量以来，就不断地有学者深挖影响科技企业孵化器绩效的因素，以及如何构建科技企业孵化器绩效的评价指标体系。通过分析高被引文献得知有较多的文献主要针对企业孵化器绩效的评价进行研究，研究内容包括设计和构建指标体系、企业孵化器运行绩效、管理绩效及运行效率的评价。

（2）"大学孵化器创业绩效"研究领域虽然出现了涂丹阳、赵黎明、吴文清、姜骞等核心作者，但他们彼此之间尚未形成紧密的合作关系（作者间合作网络的链接 200 个，密度为 0.0026，远远低于 0.1）。截至目前，团队研究是国内孵化领域的主要研究力量。虽然出现很多像以徐菱涓、刘宁晖为核心领导团队的南京航空航天大学，以赵黎明和吴文清为核心的天津大学科研队伍，以常梅、涂丹阳、王美强为骨干的贵州大学科研队伍，由李恒光为中心领导的哈尔滨工业大学研究团队，以姜骞、王丹、唐震为核心的三亚学院研究团队，但是，这些团队的大部分成员都是从相同的科研单位中走出来的，团队的联系很弱，整个团队的协作情况也不是很好。

（3）相应的具有较强紧密合作关系的发文机构主要有河海大学商学院、安徽大学商学院、辽宁工业大学管理学院、三亚学院管理学院、辽宁工业大学经济学院、合肥高新创业园管理有限公司。紧接着是江苏省高新技术创业服务中心、南京航空航天大学经济与管理学院等。研究机构发文量最多的主要有贵州大学管理学院（21 篇）、天津大学管理与经济学部（10 篇）、南京航空航天大学经济与管理学院（8 篇）及江苏省高新技术创业服务中心（6 篇）四个机构。但从发文机构可视化分析图得知机构间的合作关系比较离散，各地区的研究团队之间彼此缺乏合作与交流，国内主要的研究机构之间尚未形成较好的合作团队。

（4）通过结合关键词的频次-中介中心性散点图和关键词聚类结果分析，综合考量聚类效果，进一步归纳，可以将企业孵化器创业绩效研究的重点和热点归纳为孵化器、绩效评价、新创企业、众创空间及孵化网络这五个方面。从关键词突变来看，"创新绩效""影响因素""孵化绩效""孵化网络"的突变持续时间均在 2019 年前，说明这几个关键词是前几年研究者的主要研究前沿话题，而关键词"众创空间""知识图谱"的突变时间均到 2021 年，因此是近几年研究的主要方向。

"大众创业、万众创新"是中国经济的一个新发动机、新引擎，缓解就业压力的同时可以提升经济增长速度。通过孵化器培育企业，是实现大众创业、万众创新的有效途径。针对上述内容，提出以下对策建议。

从文献发布研究方向来看：很明显，我国大学孵化器倾向于交叉和结合孵化绩效等多个研究领域，然而，对于企业孵化器创业绩效问题的深入研究较少，相关研究多停留在对孵化器创业绩效考核体系和业务模式的引入，研究深度有待进一步加强。

从研究机构和作者分布图谱来看：建议各地区、各学科的科研院所、科研工作者应积极、广泛地开展学术交流，为高校企业孵化器创业绩效研究提供稳定、良好的合作环境。鼓励建立合作型企业孵化机构，并协助建立顶尖科研队伍。鼓励学术带头人合作，组建大型科研院所团队，寻找重点项目。

从关键词共现图谱与关键词突现分析来看：近年来，越来越多注重微观层面的企业孵化器领域的研究被提出，若要提高创新创业水平，就必须提出增加大众创造空间、联合创新、纵向发展孵化网络、优化治理方式等。这些研究为著者了解本领域的前沿提供建设性参考，并有助于该领域研究的深入发展。

为了能够更好地培养高科技创业企业孵化器，不仅需要设计并构建良好的孵化服务体系，而且需要把孵化服务体系高效率地运转起来。随着孵化器形态的发展，孵化器为创业企业所提供的资源种类（无论是要素资源，还是环境资源）越来越丰富。首先，对于创业企业需要考查创业行业、创业者和创业战略并对其进行筛选。其次，除了改善股东结构、明确运作体制和选择专业机制，孵化器要想取得比较良好的孵化业绩还需要一定的时间积累。由于培养创业企业需要较长的周期，所以孵化经验的积累和孵化绩效的体现需要较长的时间。最后，孵化器若想通过引入投资功能而得到盈利也需要从种子期和初创期开始培养创业企业，否则孵化器很难收到短期经济效益，孵化器还需要不断探索自身的发展模式以取得更高的孵化效益，以提高企业创业绩效。

3.5.2　研究不足与展望

本书最大的不足之处在于所需数据只来源于知网数据库，得到的数据不包括参考文献，不能用软件做文献的共被引分析。首先，以与"大学孵化器创业绩效"相关的近 20 年的文献作为研究对象，对导出的数据进行二次加工处理时可能有遗漏，导致分析结果并不完整。其次，在对图谱进行调整优化解读时受主观因素影响，造成对图谱信息的解读缺乏科学严谨性，以至于结果有待验证。最后，针对大学孵化器创业绩效的研究，国内学者从多个维度、通过多种方法对已有文献进行定性研究，或者以加入少量案例的实证研究方式展开，有些研究只针对某一地方的状况或者是经济发展靠前的大城市进行调查获取研究结论，对于发展相对落后的城市并未展开研究，从而不知其在该领域的发展模式和状况。

本章在前人的研究成果上对该领域进行了初步的探索，对于不足之处将从以下方面努力改善：利用 WoS 或 CSSCI 期刊检索文献用 CiteSpace 软件做文献的共被引分析，探索在本领域内的研究中共同被引用的文献在一定内容上具有相似性的文章，数值越高，说明它们彼此间的联系越紧密；紧接着对大学孵化器创业绩效动态演变机制进行深入细致的剖析，为深入研究提供具有参考价值的指导。此外，对衡量不同孵化器的绩效方式和不同地区的企业孵化器创业绩效的发展做比较，进行更细分的研究，探索分析不同行业、地区基于孵化器的创业行为特征。

≫ 本章参考文献

［1］ 程明，吴波.十八大以来我国扶贫脱贫研究的轨迹、热点与趋势：基于 CSS-CI 数据库的 CiteSpace 软件可视化分析［J］.重庆交通大学学报（社会科学版），2019，19（5）：35-44.

［2］ 代碧波，孙东生.基于 DEA 方法的科技企业孵化器运行效率评价：以东北地区 14 家国家级企业孵化器为例［J］.科技进步与对策，2012，29（1）：142-146.

［3］ 杜文龙.引文分析软件的应用比较分析研究［D］.西安：西北大学，2013.

［4］ 胡雲菲，田子彬.基于 CiteSpace 的国民体质研究领域的热点与演进分析［J］.河南工学院学报，2021，29（5）：69-77.

［5］ 姜阳阳.基于共词分析的组织变革知识图谱研究［D］.大连：东北财经大学，2011.

［6］ 李恒光.基于 3C 的 TBI 绩效评价的理论基础与框架构建［J］.中国石油大学学报（社会科学版），2007（4）：17-21.

［7］ 刘复煜.区域间金融错配对科技孵化器绩效的影响研究［D］.南宁:广西大学,2020.

［8］ 刘成梅.孵化网络影响高层次人才孵化企业创业绩效的机理研究［D］.西安:西北工业大学,2017.

［9］ 刘宁晖,王小敏.基于灰色系统理论的科技企业孵化器管理绩效评价［J］.科学学与科学技术管理,2007(S1):50-52.

［10］ 刘艳莉.我国科技企业孵化器的系统运行机制与绩效评价研究［D］.哈尔滨:哈尔滨工程大学,2009.

［11］ 刘艳莉.基于主成分分析的科技企业孵化器绩效评价研究［J］.科技管理研究,2011,31(14):76-80.

［12］ 刘文霞.基于师范专业认证的思想政治教育专业"UGS"协同育人模式研究:运用 CiteSpace 软件的可视化分析［J］.佳木斯大学社会科学学报,2022,40(1):199-201.

［13］ 路畅.基于科学知识图谱的大数据研究可视化分析［D］.杭州:浙江工业大学,2019.

［14］ 骆康,王杰玉,袁康耀,等.基于 CiteSpace 软件的国内网上药店研究可视化分析［J］.中国药业,2022,31(5):28-31.

［15］ 苗文文,王伟,邵志国.基于 CiteSpace 软件的地铁运营安全风险研究文献计量分析［J］.城市轨道交通研究,2021,24(9):142-146.

［16］ 祁宁,蒲晓川,宋长松.中国技术创业领域研究的发展动态与焦点透视(1998—2018)［J］.科学管理研究,2020,38(6):11-17.

［17］ 孙凯.新创企业社会资本对资源获取和技术创新绩效的影响［J］.中国软科学,2011(8):165-177.

［18］ 王翠婷,赵多平.基于 CiteSpace 软件对国内全域旅游研究的可视化分析［J］.智能城市,2019,5(7):199-200.

［19］ 王康,李逸飞,李静,等.孵化器何以促进企业创新?:来自中关村海淀科技园的微观证据［J］.管理世界,2019,35(11):102-118.

［20］ 王晓青,吴秋明,秦星红.我国企业孵化器研究热点与趋势:基于 CiteSpace 的知识图谱分析［J］.华东理工大学学报(社会科学版),2020,22(4):76-87.

［21］ 王晓青,吴秋明,周霖.企业孵化器国际研究的知识图谱分析［J］.技术经

济,2020,39(8):104-113.

[22] 徐菱涓,刘宁晖.基于主成分分析法的科技企业孵化器绩效影响因素研究[J].科技进步与对策,2008(11):213-215.

[23] 徐菱涓,刘宁晖,李东.科技企业孵化器管理绩效的灰色综合评价研究:以南京市为例[J].科技进步与对策,2009,26(1):131-133.

[24] 徐菱涓.我国科技企业孵化器绩效评价与实证研究[D].南京:南京航空航天大学,2010.

[25] 徐示波,陈晴.我国众创空间发展现状及优化策略:基于统计数据和问卷调查分析[J].中国科技产业,2020(5):63-66.

[26] 邢蕊,王国红.创业导向、创新意愿与新创企业创新绩效:孵化环境的调节作用[J].研究与发展管理,2015,27(1):100-112.

[27] 晏敬东,简利君,胡树华.科技企业孵化器管理绩效的评价指标体系设计[J].科学学与科学技术管理,2004(6):44-47.

[28] 阎明宇.创新集群网络对科技企业孵化绩效的影响研究[J].财经问题研究,2014(8):92-99.

[29] 杨佳妮.政策支持、风险投资对新创企业创新绩效影响研究综述[J].当代会计,2019(11):34-35.

[30] 杨丽娟,张璇.知识图谱视野下的中国旅游人类学研究现状的可视化分析:基于CITESPACE软件和CNKI数据库[J].旅游研究,2016,8(3):20-27.

[31] 杨雪,高峰,李久佳.我国科技企业孵化器研究前沿及热点趋势[J].天津经济,2021(12):30-37.

[32] 张宝建,孙国强.国际企业孵化研究的知识图谱分析:基于SSCI数据库1990年以来文献的科学计量[J].科技进步与对策,2014,31(19):132-136.

[33] 张宝建,孙国强,薛婷.国际企业孵化研究脉络分布与趋势[J].中国科技论坛,2015(3):148-154.

[34] 张宝建,任晓悦,刘畅,等.国内企业孵化研究的知识图谱分析:基于CSSCI数据库文献的科学计量[J].华东经济管理,2016,30(8):155-161.

[35] 张建清,孙梦暄,范斐.基于DEA方法的湖北省科技企业孵化器运行效率评价[J].科技管理研究,2017,37(4):82-88.

[36] 张静.众创空间提升产业发展的二者关系及思路:以浙江省富阳经济技术开发区为例[J].现代企业,2022(3):52-53.

[37] 张礼建,郑荣娟,程乐.科技企业孵化器孵化绩效评价指标体系构造[J].重庆大学学报(自然科学版),2006(3):147-151.

[38] 钟卫东,孙大海,施立华.创业自我效能感、外部环境支持与初创科技企业绩效的关系:基于孵化器新创企业的实证研究[J].南开管理评论,2007(5):68-74.

[39] BØLLINGTOFT A.The bottom-up business incubator:leverage to networking and cooperation practices in a self-generated, entrepreneurial-enabled envi-ronment[J].Technovation,2012,32(5):304-315.

第4章 社会资本的概念及研究现状

≫ 4.1 社会资本的概念

古典经济学之父亚当·斯密认为，市场运行不仅仅要依靠"看不见的手"，还要依靠道德和理念的支持；合适的"道德情操"和"道德行为"会在一定程度上促进新经济发展。20世纪80年代，Bourdieu（1980）通过吸收哲学家关于道德与价值的逻辑推理，首次提出了"社会资本"概念。Bourdieu在《资本的形式》中将资本划分为经济资本、文化资本和社会资本三类。他指出，所谓"社会资本"是以社会声誉、头衔为符号，以社会规约为制度化形式的，实际的或潜在的资源集合体。这些资源与对某种持久的网络的占有密不可分，这一网络是大家共同熟悉的，得到公认的，是一种体制化的关系网络。Putnam（1993）认为社会资本是"个人通过他们的成员资格在网络中或者在更宽泛的社会结构中获取短缺资源的能力"。Burt（1992）是第一个将社会资本纳入企业进行研究的学者，他把企业社会资本定义为"一种能够为企业带来资源和控制资源的网络结构"。

≫ 4.2 企业社会资本的概念

后来，管理学界学者们以企业作为研究主体，深入探讨企业社会资本。Leenders等（1999）从资源角度将企业社会资本概念定义为"企业拥有的有形或虚拟的资源"，这些企业资源可通过促使目标达成的社会关系而不断增加。而Koka等（2002）则从企业层次出发，探讨了企业社会资本产生的主要原因是社会资本是社会行为者从社会关系网络中所获得的一种资源。中国学者高远（2021）认为企业社会资本是一个企业在关系网络中，能够利用的各类资源的总和，随着企业在社会关系网络中社会资本的增加，企业能够整合的社会资源也会不断增加，获得各类资源的成本会相应降低，从而有利于企业价值的提升。Gupta 等（2020）指出企业社会资本的前提是参与社区组织和社会网络的发展，在社会网络关联的成员之间建立信任、互惠、信息共享和合作。社会资本理论关注"嵌入个体社会网络中的资源，以及如何获取这些资源并合理地使用这些资源，使个体的行动从其中受益"。著者对学者们关于社会资本的经典定义进行了梳理，总结如表 4.1 所列。

表 4.1　社会资本经典定义和代表作者①

代表作者	社会资本的定义
Pierre Bourdieu（1985）	实际的或潜在的资源的集合体，这些资源同对某种持久的网络的占有密不可分，这一网络是大家共同熟悉的，得到公认的，而且是一种体制化的关系网络
James Coleman（1990）	有效链接微观经济理论和宏观经济理论的重要载体，当使用社会资本把人们的注意力引向社会结构的功能（即行动者以此种结构为资源），可以实现自身利益
Alejandro Portes	个人通过他们的成员资格在网络中或者在更宽泛的社会结构中获取短缺资源的能力
Ronald Burt（1992）	一种能够带来资源和控制资源的网络结构
Lin	社会资本是一种嵌入社会结构之中并且可以通过有目的行动来获得或流动的资源
Putnam. R. D（1995）	社会资本是嵌入社会网络中的一系列现实的和潜在的资源，可以被个人或社会单位接触或获取
Nahapiet et al.（1998）	社会资本是嵌入个体及社会团体网络关系中现实和潜在资源的总和，由网络和可通过网络流动的资产组成
Leenders et al.（1999）	企业拥有的有形或虚拟的资源，它们可通过促进目标达成的社会关系而增加

————————

① 资料来源：由著者根据相关文献资料整理所得。

表4.1（续）

代表作者	社会资本的定义
Putnam（2000）	社会资本指个人间的信任、共同规则和互惠的社会网络，它们能促进，反过来也产生于这些联系
Baker（2002）	企业的社会资本是存在于企业关系网络中，以及通过关系网络所能得到的多种资源
Kostova et al.（2003）	社会资本是社会结构的关系本质所塑造的，能为组织带来潜在价值的社会行动者的某种心理状态、感知、信念和期望
周小虎等（2004）	企业的社会资本是指那些能够被企业所控制的有利于企业实现其目标和实现目标活动的、嵌入企业网络结构中显在的和潜在的资源集合
邓念国（2013）	社会资本是一种相互作用的网络，是一种互惠关系，是一种互动规则
王国红等（2015）	网络主体通过重构整体网络内的关系或认知状况，将网络中所拥有的资源（自有或从外界获取）变成公共产品等的能力。包括个体资本和集体资本

企业社会资本研究是跨领域的多学科研究，不同知识背景的研究人员探讨不同的问题。文献计量学是一种定量分析方法，用统计方法来描述、评价和预测未来科技发展趋势。

≫ 4.3 企业社会资本研究现状

尽管学者们关注到了企业社会资本的重要性和孵化器内企业社会资本对于新创企业创业成效的积极作用，但是利用科学的文献分析工具对企业社会资本的研究热点和趋势进行系统分析的文献凤毛麟角。因此，本节旨在使用 CiteSpace 软件对企业社会资本进行知识图谱分析，对企业社会资本的研究现状、热点、脉络和趋势进行研判，从而为其他学者的研究提供参考。

4.3.1 数据来源与研究方法

4.3.1.1 数据来源

对企业社会资本研究趋势的分析以 WoS 核心合集为来源数据库，以 SCI、SSCI、A&HCI、ESCI 等为索引，采用高级检索模式，检索策略主要分为 3 步。

第一步 Q1 为（TS = " Social capital"）；第二步 Q2 以 TS =（" Corporate social capital"）或 TS =（" Corporate" & " social capital"）进行检索；第三步以 Q1 或 Q2 进行检索。时间跨度为 1986—2021 年，检索时间为 2022 年 2 月。对检索结果进行筛选数据清洗后，共得到文献 874 篇。下载格式为文本文档，命名格式采用 download_ N. txt（N 为自然数）的形式。

4.3.1.2　研究方法

CiteSpace V 是一款基于 Java 平台的由美国德雷赛尔大学陈超美开发的可视化软件，该软件主要能够利用抽象数据中相关信息的关系构建关系图谱，帮助学者更方便、更直观、更科学地准确识别相应研究领域的现状、进程及未来发展趋势等。该软件还可以通过图谱挖掘到数据，准确地帮助学者进一步深入研究。此处的研究主要针对孵化器社会资本和企业社会资本的研究热点和前沿趋势进行研究，利用 CiteSpace 软件进行构图。图谱裁剪主要选取了 Pathfinder 算法，聚类结果主要以#进行标识，以关键词为提取标签，聚类指标以模块值（modularity measure，简称 Q 值）和轮廓值（mean silhouette，简称 S 值）两个指标进行衡量，当 $Q>0.3$，$S \geqslant 0.5$ 时即可认为聚类结果合理，然后结合关键词的频次、中心性及聚类结果进行总结。在研究热点前沿方面，主要依据突变算法进行检测。阈值方面主要设置为 TOP $N=50$，即每阶段频次前 50，时间切片（timeslice）主要依据数据情况设定为 5 年。

4.3.2　研究文献分布的分析

4.3.2.1　文献发表年代分布与趋势

20 世纪 80 年代，社会资本概念首次被提出并逐步纳入企业范畴进行考量，之后企业社会资本研究成为学者关注的热点。如图 4.1 所示是使用计量方法统计企业社会资本发文年代的趋势图。可见 1986—2021 年该领域发文量总体呈现不断上升趋势，具体可分为三个阶段。1986—2003 年：起始阶段。该阶段是企业社会资本研究开始时期，总体发文数量较低，年均发文数量不足 10 篇，企业社会资本研究还未得到学者普遍关注。2004—2016 年：发展阶段。该阶段相关文献数量显著增加，企业社会资本研究领域得到一定程度发展。2017—2021 年：快速增长阶段。2017 年的发文量相较于 2016 年有短暂回落，但却也处于高发文数量的年份，从 2017 年开始，企业社会资本主题的刊文篇量大幅度增长，在 2020—2021 年增长速度最快，2021 年发文总量为 96 篇，是发文数量最高的年份，也说明对企业社会资本的研究正是学术界研究的热点。

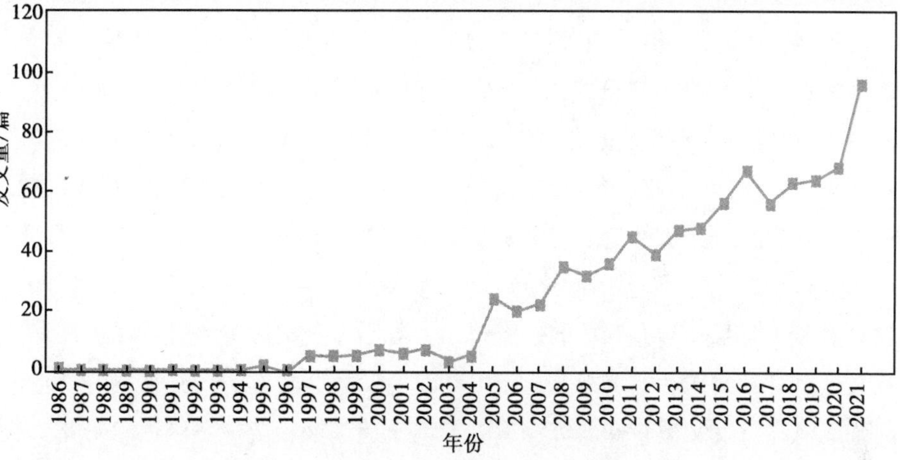

图 4.1　企业社会资本年度发文趋势图

4.3.2.2　发文国家分布可视化分析

为了解各个国家对于企业社会资本研究关注的分布情况，本章研究将分析时间设定为 1986—2021 年，节点类型为"国家"，时间切片为 1 年，可视化分析后得到国家共现图谱如图 4.2 所示。

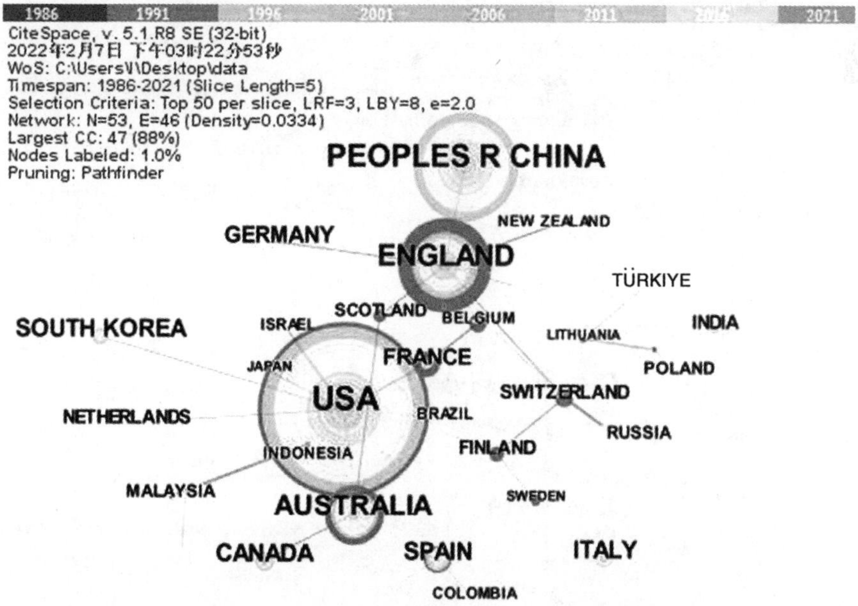

图 4.2　企业社会资本研究国家地区分布图谱

由图 4.2 可知,国家标注字体越大,表明国家发文数量越高。关于企业社会资本的研究主要集中在美国、英国、中国、澳大利亚、加拿大等国家。关于企业社会资本的研究,美国处于权威地位,亚洲也有部分国家涉足,如中国、印度和日本等。在参数设置为 1986—2021 年(时间切片为 5)的条件下,共现网络中节点有 53 个,连线 46 条,网络密度 Density = 0.0334。Lagest CC 为 47(88%),说明企业社会资本的研究国家合作关系最大群体为 47,占总数的 88%,国际合作研究较多,合作关系较强。

4.3.2.3 发文作者可视化分析

掌握研究某一学科领域的作者情况,对于深刻把握主题研究现状具有重要意义。由对发文作者的可视化分析可知对企业社会资本的研究领域的核心作者的基本概况、发文数量和研究深度,有利于追踪该领域核心作者的研究。从文献检索描述性结果来看,企业社会资本的研究发文数量最高的核心作者依次为 Zhang H, Hoi C K, Wu Q, Cannela A A, Rossoni L 等,可视化图谱如图 4.3 所示。

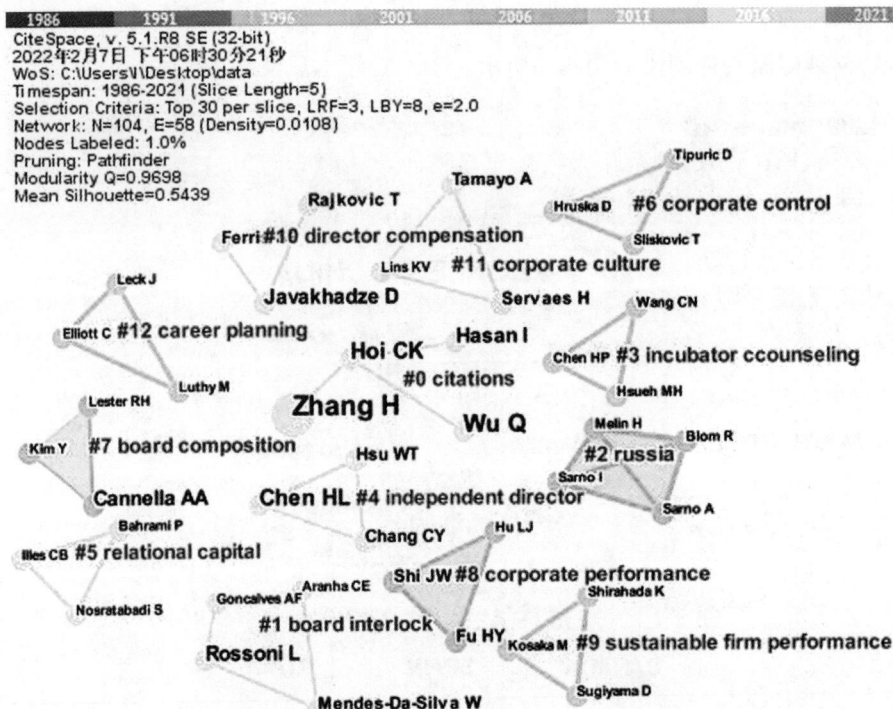

图 4.3 企业社会资本研究作者合作图谱

4.3.3 研究热点与前沿的分析

4.3.3.1 热点分析

在关键词共现图谱中，线条表示共现关系，如果边缘出现紫色的节点，表示其中心性不小于 0.1，而中心性是在知识图谱网络中表示连接作用大小的度量，它反映了图谱中的节点与其他节点的连接状况，在一定程度上具有承上启下的作用。

从企业社会资本研究关键词共现图谱（见图 4.4）中可以看出，在企业社会资本方面的研究中，"社会资本""绩效""企业社会责任""网络""企业绩效""公司治理""管理""企业""影响""治理""创新""战略""知识"等关键词出现的频次均在 60 次以上，这表明了社会资本、企业社会责任、企业绩效、企业管理与治理、策略与创新是该领域学者研究热度较高的话题。此外，企业创业、人力资本、竞争优势等也具有一定的关注度。

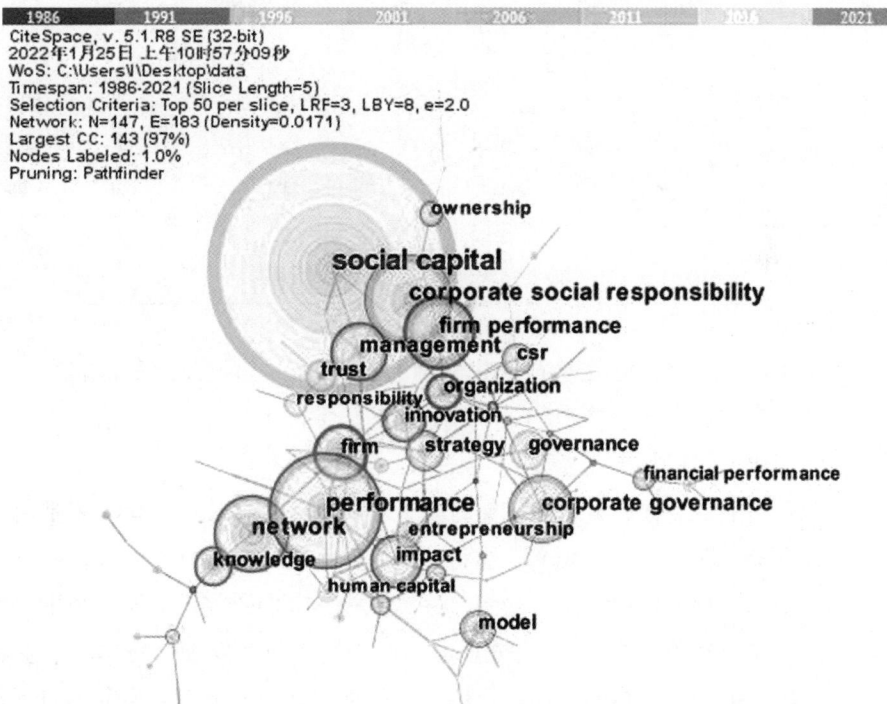

图 4.4 企业社会资本研究关键词共现图谱

从高频关键词表（表4.2）中关键词的中心性来看：组织（0.58）、公司（0.56）、公司业绩（0.41）、网络（0.34）、创新（0.33）等关键词具有较高的中心性。

表4.2　社会资本研究高频关键词表

序号	关键词	频次	中心性	序号	关键词	频次	中心性
1	社会资本	343	0.01	16	模型	53	0.11
2	性能	161	0.26	17	创业	49	0.03
3	企业社会责任	122	0.11	18	财务业绩	40	0.10
4	网络	112	0.34	19	责任	38	0.06
5	公司业绩	96	0.41	20	所有权	38	0.10
6	公司治理	94	0.19	21	人力资本	37	0.07
7	管理	89	0.23	22	业务	34	0.02
8	公司	77	0.56	23	导演	33	0.12
9	影响	75	0.24	24	社交网络	32	0.01
10	治理	67	0	25	中国	31	0.05
11	创新	64	0.33	26	权力	29	0.13
12	策略	64	0.14	27	企业创业	27	0.13
13	知识	60	0.27	28	可持续性	26	0.05
14	信任	55	0.07	29	竞争优势	26	0.04
15	组织	54	0.58	30	吸收能力	25	0.01

从企业社会资本研究关键词共现图谱（见图4.5）来看，相关的研究主要划分为环境、断层、动态管理能力、ceo特征、企业社会责任、结构、供应商多元化、孵化、知识共享九大类。

孵化网络下企业社会资本的研究对企业获得资源并实现社会化具有重要的意义。社会资本源于心理学研究，在企业网络关系构建中具有重要价值。它影响着初创企业网络连接的方向和趋势，逐渐成为学者们研究创业的一个重要因素。学者Sanchez的研究指出，在农业方面联结性和过渡性社会资本对农业创业绩效均有显著的正向影响，而农业创业者的创业能力调节着社会资本与创新绩效的关系；针对企业绩效，Famoso指出，董事会内部和外部社会资本对企业可持续绩效的影响部分通过董事会实现有效性传递，然而外部社会资本对董事会有效性和企业可持续绩效的影响大于内部社会资本；针对企业管理和治理，学者 Vig 以企业在利用经济、环境和社会资本的过程中所创造的价值为基础来衡量成本，以企业绩效可持续增值数值作为指数，研究指出公司治理质量对可持续价值的影响不显著，但两者之间存在正相关性。

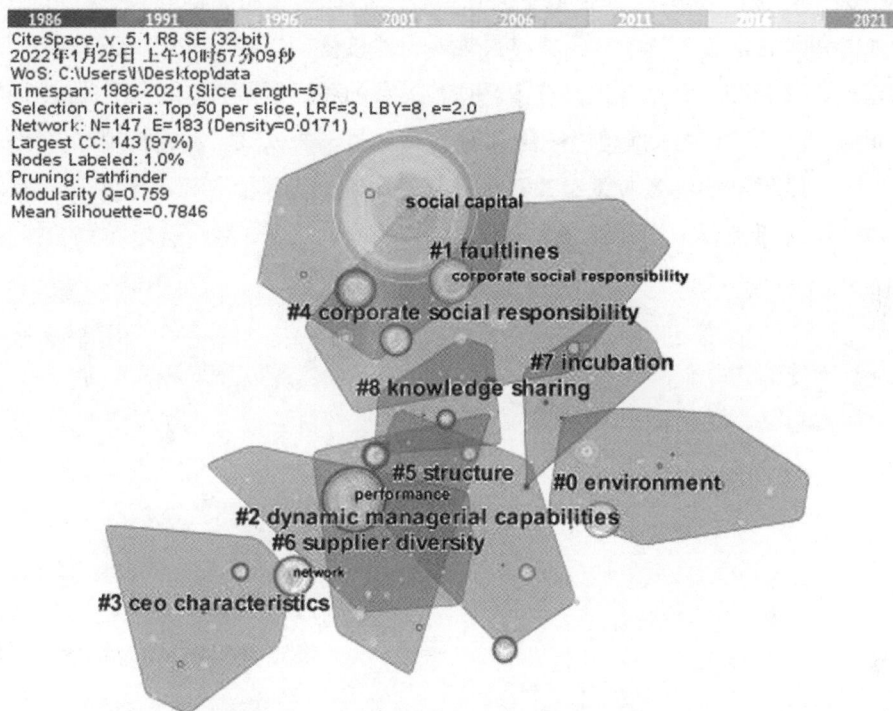

图 4.5　企业社会资本研究关键词共现图谱

4.3.3.2　热点聚类分析

对关键词共现图谱进行调节，使用 LLR 算法进行聚类分析，得到关于企业社会资本聚类共 9 个（见图 4.6）。

结合关键词频次和聚类结果，综合考量聚类效果，从作用对象、内容主题、影响机制等角度描绘企业社会资本主题轮廓，但各聚类研究内容存在相互交叉现象。因此，经过进一步归纳，可以将企业社会资本研究的重点主题归纳为以下几点。

（1）"社会资本"研究主题。"社会资本"与其共现的关键词形成的研究网络面积最大。该研究主题网络中包含"信任""吸收能力""知识"等关键词。Dudley（2021）研究了社会资本对年轻企业融资安排的影响，他使用美国初创企业的样本，发现正如创业者所在国家的世俗规范和社会网络所捕获的那样，社会资本使得初创企业增加了获得外部融资的机会，并减少了对所有者权益为新企业融资的依赖。Kalra 等（2021）以社会资本理论为基础，将社会资本分为"桥接社会资本"和"结合社会资本"，探讨了组织内社会资本对一线员工竞争情报活动的影响。研究结果表明，桥接社会资本与一线员工的竞争情报活动直接相关，而结合社会资本是这种关系的积极调节者。在孵化器内，网络的集群优势可以帮助新创企业与其他网络成员形成认知、共同价值和愿景的共享，创造网络协同效应，提升共享资源的效率。这种社会资本可以用网络的认知性、关系性、结构性维度来细分。Redondo（2019）将社会资本划分为认知性社会资本、关系性社会和结构性社会资本。

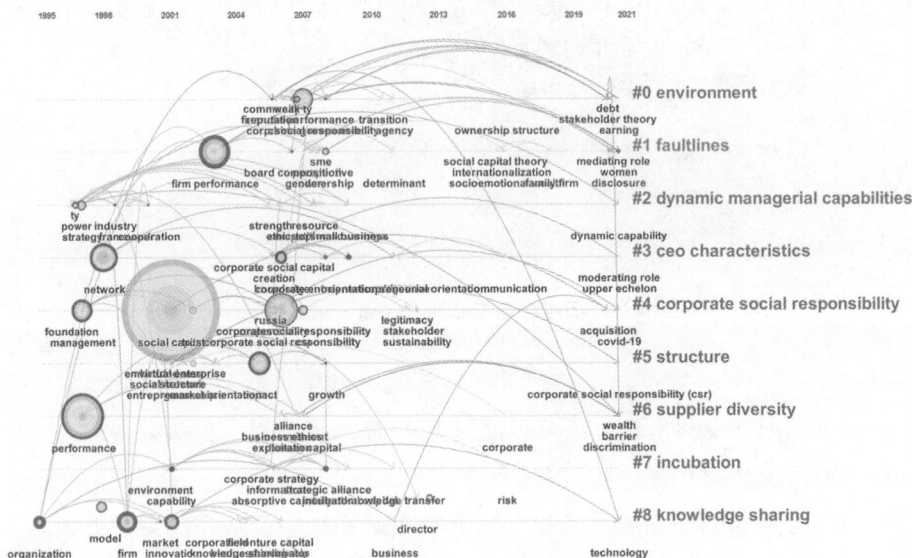

图 4.6　企业社会资本研究关键词聚类图谱

（2）"绩效"研究主题。"企业绩效""财务绩效""所有权"等关键词与该主题联系密切。企业发展绩效一直是企业关注的焦点，也是企业社会资本刻画的重点，企业绩效是企业在创业和发展的过程中所能够获得的成绩和效率的总称。高水平社会资本与企业知识获取、创业成功、组织间资源交换和产品创新、知识资本创造、组织绩效有关，大量研究结果发现社会资本正向影响新创企业绩效。Dell 等（2022）的研究也证明了社会资本与非营利组织的财务绩效是正相关的。而在孵化器网络下，新创企业达到入驻标准，入驻孵化器，通过利用孵化器所提供的各项服务，包括孵化空间、商业信息、技术支持和知识等创业服务资源，促进科研转化与新创企业的经营业绩改善。

（3）"企业社会责任"研究主题。共现关键词包括"责任""企业社会责任""企业家精神""家族企业"等高频词汇。李冬伟等（2017）指出，"高管团队的社会资本异质性等特征对企业社会责任有显著的正向影响"。Liu 等（2021）基于 2013—2018 年中国 277 家制造企业的数据，采用泊松回归研究企业社会责任对技术创新绩效的非线性影响，企业社会资本被视为企业社会责任对技术创新绩效影响的中介变量，企业可以通过实施企业社会责任来积累企业社会资本，从而促进技术创新绩效。

（4）"管理创新"研究主题。"创新""管理""战略""公司治理""董事""业务"等关键词为主要共现关键词。研究人员已经调查了创新对企业绩效的影响，学者们认为，创新实践会对企业绩效和企业利润产生积极影响。同时，企业的成功需要依靠那些有创造力、有热情、有决心、能在不断变化的环境中不断适应新环境的创业者充分发挥管理才能，采取有效的管理方法，才能创造出新颖的产品和发掘新的市场需求，从而促进企业成长。

（5）"网络化"研究主题。共现关键词包括"网络""知识""社交网络""权力""孵化器"等高频词汇。社会资本始终被认为是嵌入社会网络中的一系列现实的和潜在的资源，可以被个人或社会单位接触或获取。网络的集群优势可以帮助企业与其他社会网络成员形成认知、共同价值和愿景的共享，创造网络协同效应，提升共享资源的效率。因此，网络化与社会资本的研究可谓息息相关。在创业研究中，关系网络的社会资本的概念也越来越多地被用来解释创新型初创企业的成长，François 等（2021）研究了社会资本的关系维度，并对内部社会资本和外部社会资本进行了区分。因此，企业社会资本逐步被引入孵化器网络视角下进行研究，也是必然的趋势。

4.3.3.3 企业社会资本的前沿分析

CiteSpace 突现分析（burst detection）测度节点在不同时间段重要性的算法。突发节点越多，说明活动区域越活跃，是研究的新兴趋势。如图 4.7 所示是利用 CiteSpace 软件的"burstness"功能得到的，其中检测过程中"Minimum duration"设置为 2 年。图谱中 Begin 是关键词开始突变的年份，End 是结束的时间，二者的跨度是突变关键词的持续周期，Strength 表示突变强度。

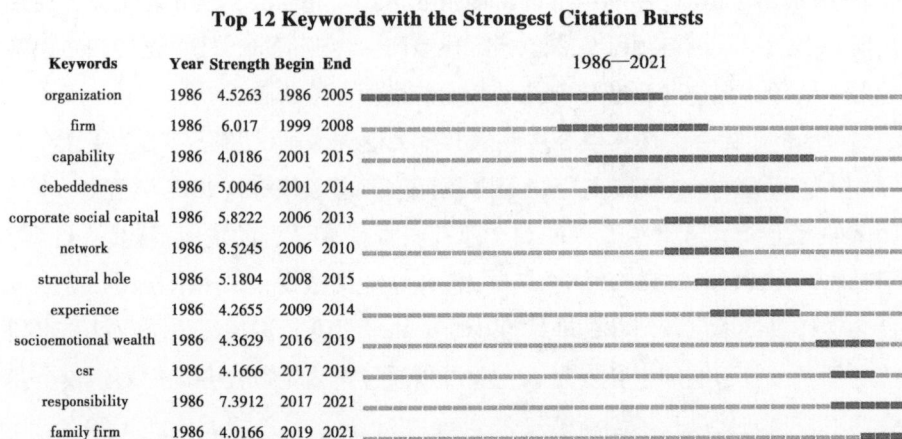

Top 12 Keywords with the Strongest Citation Bursts

Keywords	Year	Strength	Begin	End	1986—2021
organization	1986	4.5263	1986	2005	
firm	1986	6.017	1999	2008	
capability	1986	4.0186	2001	2015	
cebeddedness	1986	5.0046	2001	2014	
corporate social capital	1986	5.8222	2006	2013	
network	1986	8.5245	2006	2010	
structural hole	1986	5.1804	2008	2015	
experience	1986	4.2655	2009	2014	
socioemotional wealth	1986	4.3629	2016	2019	
csr	1986	4.1666	2017	2019	
responsibility	1986	7.3912	2017	2021	
family firm	1986	4.0166	2019	2021	

图 4.7　企业社会资本研究 Top12 的关键词突变检测结果

根据图 4.7 可以看出，关键词 responsibility 和 family firm 的突变持续时间分别为 2017—2021 年和 2019—2021 年，持续时间均到 2021 年，因此是近年来研究的主要方向。具体来看，随着企业社会责任概念的发展，认识到可持续性和可持续发展目标对企业社会责任举措实施的广泛作用至关重要。Al 以社会交换理论、社会资本理论和 Carroll 的企业社会责任模型为基础进行了研究，结果表明企业社会责任对可持续创新双元性、可持续供应链管理和二级社会资本具有正向的影响，因此，企业应集中精力改善企业社会责任的主动性。Glin-ska-Newes 实证研究指出，企业志愿服务作为企业履行社会责任的一种方式越来越受欢迎，无论志愿者与志愿服务的受惠者接触的程度如何，企业志愿服务都能增强社会资本。然而，这种联系的频率和强度可能会影响到社会资本的特定维度，导致联结性社会资本和/或桥梁性社会资本的加强。Russo 基于利益相关者理论与社会资本，对大企业和中小企业的社会责任进行了研究，研究指出社会资本和利益相关者理论应该作为解释大企业和中小企业社会责任的替代方法。其中，社会资本的概念是理解中小企业的社会责任更有用的方法，而利益相关者理论更接近于大企业的社会责任方法。在企业孵化网络中，新创企业的社会资本来源于不同网络主体之间的合作关系，这些合作伙伴关系依靠共享感知得到加强。孵化器的桥梁作用为创业企业建立丰富的社会关系提供了有效的保障，使其更容易获得专业咨询服务、技术援助、资金支持、政策支持和市场信息。针对家族企业，学者通常认为家族管理企业会阻碍企业社会资本的累积和国际化进程，但是 Hennart 等的研究指出，在特殊情况下，如全球小众商业模式在家族治理下能够提供高水平的社会资本。Ciravegna 以交易成本经济学为依据进行研究，结果指出相对于非家族企业，家族企业在利用支持寿命的网络纽带方面具有内在优势，且家族企业具有良好的维系社会资本的基础，但是由于家庭分支较多，大多数家族企业未能有效利用这一治理工具实现长寿。

▶▶ 4.4　本章小结

4.4.1　研究结论

以信任和责任为基础建立的企业社会资本，在企业创新、企业投融资和企业绩效提升等方面发挥着越来越重要的作用。本章研究通过对企业社会资本研究文献的可视化分析，得出以下结论。

（1）孵化网络企业社会资本研究文献数量总体呈现不断上升趋势，得到学者高度关注。自社会资本被引入企业范畴进行研究以来，研究总体经历了从"无人问津"到不断发展再到现在的高度重视几个阶段，文献总体呈上升趋势，研究逐渐"升温"。全世界各个国家，特别是企业发展水平较高国家（如美国、英国和中国等）的学者均高度重视企业社会资本对于企业发展的重要性，并进行了积极的探索。

（2）企业社会资本研究不断深化，研究内容及研究范围动态拓宽。现有研究从资源观、网络观、能力观等视角来解释企业社会资本。关于企业社会资本的研究内容逐渐收敛于社会资本、企业社会责任、绩效、管理创新、网络化等方向。

（3）企业社会资本和企业绩效的测量方法有待革新。现有社会资本的测度主要来源于个人社会资本的测量方法，倾向于从创业者个人特质出发，将个人社会资本与企业社会资本两者概念模糊化。关于企业绩效的测度，学者们大多倾向于使用财务指标来测量，如常见的净资产收益率、销售额增长率、销售收入、净利润率、投资回报率等。而事实上，财务指标是报告过去行动结果的滞后指标，无法反映无形资产与研发投入，也难以反映企业能够创造的长远价值、与外部主体协同程度等。对于企业社会资本与企业绩效关系的探究，需要首先开拓指标测度的完整性和科学性。

4.4.2　研究总结与不足

企业孵化器是一个由新创企业为主要成员组成的社会网络，是企业社会资本构建和所在的特殊网络形式。选取 WoS 数据库中有关企业社会资本和孵化网络社会资本的 874 篇期刊文章作为分析对象，使用该数据库可视化分析工具 CiteSpace 对孵化网络企业社会资本进行可视化分析，分析结果直观地呈现了过去三十多年间孵化网络企业社会资本研究的进展和变化趋势。发现对于企业社会资本的研究正经历快速发展阶段，企业的社会责任、合作与协商、网络共享、规范与彼此认同等"无形"的资本正成为促进企业绩效提升与创新发展的重要动力。孵化网络为新创企业提供了获取外部关系资本的集成平台，更有利于新创企业的成功孵化，无论是对国家创新或者是对企业发展而言，都是极好的一种社会资本累积的新模式。在全球范围内，企业孵化器已被视为支持创业发展和新企业成长的重要机制。因此，未来的研究可更多地探讨孵化网络背景下的企业社会资本特殊性、特征和对新创企业绩效的影响。

但需要指出的是，受限于 CiteSpace 对于文献格式的要求，本书只选取了 WoS 数据库中相关的期刊文章，文献来源相对较少。未来的研究可以考虑扩展文献来源，对中外文献进行比较，并且对学位论文和会议论文等文献进行充分考虑和分析，扩展研究对象，进一步确保研究的完整性。

≫ 本章参考文献

[1]　陈悦,陈超美,刘则渊.CiteSpace 知识图谱的方法论功能[J].科学学研究, 2015,33(2):242-253.

[2]　高远.企业社会资本对企业价值影响研究:基于结构洞理论视角[J].财会通讯,2021(10):40-43.

［3］ 葛宏翔,梁微.海归创业者社会资本对初创企业绩效的作用研究:基于科技研发能力的中介效应[J].科技管理研究,2020,40(15):175-181.

［4］ 柳建坤,何晓斌.企业社会责任、体制资本与创业者的政治身份获得:来自中国民营企业的经验证据[J].社会发展研究,2020,7(2):67-89.

［5］ 梁双陆,熊彬,陈瑛.中资企业社会资本与本土化发展:以老挝为例[J].广西社会科学,2022(2):59-67.

［6］ 全晶晶,王俊领.企业战略风险承担、社会资本与企业绩效[J].当代经济管理,2023,45(1):29-38.

［7］ 王钰,胡海青.企业社会责任、资本结构与研发投入:知识产权保护的股权融资效应[J].技术经济与管理研究,2022(11):73-78.

［8］ 谢觉萍,王云峰.创业女性机会识别与创业过程管理多案例研究[J].科技进步与对策,2016,33(4):144-148.

［9］ 杨培,赵颖.企业员工社会资本、关系网络与组织认同的互动关系:基于跨区域企业数据的实证分析[J].河南师范大学学报(哲学社会科学版),2020,47(3):63-69.

［10］ 詹鹏辉,周奕嘉,李伟军.社会资本、进入壁垒与小微企业创新:来自中国小微企业调查(CMES)的经验证据[J].产业经济评论,2022(4):139-159.

［11］ 张润宇,余明阳.社会资本、债务约束与非效率投资:基于中国上市家族企业数据的分析[J].管理评论,2020,32(12):61-77.

［12］ 张倩肖,刘德峰.资本市场开放对企业社会责任的影响机制研究[J].武汉大学学报(哲学社会科学版),2023,76(1):152-165.

［13］ AL B.Social capital in the emergency department[J].European journal of therapeutics,2020,26(4):350-357.

［14］ BATTISTI M,MCADAM M.Challenges of social capital development in the university science incubator the case of the graduate entrepreneur[J].The international journal of entrepreneurship and innovation,2012,13(4):261-276.

［15］ KOKA B R,PRESCOTT J E.Strategic alliance as social capital:a multidimensional view[J].Strategic management journal,2002,23(9):795-816.

［16］ BOURDIEU P.Le capital social:notes provisoires[J].Actes de la recherche en sciences sociales,1980:3-6.

[17] CAO X.,XING Z,ZHANG L.Effect of dual network embedding on the exploit-ative innovation and exploratory innovation of enterprises-based onthe social capital and heterogeneous knowledge[J].Technology analysis & strategic management,2021,33(6),638-652.

[18] CIRAVGNA L,KANO L,RATTALINO F,et al.Corporate diplomacy and fami-ly firm longevity[J].Entrepreneurship theory and practice,2020,44(1):109-133.

[19] CROSDALE C.Cheaper capital for social responsibility[J].Global finance,2021,35(5):20.

[20] GUPTA A,RAMAN K,SHANG C.Do informal contracts matter for corporate innovation? evidence from social capital[J].Journal of financial & quantita-tive analysis,2020,55(5):1657-1684.

[21] DELL S,SUBEDI M,HSU M K,et al.Social capital and financial performance in nonprofits[J].Public organization review,2022,22(1):1-18.

[22] DUDLEY E.Social capital and entrepreneurial financing choice[J].Journal of corporate finance,2021,70(Suppl C):102068.

[23] FRANÇOIS V,LAFAYE C,BELAROUCI M.The role of social capital in the growth of innovative nascent firms:the moderating effect of incubators[J].In-ternational journal of entrepreneurship & innovation management,2021,25(4/5):326-345.

[24] GLINSKA-NEWES A,GORKA J.Capabilities of corporate volunteering in strengthening social capital[J].Sustainability,2020,12(18):7482.

[25] HENNART J F,MAJOCCHI A,FORLAN Z E.The myth of the stay-at-home family firm:how family-managed SMEs can overcome their internationalization limitations[J].Journal of international business studies,2019,50(5):758-782.

[26] KALRA A,AGNIHOTRI R,BRIGGS E.The role of frontline employees' com-petitive intelligence and intraorganizational social capital in driving customer

outcomes[J].Journal of service research,2021,24(2):269-283.

[27] LIU Y N,CHEN Y,REN Y,et al.Impact mechanism of corporate social re-
sponsibility on sustainable technological innovation performance from the per-
spective of corporate social capital[J].Journal of cleaner production,2021,
308(0):127345.

[28] MARTIN P R.Corporate social responsibility andcapital budgeting[J].Ac-
counting,organizations & society,2021,92:101236.

[29] PUTNAM R D.The prosperous community:social capital and public life[J].
The American prospect,1993:35-42.

[30] REDONDO M,CAMARERO C.Social capital in university business incuba-
torss:dimensions,antecedents and outcomes[J].International entrepreneur-
ship & management journal,2019,15(2):599-624.

[31] LEENDERS R T A J,GABBA S M.Corporate social capital and liability[M].
Boston,Kluwery academic,1999:114

[32] RUSSO A,PERRINI F.Investigating stakeholder theory and social capital:
CSR in large firms and SMEs[J].Journal of business ethics,2010,91(2):
207-221.

[33] SANCHEZ-FAMOSO V,MEJIA-MORELOS J H,CISNEROS L.New insights
into non-listed family SMEs in Spain:board social capital,board effective-
ness,and sustainable performance[J].Sustainability,2020,12(3):814.

[34] VIG S,DATTA M.The impact of corporate governance on sustainable value
creation:A case of selected Indian firms[J].Journal of sustainable finance &
investment,2021(8):1-19.

第5章 创新集群下的企业知识协同

"集群"已经成为增加社会效益、促进地方经济发展、带动地方企业成长的一种新型产业组织形式。在大学孵化器背景下，企业呈现高度的集群形式，集群内部以企业为主体的组织之间有着更为频繁的知识交互、学习和协同行为，这种频繁的知识协同行为快速地激发了企业创新，整合了优势资源，缩短了产品研发周期，带来了巨大的经济效益。在这样的背景之下，孵化器内的新创企业不仅需要依靠自身已有的知识基础来实现知识内生增长企业竞争力，也需要积极地获取孵化器集群提供的企业外知识资源来促进企业知识创新，实现"1+1>2"的知识协同价值。

本章将视线聚焦于大学孵化器下聚集的企业之间的知识协同问题，探讨产业集群和创新集群的概念，研究孵化器内新创企业知识协同的信任关系，分析企业知识协同过程，构建企业知识协同能力的评估模型，为大学孵化器下企业社会资本和知识的流动奠定一定的理论基础。

▶▶ 5.1 集群的概念和特征

5.1.1 产业集群

5.1.1.1 产业集群的概念

自18世纪后期产业集群在欧洲首次出现以来，已经有许多学者从各个不同的角度对产业集群的相关理论和实践知识进行了分析研究，对于产业集群的定义也是众说纷纭，这从文献综述中就可以看出。对于产业集群的定义从开始的"纯粹地理空间上的集中"到逐步深入为"集群网络的关联"，最后加入各种创新、协同因素。可以说，产业集群的演进路径经历了一个由浅入深、逐渐深入、不断提升的过程。对于产业集群的定义出现了许多经典并被广为认可的观点，例如迈克尔·波特的定义：那些既竞争又合作的相互关联的公司、专业化供应商和服务商、相关产业的企业和相关机构（如大学、行业协会）在特定领域内的地理集中。这是现在学术界普遍认同的产业集群概念。

5.1.1.2 产业集群的特征

虽然对于产业集群的概念有许多不同的关注焦点，但是有一点却是一致的，那就是产业集群对区域产业竞争力和区域经济增长力方面的巨大贡献。产业集群依仗自身的特点和优势，促进了集群地区经济的快速发展，同时促进了集群内企业的壮大，成就了一批极具影响力和潜力的企业。综合考察下来，著者认为产业集群的特征可以归纳为四个方面。

（1）地理集中性。

任何一个产业集群必然是在一定地理空间上的集中，是一定数量的相关企业在某个固定、具体的地区、地点和空间上的集合。在这个空间区域内，相关企业进行着关联性的生产、销售、服务等经营活动。

（2）产业同一性。

产业集群内部企业之间总是根据地方资源围绕同一种产业、统一相关产业或者有限的几个产业进行相关产品的开发、研究、生产、销售和售后等经营活动。例如，温州的纽扣市场、绍兴的中国纺织城、台州的塑料制品市场几乎都是同一种产品的生产和销售，集聚产业具有很强的同质性。

（3）知识独立性。

大学孵化器下企业之间虽然在地理空间上呈现一定的集中和紧密性，但是各个企业之间知识的相互学习和沟通却微乎其微。各个企业独立为营、各自经营，独立研发和生产，倾力打败竞争对手，扩大市场占有率，以期在有限的市场中获取一席之地。

（4）集群网络性。

产业集群各个主体之间会形成一定的关联网络，这种网络有多种形式，包括内部企业主体与大学、科研机构、政府、咨询机构等的网络联系，企业与上下游供应链企业之间的网络联系，以及竞争企业之间自身的网络联系。不过这种关系网络形式相对较松散，联系不是特别紧密和深入。

5.1.2 创新集群

5.1.2.1 创新集群的定义

自 1999 年经济合作与发展组织（OECD）在研究报告《集群——促进创新之动力》中提出了"创新集群"的思想以后，集群研究逐步向创新领域渗透。越来越多的学者将集群与创新思想结合起来，以创新的思想指导集群的发展。于是一批以集群内部行为主体的结网和互动、技术交流和创新日益频繁为特征的创新集群逐渐发展起来。

同样的，不同的学者对创新集群均有不同的定义。在此，著者采用丁魁礼、钟书华在《创新集群的本质涵义及其与产业集群的区分》一文中的定义，将创新集群定义为"以新知识生产、新产品大量出现为本质含义的创新型组织（创新型企业、各种知识中心和相关机构）在地理空间上集中或在技术经济空间中集聚，并且与外界形成有效互动结构的产业组织形态"。同时，诸如技术集群（technology clusters）、知识集群（knowledge clusters）、以知识为基础的集群（knowledge-based clusters）、智力集群（intellectual clusters）等，满足以上界定，均可以划入创新集群范畴。

5.1.2.2 创新集群的主要特征

根据对创新集群内涵的定义，著者之所以采用丁魁礼、钟书华二位学者对"创新集群"的定义，主要因为该定义从以下几个方面指出了新形式集群的创新性，同时明确地指出了创新集群的突出特征。

（1）空间组织上的创新性。

集群一般主要是以地理集中形式作为自己的空间组织形式，更多地依托当地地方资源进行发展。而创新集群不仅是地理空间上的集聚组织形态，同时是技术经济空间的集聚组织形态。集聚不再受限于地理空间，发展的辐射面更为广阔。

（2）集群主体的创新性。

创新集群下的行为主体主要是一定量的创新型组织的集中，包括创新型企业、各种知识中心和相关机构。而其中的决定性主体是创新型企业。这种企业不同于一般的粗放式的企业，其更多地注重企业在产品研发、销售渠道、营销模式和客户管理等方面的创新，同时不再把竞争对手当作"死对头""有你无我"，更多地注重知识的交互和相互之间的学习，寻找产品差异性，以期达到

"共赢"的局面。

（3）终端产品的创新性。

创新集群下的行为主体——企业生产的终端新产品中也不再仅仅是可见的实体产品，更多地表现为新技术或者新知识的产出。企业不再只是根据已有资源来进行产品的研发生产，而是根据顾客需求对产品进行生产和研发。

（4）集群网络的创新性。

创新集群各组织之间形成的关系网络的创新性主要表现在两个方面：一是网络结构的复杂性。创新集群是构成要素多元的技术—经济—社会网络，该网络是由创新文化主导的开放式系统，具有一定的复杂性。二是知识在网络沟通中的重要性。创新网络下形成的各战略联盟、企业竞争者之间通过频繁的知识溢出、交互和学习，扬长避短，各取所需，使得新技术和新知识在企业主体和各关联组织之间快速传递、融合及应用，促进了知识的交流，也促使了企业的创新。

5.1.3　创新集群与产业集群的联系和区别

产业集群比创新集群提出的时间要早，二者的关系可以看作一个循序渐进的演化过程。人们在从产业集群的研究中逐渐认识到知识和创新的重要性，开始更多地关注产业集群内部的知识协同促进创新问题。可以用一个简单的图来描述其关系（见图 5.1）。

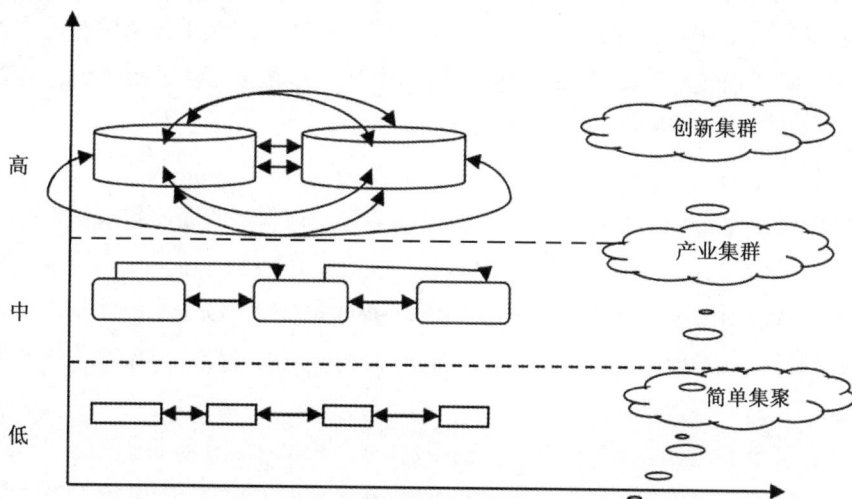

图 5.1　产业集群与创新集群内的知识交互协同频次

通过图 5.1 描述的关于产业集群向创新集群的演化发展关系，可知创新集群从本质上来说是一种产业集群，只不过在一定程度上可以说创新集群是产业集群的一种高级发展模式，创新集群是产业集群的高级阶段，在这个阶段中拥有更多的知识交互、交流、转移和协同行为。而产业集群是促使创新集群最核心诱因和内在的依据。二者"你中有我，我中有你"。

>>> 5.2 知识协同的概念

5.2.1 知识协同的概念

协同（synergy）在《现代汉语词典》（第 7 版）里的解释是"各方互相配合"。Karlenzig 最早提出"知识协同（knowledge collabotation）"概念，他认为知识协同是一个组织战略方法，可以动态建立内部和外部系统、商业过程、技术和关系，以最大化商业绩效。更多的文献并没有给知识协同以明确定义，但是对于知识协同最简单易懂的定义解释则是公式"2+2＝5"或者"1+1 ＞ 2"。组织内部各单元在协调统一管理的基础上，借助群体的资源和组织能力，参与集群式协同运作，实现整体利益大于各部分利益的简单加总之和，并最终实现"双赢"甚至"多赢"的共同目标。"2+2＝5"或者"1+1 ＞ 2"这种静态的比例关系很好地体现了协同效应，也生动地说明了协同带来的好处和优势。集群下企业等组织开展的知识协同运作，有效地解决了包括信息、资源和应用的"孤岛"问题，企业在融入协同群体后获得了各种协同优势。这些优势可以从有形和无形两个角度表现出来。

（1）有形优势。

有形优势可以从组织平时的运作活动中表现出来。一是由集群中知识协同运作借助密切合作，有效降低知识的共享、溢出及创新成本，从而降低了整个组织的成本所带来的成本。二是依据组织协同带来的市场需求的增加、市场份额的提升等经济收益增加。经济收益的增加和成本的降低必然带来组织利益的提升，是一种有形的优势。

（2）无形优势。

与有形优势相对应，无形优势主要是由集群下组织利用知识的集聚与外溢激发集群协同创新带来的竞争优势。组织可以利用知识协同运作方式，集聚吸收来自不同主体的独特资源与知识优势，让知识资源得到最优的组合，从而弥补自身由于资源、能力的不足或者知识管理实践的不成熟造成的"知识缺口"或"知识漏洞"。这种拉动效应会使得组织长期处于积极的学习状态，营造整体组织的学习氛围，形成优势。

5.2.2 知识协同研究综述

管理学领域的"协同"概念最早由 Ansoff（1965）提出，他在《公司战略》一书中从经济和管理的角度解释了"协同"的概念。"2+2 = 5"或者"1+1 > 2"是对协同的最简单描述，即整体效益大于各部分简单组合效益。他将协同划分为营销协同、运营协同、投资协同和管理协同四类。

而最早提出"知识协同（knowledge collabotation）"概念的是 Karlenzig（2002），他认为知识协同是一个组织战略方法，可以动态建立内部和外部系统、商业过程、技术和关系，以最大化商业绩效。

Anklam 则指出，知识协同就是知识管理的协同化发展阶段，并且指出了知识协同的关键技术，包括在线知识库、知识门户、个人信息交互和协同项目管理等。

陈昆玉等在《论企业知识协同》一文中将知识协同的运行看成企业内及企业间个人拥有的默示知识和明示知识的相互转换和提升过程。

刘超从演化博弈论的角度研究了企业战略联盟知识协同的演化机制，提出了旨在提升企业间知识协同效果的知识共享架构和保障机制。

许萧迪等通过建立企业协同创新模型对战略联盟行为主体间的协同创新关系进行了研究。

金祥荣等则指出，对于产业集群与知识理论关系的研究，在最近十几年才取得较大的进展，尤其是集群内知识溢出（LKS）作为一个主题更是得到了高度的关注。

樊治平分析了知识协同产生的背景，认为知识协同是在全球经济一体化、信息技术快速发展、知识成为最具竞争力的资源及企业存在知识缺口这样的背景和条件下产生并逐步发展起来的。

刘和东分析了产业集群下知识溢出的创新提升效应，包括降低创新成本与风险、提升创新效率、整体提高知识积累水平、激发集群内部的创新活动和形成独特的创新优势等。

朱秀梅等以高技术产业集群内知识溢出机制为研究对象,分析了知识溢出源、知识溢出渠道、知识吸收能力及集群社会资本对集群内知识溢出效应有效发挥作用。

叶庆祥等针对集群企业在现实中遇到的学习和创新的两难选择问题,从知识传递效率和知识创造动力两个角度提出了一个基于知识溢出的集群企业创新的理论分析框架,并从知识协同和创新协同两个方面深入剖析了集群企业的持续创新机理。

王聪颖等对集群知识协同过程模式进行了剖析,指出知识协同过程应该包括发现、创新、传播和观察。

5.2.3 企业知识协同

企业知识协同是指企业通过整合自身的内外部知识资源,学习和创造知识的过程。这种内外部的知识资源不仅包括企业自身创造的新知识,还包括协同知识外溢后从别的企业吸收而来的知识,以及集群环境下协同带来的各种新知识和新信息。

作为企业的一种有效的战略思想,知识协同同样给企业带来了许多别的战略无法给予的优势。仅从成本优势来说具体可以表现为降低知识获取及创新过程中的劳动力成本,减少组织搜索信息的时间和费用成本,降低产品研发中的试制费用、时间成本及风险成本等。

但是协同运作中也存在一定的风险和矛盾冲突,如在协同过程中发生的知识产权侵权、知识能力外泄、合作违约造成的损失等。这些风险也是客观存在的。因此如何凸显知识协同给企业带来的优势,规避协同伴随风险成为研究集群企业知识协同的重要课题。

≫≫ 5.3 集群企业知识协同的信任关系分析

5.3.1 集群企业间知识协同行为的博弈性

博弈论是分析博弈主体之间竞争与合作行为的有效方法。企业间的知识协同可以理解为协同主体（各个独立企业）之间在选择提供和保留自身隐性知识中相互博弈，最终达到均衡的过程。而这种博弈性具体在以下几个方面。

（1）博弈要素的完备性。

一个博弈有 3 个基本要素。一是参与人，在大学孵化器下的博弈参与人是各个企业主体，也称为协同主体。这种协同主体可以有 n 个，但是简单起见，我们将依托产业集群进行的复杂性知识协同行为简化为产业集群中两个协同主体之间协同行为的博弈。记为协同主体 1 和协同主体 2。二是参与人的行动，在知识协同博弈行为中，每一个协同主体都有两种行动可供选择，即 ｛协同，不协同｝。三是支付，此博弈中每个协同主体无论是否选择知识协同，都可以获得一定的收益。当不进行协同时，存在知识独享效应；而当进行协同合作时，也会有协同效应。

（2）个体理性的存在。

以最小的投入带来最大的利益为合作的出发点，协同竞争博弈过程充分体现理性选择思想。协同有利时，协同主体会采取协同合作的行为；但当不合作或者是背叛能带来更多好处时，协同主体就会出于私利角度采取不合作行为。

（3）双赢式协同博弈。

大学孵化器下企业的协同竞争博弈是一种"非零和博弈"，组织知识共享的目的是使组织在现有能力中连续创造新知识，从而达到"1+1>2"的效果。协同竞争博弈可以实现双赢。

5.3.2 孵化器下集群企业知识协同的博弈模型

5.3.2.1 模型基本假定

基于企业间知识协同行为的博弈性分析，可以得出一些基本的假定。

（1）协同主体属于个体理性，每一个协同主体都以实现自身利益最大化为基本出发点，且协同主体之间的信息是完全的，即协同主体双方都知道彼此协同的支付，从而同时采取行动，相互影响和博弈。最后假定协同主体双方均为风险中性偏好者。

（2）无论是协同主体 1，还是协同主体 2，都是知识的提供者，同时是知识的接收者。如果协同双方都选择不进行知识协同，而抱守自身知识资源进行发展就可以获得独享收益和效因，假设协同主体 1 的独享收益为 Wa1，协同主体 2 的独享收益为 Wb1。

（3）若双方都参与协同，则由知识的共享、交换和创新等行为带来的总的协同收益为 M，这种协同收益包括协同给企业带来的直接量化的收益，如利润，也包括不可量化的收益，又如企业知识获取能力的提高、知识创新能力的提升、知识运用能力的提升，以及市场地位、企业形象等方面的提升。但是协同需要支付一定的协同总成本 C，包括提供协同知识而产生的机会成本，掌握新知识而产生的学习成本等。假设协同主体 1 投入的协同成本所占比例为 a，协同主体 2 投入的协同成本所占比例为 b，且 a+b=1。

（4）若协同主体中有一方进行合作，而另一方不合作时。不合作的一方没有了协同收益，但是可以保持自身的独享效应。但是合作的一方由于已经投入了相关协同成本，但是却没有获得等同的协同收益，因此其收益为自身的独享收益减去投入的相应比例的成本。

5.3.2.2　基本假定下的博弈模型

依据协同主体在知识共享过程中不同效用大小在 $aM > 0$，$bM > 0$，且 $aC > 0$，$bC > 0$ 成立的条件下，该博弈模型可能存在的有效纳什均衡的情况有两个，如图 5.2 所示。

	协同主体 1			
状态	合作		不合作	
合作	Wa1+aM-aC	Wb1+bM-bC	Wa1	Wb1-bC
不合作	Wa1-aC	Wb1	Wa1	Wb1

（协同主体 2 为左侧纵向表头）

图 5.2　基本假定下的集群企业知识协同博弈模型

一是当两个协同主体均进行知识协同，使得产业集群运用整体优势在协同活动中预期获得足够的知识增量，创造的知识协同总效益非常大。同时，各个协同主体依据自身投入的成本份额而获得相应比例的收益也较大。此时协同主体 1 总有（Wa1+aM-aC） > Wa1，同理，协同主体 2 也有（Wb1+bM-bC） > Wb1，即协同获得的协同效用总是大于不合作时的知识独享效用。同时也有 Wa1 > （Wa1-aC），Wb1 > （Wb1-bC），一方若进行合作，而另一方选择背叛，导致选择合作的主体知识泄露产生了协作的负效应。因此，此时该博弈模型的有效纳什均衡为（合作，合作）。组织成员将倾向于选择知识共享，在组织成员长期合作的过程中，成员间的信息充分交流，将更进一步强化隐性知识共享的行为。

二是两个协同主体均不进行知识协同。由于 Wa1 ＞（Wa1-aC），Wb1 ＞（Wb1-bC）的存在，单个协同主体在博弈过程中都会考虑：如果对方选择了不合作策略，而自己选择了合作策略，虽然有协同效益，但若是对方背叛，独享效益都难保，反而得不偿失，自己因受骗而使利益受损，因此同样会选择不合作策略，这也导致了合作的失败。还有，由于知识具有高创造成本、低传播成本的特性，组织员工往往把自身掌握的知识作为在组织中生存和发展的"生产资料"，作为自身在市场发展中的一种核心技术和核心竞争力，一般不会轻易将自身具有的知识拿出来共享，面临风险的考验。种种不信任和风险性，会导致该博弈模型最终的有效纳什均衡为（不合作，不合作），从而降低了集群的知识协同价值，减弱了集群带来的优势，甚至最终降低其在市场中的竞争力。

5.3.3 促进集群企业知识协同合作的策略

从模型分析中我们了解到博弈双方实现（合作，合作）策略是较为理想的结果。不仅可以带来个体效益的提升，也可以促进集群水平和集群价值的提升。但是现实的情况却往往是出现（不合作，不合作）这一结果，通过分析可以看出其产生的根源是协同主体之间的不信任，从而导致的个体理性和集体理性的矛盾。因此著者认为可以从以下几点出发，解决这一博弈困境。

（1）提高协同收益，降低协同成本，彰显知识协同的优势。

从博弈模型中可以看出若博弈双方选择合作，则均可获得一定比例的协同收益，同时要投入同比例的成本。提高大学孵化器模式下知识协同的收益率可以在一定程度上提高协同主体的预期收益，加强合作信心，实现长久持续合作。而提高协同收益则可以通过缩短协同知识的传播时间，提高传播速率的方法；提高产业集群整体及个体组织的知识吸收、学习和应用能力；在产业集群中"植入"某些运营知识能力强的企业，通过互相学习、共同合作带动集群内成员组织知识能力的提高。相信集群内产业知识协同个体组织从中预期获利或实际获利越多，就越会积极地参与集群知识协同。

（2）激励与惩罚并重，降低协同的预期风险。

参与知识协同运作的组织多数在产业集群环境下运营，其本身行为受集群正式与非正式制度的制约。基于各种优惠政策，利益驱动的激励强度越大，越会吸引组织参与协同运作；同时，强大的惩治和惩罚措施可以有力地保障参与协同行为的组织和企业的权益，降低协同风险，增强其积极性。在激励措施方面可以建立合理的利益分配机制，提供企业技术、管理层面的培训，创造和谐的合作氛围和共享文化，由政府提供相关的优惠政策等。而惩治措施则可以包括健全背叛违约责任书、建立知识产权保护条款和健全法律机制等。

（3）引入无限次重复博弈分析法，鼓励多次协同合作。

当选择博弈中的"冷酷战略"时，参与人在博弈的开始均选择合作，只要对方一直选择合作就继续合作下去；若某一刻对方选择了不合作，则一直永远选择不合作来惩治对方的背叛行为。这就使得参与人为了长远利益，不会轻易选择背叛，因为他们会预见：只顾眼前利益不顾长远利益是真正得不偿失的事情。从而确保知识协作双方均会选择长远合作，最终提高协同的可持续性。

≫≫ 5.4　孵化器下企业间知识协同过程分析

5.4.1　集群企业知识协同的环境

环境，是每个企业在制定自身战略和实施控制战略过程中最先要考虑的条件之一。每一个企业的发展都是限定在一定的大环境下的。短期内的环境可以看作一个静态的生存系统，而从长期来看，环境却是一个不断发展变换着的动态系统。如果企业的战略战术选择和决策实施不随环境变化而变化，墨守成规，那么企业的命运将不容乐观。同时，每个企业面临的环境是不尽相同的，企业所处的地域、经济文化发展水平、政策的公平稳定性、劳动力素质等都是不一样的，企业管理者必须有一个清晰的头脑和一双慧眼，充分认识到自己所处的特殊环境，才能更好地为企业发展制定适合自己的战略。

若集群下的企业想要进行知识协同以促使自身的发展，就必须充分考虑面临的特殊环境——创新集群环境。对于创新集群环境，企业所要关注的有：其一，集群规模。必须了解所处的集群是什么样的规模，集群内部企业的数目大致为多少，哪些是竞争对手，哪些是供应链企业，哪些是可以进行有效知识协同的企业伙伴，所处集群行业的地位等。其二，产业集中度。集群主营产品形成的产业在地理空间上的集中度，在行为意识上的协调一致的集中程度及内部主体企业的集聚程度。其三，创新能力。集群内部的创新能力，新技术的产出数量和质量，集群内各成员企业为了应对技术不确定性带来的挑战而进行沟通协调的反应能力等。其四，集群内企业的信任度。没有信任就谈不上协同，也就实现不了共赢，创新集群内部企业之间的信任和合作程度对于企业间进行知识协同、实现互利共赢非常重要。

5.4.2 孵化器下企业集群的知识链网络

创新集群在整个发展运行过程中，集群内组织之间都会有不同程度的知识溢出、交互、共享、应用和创新。这也是大多数集群在经历了数次市场考验后能够存活和持续发展的动力之一。但是，随着集群的不断演进，市场对其创新能力、专业化分工合理性等方面将会提出更高的要求，而当出现同质竞争、合作不足、需求变化、产业转移、技术间断和创新抑制等条件的变化时，若处理不当，将会导致原来极具竞争力的集群最终走向衰败。可以说，集群内知识的交互与协同是产业集群内合作黏合的关键纽带，包括知识、信息、技术等在内的隐性知识资源的共享是产业集群保持创新和竞争活力的源泉，也是集群的战略性资源。

集群内这种隐性知识资源的共享和交互，主要通过几种流通路径和渠道进行知识的流动和交互，形成三大关键知识链条，并最终形成集群下知识流动和转移的一个大型网络。这三种知识链如图 5.3 所示。

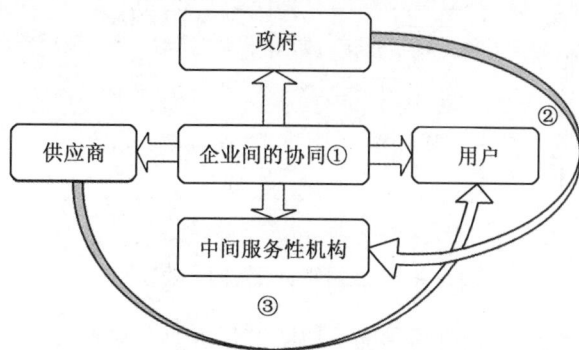

图 5.3 创新集群下的知识链网络

其中，关系①是隐性知识资源在集群内部有密切关联的企业和组织之间进行协同合作的流动形成的自相联知识链;关系②是共享资源在集群内企业与各种科研院校、行业协会及其他服务和中介机构间流通而形成的横向关联知识链;关系③则是知识和技术等在产业链上下游的供应商、制造商和用户之间流通形成的生产、交易性纵向知识链。这三种知识链不仅提高了个体组织的竞争力,也相应维持了产业集群整体的竞争优势,带动了整个产业集群在经验技能方面的发展,从而提高了产业集群的可持续发展能力和持久生命力。

5.4.2.1 企业与企业间自相联知识链网络

创新集群内部集结了大量从事相同业务的企业,这些企业主体间知识的交换、共享和协同行为的相互影响与不断的利益博弈尤为突出和频繁,可以看作整个知识链网络的主体部分,因此,本书也侧重于对产业集群内企业间的这种知识协同关系进行分析。

集群下的企业在决定是否要进行知识协同之前总是先考量自身资源或者知识的空缺或不足,评估自身的战略方向与外部需求的知识差距,只有异质性知识能为合作成员提供潜在的学习机会及创新思维。再选择与自身企业知识能够互补、能从对方身上学习到知识的企业建立合作伙伴关系以加强自身的竞争优势。这一过程被称为知识协同机会的识别阶段。一旦确立了协同企业,企业之间就通过知识的转移、共享、学习吸收,实现知识创新。企业间的知识协同过程如图5.4所示。

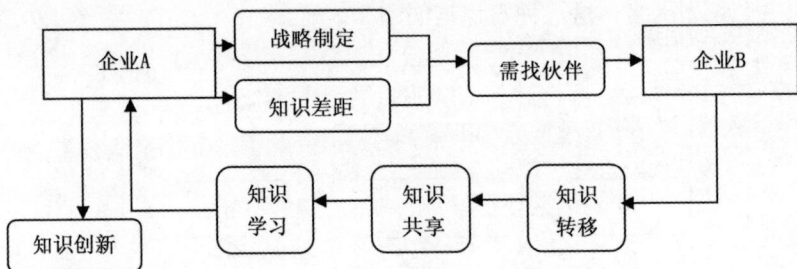

图5.4 企业间知识协同的一般过程

这种集群下企业与企业间的知识协同过程事实上并非只是如图5.4所示的企业A单向地与企业B合作。企业A在选择企业B作为协同目标企业的同时,企业B也会充分考虑与企业A之间的知识差异性,从而从企业A寻求所需知识资源,弥补自身的不足,通过知识的协同达到创新的目的。而在一个创新的集群内部,这样的企业有成千上万个,它们之间相互交融、互相学习、彼此模仿、扬长避短，最终会使得企业与企业之间通过知识链形成一个纷繁复杂的关系网络，不仅实现了自身知识的创造和创新、提升了自身的竞争力，也提高了整个关系网络的学习能力和创新能力。

5.4.2.2 企业与中间机构的横向知识链网络

首先必须对这种中间组织进行界定。创新集群内部除了具有生产性质的企业以外，还有各种为生产性企业提供服务的中间性组织，如中介机构、科研机构、高校、政府和咨询机构等。集群内企业与这些不同的行为主体实施联结，促进知识资源相互作用和相互渗透，从而促进了企业和整个集群的进一步创新。这一知识链条大致包括以下三种。

（1）企业与中介机构（咨询机构）。

企业根据自身的物资、劳动力需求与中介机构（咨询机构）进行协商，而这些机构则为企业在市场上寻找适合企业的相关人力物力资源，或者提供专业的技术指导和咨询信息。在此过程中，交流和沟通可以使得彼此的信息和知识得以转移和传递。

（2）企业与高校。

企业为实现新产品和新知识的形成，需要投入一定研发经费进行相关研究。但是自身投入研发会出现研究周期长、人才缺乏和技术缺乏等问题。因此企业通过与科研机构（高校）进行技术协作，合作开发，共建研究实体，共建联合实验室，研究基金合作等研发合作模式，使得所需技术和新产品快速研发出来，实现生产加工，占领新市场，与此同时加快了科研机构（高校）技术成果的转化。现在许多企业与大学科研机构签订在校学生委培计划，一方面节约了人才搜寻成本，另一方面为企业的人力资源管理提供了便利。通过这种合作关系，企业的文化、技术等知识与科研机构的专业知识、高校学生的知识进行交换和分享，形成知识的互补和有效的创新。

（3）企业与政府。

政府对于企业的主要职能是为企业的生存发展提供一个良好的、公平的竞争环境和为企业竞争提供服务，使得企业成为真正的市场主体，以确保企业长期稳定地发展。同时，企业应密切关注政府的相关政策法规，使得自身发展紧跟时代步伐和政治大局。

5.4.2.3 企业与整个供应链上的纵向知识链网络

供应链协同的知识转移是指供应链成员向合作伙伴学习，获得有价值的新知识，同时将这些新知识与生产经营实践活动相融合。知识创新和转移表现为集群内各主体之间的显性知识和隐性知识不断融合和内化，类似螺旋的相互作用过程。集群中的企业运用知识协同管理提高知识创新与运用的效率，使得供应链成员间的知识水平达到空前的一致，这种协调和优化可以改善供应链的整体绩效，保持供应链的核心竞争力。

5.4.3 孵化器下企业间知识协同过程

协同过程通常被对应于一个动力学过程，从动力学角度来说，描述一个过程通常需要涉及三个阶段：过程准备阶段、过程运行阶段和过程终止阶段。俞竹超等学者认为，"知识协同过程可看成知识在这三个过程中的不断循环演进的过程，知识流之间通过知识协同网络不断转移分化，输送到各个节点的企业，企业通过知识的吸收、转移、更新、运用和创新，最终完成知识的协同过程。"这个过程就是一个起点、通道、终点的简单动力过程。起点是知识源，即协同资源；通道即协同的渠道；而终点则是企业的协同能力，包括吸收能力、消化能力和创新能力等，如图5.5所示。

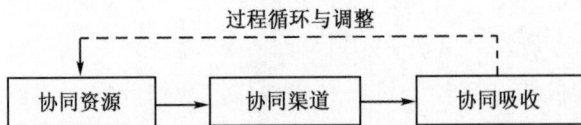

图5.5　知识协同的一般过程

5.4.3.1　协同资源

知识协同资源是集群企业整个协同过程的起点，是指基于市场的知识需求现状和集群的知识协同目标而抽象界定的协同性知识资源库。从知识本质来分类可以分为显性知识和隐性知识；从协同范畴角度可以分为集群内部知识源和集群外部知识源。而李丹则基于基础平台层面和创新增值层面分类，构建了集群知识协同资源树模型，将协同资源进行了细致的划分，如图5.6所示。

其中，内部协同范畴内的知识资源被大多数企业所拥有，只需要通过简单沟通和初级交易就可以轻易实现资源的获取和传递，这一部分知识资源被称为"白色知识"。而有一些知识资源则是群内群外的多数企业都没有的资源，它们无法用语言、图例等工具表述，这一部分知识被称为"黑色知识"。白色知识和黑色知识是两类极端的知识，而大部分的知识资源则介于这二者之间，被称为"灰色知识"。白色知识已被大多数企业所掌握，是"公开的秘密"，已经没有学习的必要；而黑色知识是无法学习和共享的，对于企业而言，只有不断探索，谈不上学习；而灰色知识则是协同的主要知识源。灰色知识是重要的资源，如企业自有的专利、自主知识产权、稀有人才所拥有的技能等，它们只被少数企业所拥有，但是可以通过不断学习而获得，因此成为集群内企业之间进行知识协同的源泉。

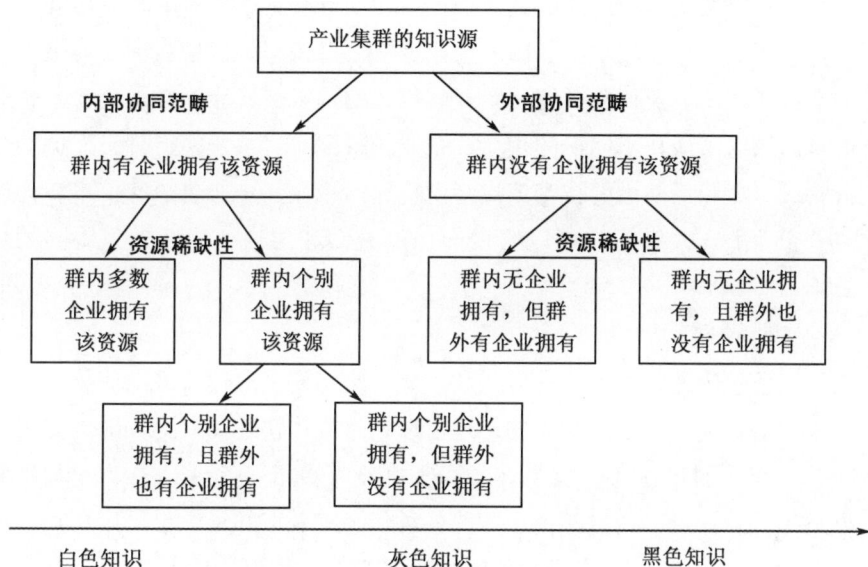

图 5.6　集群的知识协同资源树模型

5.4.3.2　协同渠道

协同渠道是协同过程的重要环节，它是知识资源流动的通道和路径。像营销渠道一样，若没有很好的渠道，产品就无法到达消费者手中，消费者也无法获取自己所需的产品。它使得协同主体之间可以建立起协同关联，形成集群内部组织间，以及集群外部组织间的知识协同运作。它可能是一些正式的场所，也可能是一些非正式的甚至虚拟的场所，为企业与各组织间的知识协同运作提供了面对面开发性互动交流环境或虚拟性交流环境，促进了集群内企业的有效沟通和知识协作。协同渠道的形式有很多种，大致可以分为以下四种。

（1）员工流动。

有一些学者认为知识的流通和协同主要是通过员工流动来实现的，Malmberg 等（2002）认为，知识溢出和协同渠道有雇佣新员工、集群内员工的高流动性及观察竞争对手的现象。一旦员工出现离职、跳槽行为，那么他将把自己所拥有的自身技能及上一家公司的相关信息和知识带到下一家企业。为了保密，许多公司高管被限制跳槽后几年内不能从事同行业的工作。但是却不可否认员工流动确实是知识流动的一个主要途径。

（2）正式交流。

还有一些学者则认为企业通过参加业内的商业展览、一般用户走访等方式共享知识，实现知识的流动。业内的商业展览可以将知识信息互享，提供一个公开的平台让业内企业彼此了解；企业间正式的技术交流会议使得企业与企业间有面对面沟通洽谈技术知识的机会；企业与科学家、工程师、科研人员的会议交流将最专业和最前沿的技术信息知识传递给企业；企业之间的技术转让等合作或者企业的合并等同样可以实现知识的流动和传递，达到知识协同的目的。

（3）媒体传递。

媒体是信息传递速度最快的方式，因此才会出现企业广告逐渐成为企业重要战略考虑的局面。而信息知识的传递可以通过媒体快速高效地辐射到更为广阔的领域。媒体的传播媒介有很多种，如电视、报纸、专业杂志、专利出版物、网络等。企业可以通过阅读上面的各种信息来获取知识，也可以利用这些媒介传递的信息分析竞争对手的产品和新战略等，最终实现知识的互补和共享。

（4）供应链整合。

Mansfield（1995）发现，知识溢出的典型渠道除了员工在企业间流动，非正式的交流、会议等，供应商与用户的知识输入、专利使用及反求工程也是知识流动的重要渠道。供应链上下游的企业通过产品的供应、销售等行为，或者通过供应链企业上的商贸洽谈等活动，彼此了解、沟通、协调，不仅使得技术、信息、知识得以互补和共享，也提高了整个供应链系统的整合能力、知识协同能力。

5.4.3.3 协同吸收

在整个协同过程中，有了协同资源和协同渠道，企业间的知识协同已经具备了基础的条件，但若是企业没有一定的协同能力，那么之前所有的过程将变得毫无意义。李丹（2009）将协同吸收能力定义为"集群中参与协同运作的知识协同主体针对协同性知识资源的运营能力"。这种能力主要体现在企业的一系列经营规则与流程上，企业通过这些经营规则与流程获取、消化、吸收、整合及利用外部资源。

集群内的协同资源纷繁复杂，信息量极大，如何鉴别和获取成为企业协同能力的一大考验。知识的获取能力指企业对协同知识的察觉、分析、收集及截取的能力。企业必须对集群内外部的相关协同知识高度敏感，察觉有用的信息；同时，对协同知识进行分析，通过去粗取精和去伪存真等过程查询真正能为自己所用的信息；再通过各种虚构或实体平台收集、汲取协同知识，争取最大化利用协同资源，为企业所用。

企业对于知识的共享和整合能力则是指企业在管理流程上对资源的学习吸收。若企业没有一个很好的管理流程和制度，再好的资源信息都无法很好地融入企业，真正为企业所用。这种流程与制度包括集群企业内部中的个体、团队和整个企业层应用新知识、新行为的过程。这种对于知识的整合能力主要受到先验知识、人力资本和管理机制影响。

知识协同不仅将外部资源内部化，更重要的是要将外部资源内部消化吸收以后再加以提炼和升华，实现知识的创新，进一步增加知识的附加价值，从而创造他人所没有的技术，掌握核心知识，提高自身的核心竞争力。这种创新同样受到多重因素的影响，包括企业管理层的重视和支持力度、科研经费的投入程度、企业科研部门人员的水平、研究配套设施、与科研机构和高等院校的项目合作水平等。

5.4.4　孵化器下企业间知识协同的合作意识

意识是一种主观的观念，是客观事物在人脑中留下的概括的印象。企业的知识协同意识主要表现为企业家观念，是指企业家在进行企业的组织、领导与控制等"维持职能"和"创新职能"活动时所依据的指导思想和行为准则。企业家的协同意识决定了企业家对协同的基本问题的认识、看法和根本态度，是企业家所奉行的经营理念中的重要组成部分。

企业知识协同的水平受到企业家协同意识的巨大影响。首先，企业是否要实行知识协同受到企业家对未来经济的判断、企业战略的考虑等，企业家最终的决策或者企业高层的决策决定了企业的知识协同是否开展及开展的力度和深度。其次，企业家的决策水平，对知识协同的支持力度决定了协同的水平。最后，企业家的创新意识也对企业知识协同创新水平有着重要的影响。

5.5 本章小结

大学孵化器是新创企业高度集群的形态。孵化器内的企业因为临近的物理空间距离和频繁的交流学习，逐步实现了各类隐性知识在集群的新创企业之间的流动，实现了"1+1>2"的协同价值，有利于新创企业知识增长和孵化器整体发展。

本章在借鉴相关研究成果的基础上，对集群理论、企业知识协同理论及相关问题进行了系统性的分析，以便为相关的理论研究和实际应用提供参考。将知识协同看作知识协同伙伴之间的博弈局势，将合作博弈理论运用到知识协同理论上，分析并探讨了大学孵化器下集群内企业之间进行知识协同过程中的合作信任关系。此外，分析了大学孵化器下企业之间协同的知识链网络和知识协同过程，强调了创业企业负责人的知识协同意识。为大学孵化器下企业社会资本和知识的流动奠定了一定的理论基础。

本章参考文献

[1] 高正宏,倪佳逸,陈琦.强化企业知识产权协同保护的探索与实践[J].现代企业,2022(5):90-92.

[2] 高婷婷.企业知识管理生态系统协同机制研究[J].人力资源管理,2016(9):181-182.

[3] 车珍.耦合、协同视角下知识型企业知识集聚效应的影响因素研究[D].济南:山东科技大学,2020.

[4] 陈丽丽.创新网络中企业知识协同效能评价研究[D].上海:上海工程技术大学,2019.

[5] 孙楚寒.企业技术创新过程中竞争情报与隐性知识的协同机理研究[D].天津:天津工业大学,2017.

[6] 史竹生.企业知识产权管理协同创新机制探究[J].西藏科技,2021(1):39-

41.

［7］ 田智杰,邸志军.基于知识管理的企业协同创新研究[J].企业改革与管理, 2018(23):5-7.

［8］ 王子晴,韦羿伶,马旭超.技术资源、知识协同与供应链企业合作创新绩效 [J].中国商论,2020(20):97-98.

［9］ 吴炳全.论企业协同创新项目的知识产权合作风险的内涵、类型与特征分 析[J].中国国际财经(中英文),2016(23):114-118.

［10］ 姚艳虹,张翠平,周惠平.知识域耦合对企业知识创新能力影响的仿真:协 同网络视角[J].企业经济,2018(9):74-84.

［11］ 张烨蕾,刘颜楷.中小知识型企业协同知识管理系统设计策略[J].大众文 艺,2020(2):126-127.

［12］ 周守亮,魏春华.企业组织知识协同的内涵与机理研究[J].企业科技与发 展,2021(2):20-24.

［13］ BOCK G W,KIM Y G.Breaking the myths of rewards:an exploratory study of attitudes about knowledge sharing[J].Information resources management jo- runal,2002,15(2):14-21.

［14］ BUTLER T,COLEMAN D.Models of collaboration[J].Collaborative Strategies LLC,2003,15−28.

［15］ HARRISON W.Organizational cognition:computation and interpretation[J]. Personnel psychology,2003:389.

［16］ HITT M A, HARDEE C,PARK D.Understanding strategicintent in the global marketplace[J].Academy of ManagementExecutive,1995:12-19

［17］ NONAKA I,TOYAMA R,KONNO N.SECI,Ba and leadership:a unified mo- del of dynamic knowledge creation[J].Long range planning,2000:5-34.

［18］ PORTER M E.Clusters and the new economics of competition[J].Harverd business review,1998,76(6):77−90.

［19］ SIMATUPANG T M,SRIDHARAN R.The collaborative supply chain[J].In- ternational journal of logistics management,2002,13(1):15-30.

第 6 章 企业社会资本与创业绩效的
关系模型

大学孵化器是促进创业发展和培育新创企业的重要阵地。本书第二章和第三章分别阐述了大学孵化器和企业社会资本的研究现状和趋势。从文献梳理结果可知，学者对于大学孵化器的研究一直聚焦于企业培育和新创企业绩效的促进，企业社会资本的研究也逐渐趋于网络层次。那么，在大学孵化器下企业社会资本与创业绩效之间是否有联系？企业社会资本对创业绩效的影响过程和路径又是什么样的？

部分学者的研究结果表明，大学孵化器下新创企业构建利益交易网络和共同价值规范能够促进新创企业绩效提升；也有学者认为过多社会关系会分散创业企业注意力，过度的网络社会资本投入可能会导致负面回报。这个问题长期困扰着企业负责人和孵化器管理者。因此，著者聚焦这一问题，通过文献梳理，以演绎的研究范式构建企业社会资本与创业绩效关系的理论模型。

≫≫ 6.1 关于孵化器和社会资本研究的先期理论

6.1.1 社会资本理论

"社会资本"这一概念由经济学领域中"资本"的概念演变而来，最开始应用于社区研究，20 世纪 70 年代以来，皮埃尔·布迪厄（Pierre Bourdieu）明确提出该理念并运用于社会学领域研究工作，后经詹姆斯·科尔曼（James Coleman）、林南、罗伯特·普特南（Robert Putnam）、亚历詹德罗·波茨（Alejandro Portes）、罗纳德·波特（Ronald Burt）等学者从不同角度进行深化发展，促进社会资本概念和分析方法的逐步完善，并逐步应用于经济学、社会学、组织管理以及政治学等多个学科。1980 年，皮埃尔·布迪厄通过吸收哲学思想家们关于道德与价值的逻辑推理，首次提出了"社会资本"概念。

6.1.1.1 皮埃尔·布迪厄的社会资本理论

皮埃尔·布迪厄的社会资本理论涉及 3 个基本概念：一是"habitus"习性，特指"结构的产物，实践的生产者和结构的再生产者"，是指人们在对世界的感知和判断中形成的长期的可转换的性情系统；二是"capital"概念资本，布迪厄认为人们所获得的性情系统是建立在个人拥有的特定的资源禀赋之上的，"资本是累积性的劳动（以物化的形式或具体化的形式），在排他性的基础上被行动者或行动小团体占有，并以具体化的形式占有社会资源"；三是"field"场域，场域是由不同的社会要素连接而成的。

布迪厄认为，所谓社会资本是"实际的或潜在的资源的集合体，那些资源是同对某种持久的网络的占有密不可分的，这一网络是大家共同熟悉的、得到公认的，而且是一种体制化的关系网络，换句话说，这一网络是同某团体的会员制相联系的，它从集体性拥有的资本的角度为每个会员提供支持，提供为他们赢得声望的'凭证'，而对于声望可以有各种各样的理解。"布迪厄对社会资本理论具有创新性的贡献，但是却尚未形成体系，后来的詹姆斯·科尔曼是第一位对社会资本进行全面而具体的界定和分析的学者。

6.1.1.2 詹姆斯·科尔曼的社会资本理论

詹姆斯·科尔曼在社会资本研究方面声名显著。科尔曼在著作《社会理论的基础》中对社会资本进行了阐述。他认为每个人都拥有三种资本：一是先天形成的人力资本；二是如土地、货币等物质性资本；三是个人所处的存在于人与人之间关系中的社会资本。其中，社会资本存在于人际关系的结构之中，"它既不依附于独立的个人，也不存在于物质生产过程中。""社会资本"是有效联接微观经济理论和宏观经济理论的重要载体，当使用社会资本把人们的注意力引向社会结构的功能（即行动者以此种结构为资源）时，可以实现自身利益。

6.1.1.3 社会网络观的社会资本理论

社会网络理论认识到社会资本中社会网络的重要性，形成了一套关于社会网络的社会资本观。亚历詹德罗·波茨对社会资本的起源和性质提出了更加精致和全面的概念表述。他认为社会资本是"……个人通过他们的成员资格在网络中或者在更宽泛的社会结构中获取短缺资源的能力……获取（社会资本）的能力不是个人固有的，而是个人与他人关系中包含着的一种资产，社会资本是嵌入的结果。"他指出社会网络本身具有如下的特征：互惠交换（reciprocity exchange）；强制信任（enforceable trust）；价值内化（value intrajection）；有限度的团结（bounded solidarity）。

6.1.1.4 企业社会资本理论

罗纳德·波特教授是第一个将社会资本纳入企业进行研究的学者，他明确指出了企业内部和企业间的关系网络是一种社会资本。他认为社会资本不仅仅是交往者所拥有的资源，同时是交往者的社会结构，从而提出结构洞（structural hole）理论。波特把社会资本定义为"一种能够带来资源和控制资源的网络结构"。他认为在一个闭合的系统中，任何信息和资源都有可能以最短的路程直接流向网络中的任何一点上，但是，社会网络中并非所有节点都是有联系的，如果切断三角系统中的任何一方的联系，那些没有联系的节点就形成了结构洞。在较复杂的网络中，通过与分散的、非重复的一组组节点的联系，占据中心位置的节点拥有更多的网络资源。

林南从网络资源角度研究社会资本，提出了社会资源（social resources）理论。在林南看来，所谓资源，就是"在一个社会或群体中，经过某些程序而被群体认为是有价值的东西，如果这些东西被占有会增加占有者的生存机遇。"他将资源按属性分为个人资源和社会资源，"个人资源指个人拥有的财富、器具、知识、体魄教育、地位等可直接为个人所支配的资源。而社会资源则是那些嵌入个人社会网络中的资源，这种资源不为个人所直接占有，而是通过个人的直接的或间接的社会关系而获取，拥有此种资源可以使个人更好地满足自身生存和发展的需要。"在社会资源理论基础上，林南又提出了社会资本理论，他认为，"（社会资本是）投资在社会关系中并希望在市场上得到回报的（一种资源），是一种镶嵌在社会结构之中并且可以通过有目的行动来获得或流动的资源。"

后来，管理学界学者们以企业作为研究主体，分别从资源角度和能力角度对企业社会资本进行了深入的探讨。比如 Leenders 等（1999）从资源角度将企业社会资本概念定义为"企业拥有的有形或虚拟的资源，这些企业资源可通过促进目标达成的社会关系而不断增加"。而中国学者张方华（2004）则认为企业社会资本指的是"企业建立在信任和规范基础上的各种社会关系的范围与质量以及在此基础上获取外部资源的能力，主要由纵向、横向与社会关系资本三个部分组成"。

因此，社会资本理论主要针对在社会关系网络中实际或潜在的资源开展讨论。个人可以通过有目的的行动来获得这些资源。社会资本理论关注"嵌入到个体社会网络中的资源，以及如何获取这些资源并合理地使用这些资源，使个体的行动从中受益"。在网络结构中，无论是个人还是组织，社会资本都发挥着重要作用。社会资本不仅会影响信息流动，也能巩固关系网络，并随着人与人之间的关系加强逐步渗透、嵌入社会网络结构。在人际网络中处于结构洞位置的人具有非常强的竞争优势，能优先获取诸多信息和资源。

6.1.2 利益相关者理论

在管理学文献中，"利益相关者"一词在 1963 年第一次出现在斯坦福研究院的内部备忘录中，其最初的目的是反对传统企业治理理论中股东至上的思想。学者们发现，如果没有股东、债权人、员工、客户、供应商、社团等群体的支持，组织将无法生存。而这里的股东、债权人、员工、客户、供应商、社团等群体被称为利益相关者。1984 年，R. Edward Freeman 在《战略管理——一种利益相关者的方法论》中将利益相关者定义为"任何影响企业目标实现或受企业目标实现影响的个人或群体"。

随着研究的深入，学者们扩展了利益相关者的研究范畴。比如 Phillips 等（2003）认为 Freeman 对于利益相关者的定义泛化，会使得企业管理者无所适从。Mitchell 等（1997）认为利益相关者的第一主体属性是资源属性，由于利益相关者掌握了焦点企业生存与发展所必需的资源，利益相关者就获得了权力，当这种资源越稀缺时，利益相关者的权力也就越大。

对于大学孵化器中的新创企业而言，社会资本是新创企业从孵化器内部的社会关系网络中所获得的一种资源，这种资源分散在孵化器网络中，孵化器管理者、孵化网络中其他企业、孵化网络外围的咨询机构、服务机构、金融机构等单位都成为企业利益相关者。如图 6.1 所示清晰地表现了大学孵化器内企业的内外部之间的网络关系。这为本章研究将新创企业纳入孵化器网络下，探究企业与各利益相关者建立社会关系，促进交流，增加社会资本，从而促进企业绩效提升提供了理论基础。

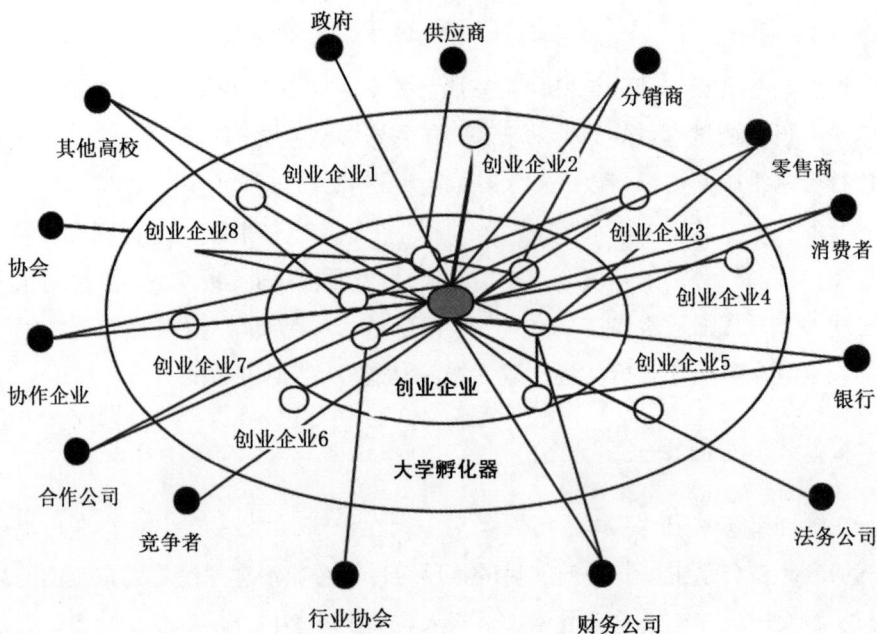

图6.1　大学孵化器内企业的内外部之间的网络关系

6.1.3　企业创新理论

最先提出"创新"概念的是经济学家约瑟夫·熊彼特（Joseph Schumpeter），他认为创新是通过在现有生产体系中引入新的生产要素，或者是对原有的生产要素进行全新的组合，从而获取潜在收益。熊彼特认为，创新是"创造性的毁灭"，意味着一种新的生产函数建立。他始终认为创新不仅包括产品技术更新类的技术创新，也应该包括组织变革、营销能力提升、管理方法改进等非技术创新。

之后，许多学者将创新引入企业管理范畴，基于不同视角阐述了企业创新的内涵。Mansfield（1968）从企业生产总流程角度出发，将创新定义为"企业新构思产生，实践，产品生产，新产品交货，销售"。这整个探索和思想付诸实践的过程活动就是创新。Freeman延续了Mansfield的观点，认为技术创新是一个发现新机会，并经过研发、生产、营销等环节将发明创造成功实现商业化的反复过程。许庆瑞（2002）认为技术创新是指对现有知识进行新综合，或者将新技术首次推广应用进而转化为生产力的过程。综合学者们对于创新的定义可知，大家普遍认为企业创新不仅指企业开发新产品、采用新技术、变革新的生产工艺，还包含将这些成果进行市场推广，实现商业价值的过程。

总体而言，企业创新的影响因素有很多，大致可以分为企业内部因素和外部因素。内部因素包括企业资金渠道、发展战略、研发团队、企业决策等；外部因素包括政策法规、市场、竞争、文化等。企业内外部环境的复杂性及企业自身的局限性都可能造成创新活动的失败，而无法达到企业的预期目标。其中，企业员工或者管理层对变革的抵制，特别是企业管理者对于风险的胆怯会严重阻碍创新的实现。部分学者关注了企业创新的分类。Myers 等（1969）按照创新程度的差异将创新划分为突破式创新、渐进式创新和系统式创新。张慧（2020）则将企业创新划分为模仿创新、合作创新与自主创新。同时，学者们对于企业创新产生的经济效应这一研究倾注了极大的热情。学者们通过实证的方式，证明了创新对企业绩效和企业价值的积极影响。Chan 等（2001）的研究发现研发投入越高的企业其股票市场价越高。Cainelli 等（2006）的研究则论证了创新对企业生产率的积极影响。

从现有研究可知，企业创新对企业绩效有积极的影响。这为本章研究将新创企业社会资本、企业创新和创业绩效纳入统一研究框架，考察企业创新对创业绩效的影响提供了理论依据。

6.2 大学孵化器下企业社会资本维度的划分

6.2.1 大学孵化器下的企业社会资本

大学孵化器下企业社会资本研究成为学者们关注的焦点。Portes（1998）认为孵化网络中企业的社会资本主要表现为与其他网络主体紧密联系的状态及特征，是一种从关系网络中获取资源的能力。事实上，孵化器是一个由新创者组成的社会网络，而社会资本是嵌入社会网络中的一系列现实的和潜在的资源，可以被个人或社会单位接触或获取。Bollingtoft（2012）观察到租户之间各种不同的网络和合作活动，这些活动似乎促进了知识的发展以及公司的增长。因此，孵化器的作用是促进这些活动；重要的条件包括实际接近和吸引对知识共享与合作持积极态度的创业者，以及愿意分享价值观和规范的合作者。

在大学企业孵化网络中，新创企业的社会资本来源于不同网络主体之间的合作关系，这些合作伙伴关系依靠共享感知得到加强。孵化器的桥梁作用为创业企业建立丰富的社会关系提供了有效的保障，使其更容易获得专业咨询服务、技术援助、资金支持、政策支持和市场信息。与此同时，网络的集群优势可以帮助新创企业与其他网络成员形成认知、共同价值和愿景的共享，创造网络协同效应，提升共享资源的效率。

6.2.2 大学孵化器下企业社会资本的维度

大学孵化器下企业社会资本维度的划分更成为学者们争论的焦点。Ghoshal（1998）将社会资本划为桥接型社会资本和联接型社会资本。他们认为桥接型社会资本将关系资源作为重点，如信息、知识等；而联接型社会资本主要是群体内的资源，如群体之间的信任和规范。Nahapiet 等（1998）引入了嵌入式观点，将社会资本划为三个维度，其中不但包括结构维、关系维，还包括认知维。

Narayan（2001）则从参与、和睦、规范、信任、社交、志愿等角度测量社会资本。Silva（2007）觉得社会资本应该包括信任、支持、归属、凝聚力、参与度、家庭社会资本、社会网络、参与公共事务 8 个维度。Coleman（2017）提出社会资本应该由社会组织、信息网络、义务与期望、权威关系、规范与有效惩罚共 5 个维度构成。著者赞同 Nahapiet 等（2019）学者的观点，认为孵化网络下企业社会资本可以用网络的认知性、关系性、结构性维度来细分，将社会资本划分为认知性社会资本、结构性社会资本和关系性社会资本。

6.2.2.1 认知性社会资本

认知性社会资本指个体具有共同的价值观、语言和规范。在企业网络中，孵化企业的认知社会资本是指网络主体之间通过历史互动而形成的对企业文化、创业理念和信念的共同看法，是不同网络主体之间基于以往交往而形成的共同认识的表达、解释和意义的系统，表现为愿景和价值观的近似程度。大学孵化器内主体间认知性社会资本的形成来自租户的特定特征，如共同的出身、商业经验的缺乏和共同的创业目标。总体说来，认知性社会资本是提供不同主体间共同理解的表达、阐释与沟通的系统性资源，是文化和规范的动因，具体包括共享语言、共享文化、共同价值观三个方面。

（1）共享语言。

在无法实现相互理解的人之间，是不可能产生社会资本的。语言是人们社会生活交流的主要沟通形式，"拥有共同的话题"能促进交流的顺畅，从而达成共识，具有共识的个体之间能快速建立社会关系。同时，共享语言具有联系性。"拥有共同的语言"并非自然形成，其背后往往意味着相同或类似的背景和文化，这会加快人们信息交流的速度，如果双方存在共同语言，联系会更加快捷、紧密，最终使资源、信息共享，促进社会资本的形成。

（2）共享文化。

文化是一个拥有非常广泛内容的概念。文化通常包含风俗、习惯、语言、故事等诸多内容。而共享文化就是在这些内容上的掌握和共识状况。在企业关系网络中，成员间共同的创业经历会产生出共享文化，这种共享文化能被成员共同遵守，并形成行动的一致性。

（3）共同价值观。

价值观，是人基于一定的思维感官之上而作出的认知、理解、判断或抉择，也就是人认定事物、辨别是非的一种思维或价值取向。在社区或团体中，成员间共同的理解、认知、价值观能提高成员的归属感，加强信任，推动成员间相互帮助。

6.2.2.2 结构性社会资本

结构性社会资本主要是指个体具有的关系、网络结构，是网络主体之间或者网络环境的联系方式，体现为网络成员之间关系的密度、连通性和层次性。这一维度重点考察网络结构和网络关系的特征，即网络关系的强度以及网络的密度、存在性、边缘与中心等，强调社会关系网络非人格化的一面。社会资本结构主要包括三个要素：网络配置、网络联结和网络结构。

（1）网络配置。

网络配置主要指的是社会关系的资源提供，这种供给在诸多社会环境中都可以出现。诸如，个人关系网中的亲朋关系，经过一定的转化成为合作关系。对创业者而言，网络配置有着重要的作用。创业者只有拥有可以信赖的朋友，并得到朋友的信任与支持，才有可能邀请朋友加入到创业中来，或是为自己做出某些方面的帮助，诸如资金支持等。从本质上看，这是一维关系向多维关系发展的过程。

（2）网络联结。

在社会资本理论研究中，网络联结占据着重要的位置。网络联结指个体在社会网络中建立关系的情况，比如，个体与身边的亲属、同学、朋友、同事、熟人之间建立的关系。个人和不同的关系人之间通过网络联结，可以更加有效地获取隐藏在社会网络中的资源。这个关系联结强度是有差异的，有强联系，也有弱联系：强关系更有利于知识或信息的获取速度的提升，关系越强越容易获得想要的信息，实现利益诉求；而弱关系则有利于异质性信息的流动，弱关系主体之间的信息性质差异性较大，异质性信息较多。与此同时，关系的强弱差异取决于感情的投入程度、互惠服务和交往亲密程度。

（3）网络结构。

网络结构探讨的是个人关系网络的建设，主要包括关系结构特征和个人在社会网络中的地位。同时，个体在网络中会联系到不同的联系人，而这些联系人之间事实上可能并不认识且具有不同的信息资源，个体联络的联系人越多，网络结构越松散，个体越容易获取独家信息和新信息，并发现更有价值的创业机会。Maurer 等（2006）通过对德国六家生物技术企业的案例研究发现，紧密型网络内部形成的信任和规范有助于网络内部成员之间的共享学习与信息交流，因此，嵌入紧密的科研网络更有助于创业者获得新的知识，识别创新性机会。

6.2.2.3 关系性社会资本

关系性社会资本体现为网络成员之间保持密切关系的程度。大学孵化器中的关系性社会资本可以通过信任程度、互利互惠和群体身份来表征。在企业孵化器中，创业者往往担心自己的技术秘密和商业想法被其他创业者窃取，或者被专家或外部顾问窃取，因此，成员和网络间的信任变得非常重要，而进入者彼此之间的频繁接触、日常互动和集体培训均有利于信任培养。一般来说，大学孵化器的入选者通常没有学术领域之外的工作经验或者工作经验很少，对市场运行经验的不足会导致在开展业务活动时遇到很多障碍。而事实上，即使这些学术创业者对不确定的市场情况和障碍反感或有敌意，他们也不得不进入市场开展竞争，当进入者彼此信任，分享共同的风险、担忧和恐惧时，他们可能更愿意彼此帮助。缺乏经验和分享感受会促进成员觉得他们有共同的处境，体现为群体认同。而集体主义和共同认同则促进了参与者之间互帮互助的意愿，也是一种隐含的互惠规范。因此，关系性社会资本维度主要关注社会关系网络中的人格化，是行动者在行动过程中建立的具体关系，受理性选择动力的驱使，主要包括信任、规范、责任与期望、认同四个因素。

（1）信任。

信任是相信对方不会利用自己的弱点，不会采取机会主义行为的一种信心。在社会关系中，信任是双方交往的基础，互相信任决定了双方相互接触的意图、交往的频率和思想交流的深度。信任是促进社会资本形成的重要因素。因此，信任被看作是很重要的社会资本。孵化网络中主体之间良好的信任关系能增加网络主体的归属感和安全感，降低知识和资源的自我保护力度，促使网络主体提高资源分享意愿，提高资源的共享机会和资源转移效率。

（2）规范。

Alder 等（2000）认为，所谓规范"就是在一定背景之下集体成员共同遵循的行为规则，比如规章制度、社会规范等"。Nahapiet 等（1998）指出，规范的侧重点在整个社会网络关系的内部一致程度，"内部的一致性较强，则社会资本会受到良性的促进；内部的一致性较弱，则社会资本会受阻碍。合作性的规范会使人们自动调整自己的交际态度、动机等，从而改善嵌入网络的社会资本，使其生成更为快速"。

（3）责任与期望。

责任体现为许诺和负责，而期望体现的则是承诺。合作关系中两个主体接触并建立关系以后，社会资本的产生会受到责任和期望的影响。履行责任一方如果能如期高质量地履行责任，则会使对方的期望得到较好的满足，促进信赖和信任的增长，而信赖增加也会促进合作的长久、进一步关系的维系、新伙伴的介绍与引入，从而促进社会资本增长。

（4）认同。

认同主要指的是个体对其他成员的认可程度。Nahapiet 等（1988）认为认同会对价值回报预期和信息交互产生影响。个体在交流的过程中，更倾向于选择那些自己期待较高的人作为合作伙伴，特别是在创业初期，创业者通常会选择那些与自己的创业理念、观念一致或比较相同，受到自己认可的人交流想法。

总结学者们提出的概念，可以用三维框架图（如图6.2所示）来表示社会资本维度。

大学孵化器模式下新创企业社会资本的预期结果是入驻企业的创新。社会资本（成员之间共同的价值观、语言和规范；关系的密度、连通和层次；信任、认同和互惠）使得大学孵化器成为一个友好和愉快的开展业务的环境，这样的环境有助于知识的转移和共享。

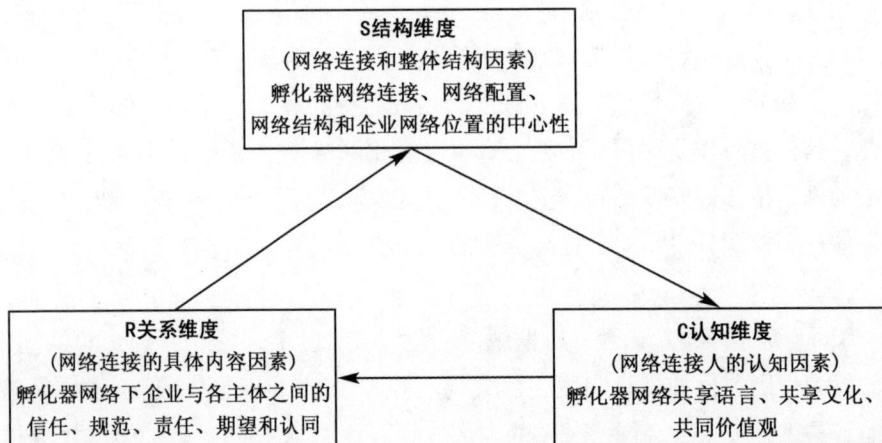

图 6.2　社会资本维度划分

❯❯ 6.3　探索式创新和利用式创新的中介作用

6.3.1　创新行为的概念

随着技术、知识与资本融合发展的加快，创新已成为企业发展的动力源和战略选择，成为企业保持市场竞争优势的核心。熊彼特（1934）首先指出：创新是一个创造性破坏的过程，导致就业增长和技术变革。创新被认为是非线性动态和快速变化时代组织可持续性和区域优势的关键要素。大量研究结果认为科技型企业通过创造新机会和创造价值及利用机会来创造可持续竞争优势，其中，创新是创业活动的主要内容。关于创新能力的维度研究方面，Wang（2013）认为企业创新包括技术能力和销售能力；North 等（2000）则认为组织创新包括产品、能力和行为的创新；Wang 等（2004）则将创新能力分为产品创新、营销创新、过程创新、行为创新和战略创新五个方面。对于新创小企业而言，创业理论研究发现，探索式创新行为和利用式创新行为是新创企业主要的创新方式。

6.3.2 创新行为的分类

1991 年，March 首次提出，组织学习和创新行为包括探索式和利用式两种。后来的学者不断丰富探索式和利用式创新的概念，认为探索式学习行为是对新知识的学习和扩展，而利用式组织行为则依赖组织原有的基础知识。

探索式创新遵循探索、发现和实验的路径，以追求新知识、尝试新方法、寻求新路径为目的，试图转入不熟悉的技术领域，通过开发全新的产品、新服务方式、新营销策略，探寻新的市场需求，从而开发新市场来创造企业绩效。这种"新进入者"优势难以被竞争对手所模仿，从而能够依靠短期的垄断获得高额的回报，是保持企业创新能力和长期竞争能力的主要方式。当然，与此同时，因为探索式创新行为摒弃了原有的、一贯的、熟悉的知识，以破坏原有形成的创新能力或技术路线，具有较高的创新风险。

利用式创新则是沿用企业原有的经验、技术和营销方式，通过对企业产品的改良、服务的提升、商业模式的优化、生产规模的扩展，从而满足已有市场需求，谋求企业绩效。利用式创新行为是沿用企业原有的学习曲线和轨迹，建立在原来的知识、技术、经验和市场网络基础上，能够通过规模经济和范围经济来增加边际利润，进而提高企业绩效的方式，当然，这种创新方式的风险相对较低。

6.3.3 社会资本与新创企业创新行为

影响企业创新的因素很多，包括政治法律因素、经济和市场因素、新技术革新因素等外部环境因素，以及企业所有权结构、管理人、人力资源结构和企业文化等内部环境因素。

大学孵化器的新创企业通常由教授、学者、研究人员和当地创业者发起，这些新创企业成为推动产品和服务创新开发的主要阵地。新创小企业在技术、资源、市场方面还不成熟，具有局限性，选择探索式还是利用式创新，需要进行比较和权衡。

探索式创新和利用式创新都是企业创业成功的关键因素。但是因为创业企业拥有的知识基础和资源禀赋不同，资源的有限性难以确保创业企业同时实施探索式创新和利用式创新，因此需要在技术或市场选择上权衡采用哪一种创新方式能更好地提高企业创业绩效。

一方面，探索式创新倾向于获取新知识、开发新产品、探索新服务、创建新市场，企业创业具有灵活性和先导性，能使企业保持拥有新资产。另一方面，新创企业处于企业发展初创阶段，"小"和"新"是新创企业的普遍特征，这种特征会带来新进入者缺陷问题，企业创新活动、程序、过程和结构不足，难以有效地运行于当前的商业环境中。利用式创新沿用企业现有经验、知识、技术和市场，在企业价值创造过程中具有可预期性、可复制性和可靠性的特点，能够降低技术创新和市场开发带来的不确定风险，缓解新创企业的进入缺陷问题。从已有研究结果来看，无论企业选择探索式创新，还是利用式创新，都对新创企业的创业具有重要意义。

大学孵化器的存在，是一所大学为创新创造的有利环境，这个环境能更有效地提高大学在知识转让、技术创新方面的能力。孵化器通过定期为创业者提供学习创新和交流的机会，使他们能够实现创新，发展创新，并将知识扩展到他们的组织中，从而促进创新从大学成功转移，提高大学向外部组织成功转让创新的能力。

部分学者对于社会资本和企业创新之间的关系进行了研究，发现社会资本能有效促进创新，与创新具有正相关关系。

6.3.4　新创企业创新行为与创业绩效

创新对于企业创业绩效的正向影响，得到学者们的一致认同。企业创新能力包含新产品开发、技术改进、组织协调等的综合能力，是企业有效开展创新活动的能力基础，也是组织获取、转化和塑造资源，取得差异化竞争优势的有效途径，创新代表创造一种新的想法或知识。研究人员已经调查了创新对企业绩效的影响，学者们认为，创新实践会对企业的绩效和企业利润产生积极影响。Kleinknecht 等（2001）对调查数据的经济计量研究也为创新与绩效的关系增加了经验知识，该调查的结论是，与不自我创新的企业相比，创新企业获得了相当高的利润和增长。Thornhill（2016）以加拿大 845 家制造企业作为研究对象，探索创新对于绩效的影响，研究结果表明企业知识和企业的创新方式均会对公司的绩效造成影响，而且与不创新的企业相比，创新型企业更容易获得高的收入增长。

》》》 6.4 创业者风险承担与孵化器主动行为的调节作用

6.4.1 创业者风险承担的调节

新创企业的创业成功需要依靠那些有创造力、有热情、有决心，能在不断变化的环境中不断适应的创业者，才能创造出新颖的产品，发掘新的市场需求，从而促进企业成长。而创业者最大的特征是愿意承担风险，创业者的风险承担能力和对成就的高度需求等创业特征能有效促进企业创新行为。创业者在进行创业活动时面临着诸多挑战，而他们的心理能力有助于他们应对这些挑战，从而更好地完成创业活动。风险承担能力和对成就的高度需求是创业者向前发展和实现创业目标的重要特征。风险承担能力表现为冒险倾向，是指通过冒险进入新市场和投资具有不确定结果的资源而采取大胆步骤的能力。对成就的需要重新呈现了一种心理力量，这种力量激励一个人总是渴望获得成功，从而迫切实施行动。相关研究结果也确定了创新对绩效的中介作用，探讨了风险承担能力和高度成就需求等创新特征在研究创新方面的作用。

6.4.2 孵化器管理者主动行为的调节

孵化器管理者的主动行为对于增加关系型社会资本、促进企业创新具有重要意义。在人力资源文献中，主动性被定义为个人超越指定任务、主动参与自我启动、积极主动和持续克服障碍的行为。而在孵化器管理者的背景下，积极主动的管理者是指那些超越正式要求，积极参与传递关系导向给入驻企业的管理者。尽管分析孵化器管理者在建立关系中的作用的著作很少且管理者和租户之间的联系不多，但在孵化器中，管理者可以培养在受雇者之间发展社会资本以及受雇者与其他外部代理人之间的联系。前文提到，大学创业者通常与外部商业网络脱节，出现结构洞，而主动的管理器则可以占据结构洞，将新创企业与其他网络连接起来，确保创业者可以与来自不同行业的顾问、金融机构或商界人士建立关系。管理者作为每个入驻企业个体社会资本和孵化器集体社会资本的促进者的有效性取决于管理者的主动性。研究结果表明，孵化器管理人员花在合作生产上的时间越多——一般情况下及每个特定的合作生产环节——以及他们使用的模式越广泛，他们的影响就越大。同时，管理人员可以在孵化器租户之间建立信任和友谊的基础上建立网络和社会互动，有效促进知识流动。然而，要使这种合作发挥作用，创业者需要意识到他们的新创企业与其他企业在知识、能力和资源方面的差距，并认识到孵化器弥补这些差距的潜力。

回顾以往的研究，学者们更多关注大学孵化器的功能刻画和特征上。而关于孵化网络下企业社会资本与新创企业绩效间路径关系仍然模糊不清，二者间关系仍然存在争议。

首先，虽然大量研究结果证明孵化网络下企业社会资本对新创企业绩效产生积极作用，但孵化网络下企业社会资本与新创企业绩效间关系及作用路径关系仍然存在争议。虽然目前已有许多关于影响创业绩效的各类关键要素研究，但对这些关键要素如何影响创业绩效的过程性的深入实证研究十分匮乏。

其次，现有研究较少刻画新创企业创新生成路径，过往大量研究停留在关注"新创企业行为与绩效"或"孵化网络下企业社会资本与新创企业绩效"简单的二元关系。在大学孵化器企业社会资本下，基于技术创业和创新活动已成为新创企业创业活动的重要内容，但很少有研究关注"创新行为"在"孵化网络社会资本与新创企业绩效"间的作用。

最后，从已有研究结果来看，很少有作者从利益相关者的研究角度探讨孵化器管理者的主动行为和企业负责人的风险承担对企业创新活动及创业绩效产生的影响。因此，需要进一步深入探索孵化器管理者的主动行为和企业负责人的风险承担对孵化网络下企业社会资本与新创企业绩效间的关系。

因此，本章在以往相关文献研究的基础之上，深入探讨大学孵化器下创业企业社会资本各维度对创业绩效作用过程的机制问题，构建理论模型，试图揭示创业社会资本影响创业绩效的过程"黑箱"，以使研究更具理论应用价值。

❯❯ 6.5 企业社会资本与创业绩效研究理论模型

6.5.1 研究假设

6.5.1.1 企业社会资本与创业绩效

大学孵化器是一种旨在支持和培育中小企业发展的基础设施，通过为处于早期发展阶段的公司提供业务帮助，以提高公司存活率。大学孵化器内的新创企业大部分由创业教授、学生或者具有理想的创业者组成，他们普遍缺乏经验与企业运营能力和商业知识，通常会面临顾客的不信任、强大的竞争对手或者议价能力强的供应商等新进入者缺陷（liability of newness）等问题。巴顿等（2009）证明，与志同道合的人会面和互动的可能性激发了创始人加入孵化器的积极性，这种内部支持网络的协同作用是新创企业成功孵化的关键因素。

孵化器下新创企业社会资本是嵌入社会网络中的一系列现实的和潜在的资源，可以被个人或社会单位接触或获取。通过研究孵化过程，包括知识共享过程、创新扩散和个人创造力，可以观察到关于企业孵化器绩效的发现，这对新创企业的发展过程至关重要。从孵化器下新创企业社会资本与新创企业绩效的关系来看，已有大量研究刻画了孵化器模式下新创企业社会资本有助于提升新创企业创业绩效。具体包括以下三种关系。

（1）认知性社会资本与新创企业创业绩效关系。

Bøllingtoft（2012）的研究结果发现，大学孵化器内的新创企业认知性社会资本的构成方式包括两类：一是大学孵化器内的新创企业具有空间临近的特征，这种空间临近促进了创业者日常的交流和沟通，随着时间推移逐渐建立契约关系，初创企业通过日常交往发展个人关系逐渐形成关系网络。二是大学孵化器管理者制定了创业企业筛选、进入和退出标准，这种统一标准的实质反映了孵化器共同价值与规范期望，促进创业企业形成共同价值观网络。因此，初创企业在创造出新产品时，会通过一种崭新的渠道构建利益交易网络，最终实现收益，提升创业绩效。

H1：在大学孵化器中，认知性社会资本正向影响新创企业创业绩效。

（2）结构性社会资本与新创企业创业绩效关系。

新创企业的社会资本来源于不同网络主体之间的合作关系，这些合作伙伴关系依靠共享感知得到加强。孵化器的桥梁作用为企业建立丰富的社会关系提供了有效的保障，使企业更容易获得政策支持、资金支持、专业咨询服务、技术援助和市场信息。

H2：在大学孵化器中，结构性社会资本正向影响新创企业创业绩效。

（3）关系性社会资本与新创企业创业绩效关系。

许多学者认为新创企业利用孵化网络中心位置和关系社会资本，获取有用的知识、资源、信息等，能够促进创新创业活动的开展，进而提升新创企业绩效。

H3：在大学孵化器中，关系性社会资本正向影响新创企业创业绩效。

6.5.1.2　创新行为的中介作用

新创企业的创新行为通常来说有两类：一是探索式创新；二是利用式创新。

（1）探索式创新的中介作用。

探索式创新表现为企业打破原有技术路线，积极探索新知识，开发全新产品，发现消费者的新需求，满足尚未开发的新市场，探索式创新具有提升企业长期竞争力的优势。

学者们认为组织内部之间的知识共享和信息沟通等互动行为可以有效缓解内部个体的相互抵触情绪和工作不协调现象，促进共同协作。多数学者认为频繁讨论与不断商榷的过程促进了思维碰撞和新想法的诞生，从而有效促进创意与灵感迸发。创新成长过程中的经验或共性资源的分享（例如，怎样迅速获取创投资金，如何规避项目申报中的繁琐手续等方面的经验交流），有助于新创企业节约试错成本，改善创新风险管理水平，促进创新；而诚信和契约则能有效加强成员之间的信任，减少由不信任带来的知识保护和小心谨慎，可以激励组织成员畅所欲言，不会因为谨慎提防自身创意被抄袭剽窃而不敢大胆尝试新想法、新思路和新创意，有效促进组织成员之间的知识共享、创意交流和技术分享。同时，共识目标的制定、价值取向一致、共同愿景达成和语言代码统一等精神支柱层面的认知保障，则有助于组织成员齐心协力地为实践创新行为共同努力，从而积极推动成员创意创新创造的顺利实现。从文献研究中可以看出，学者们普遍认为，频繁交流、知识共享、心理信任、性格默契、情感依赖、共同愿景、共识和规范能够促进知识与技术交流，加强了企业成员创意的创造，有利于探索式创新行为的产生，从而促进企业绩效提升。基于此，本章研究提出如下假设。

H4a：探索式创新在孵化器下新创企业社会资本与新创企业创业绩效之间有中介效应。

H4a1：认知性社会资本对探索式创新行为具有显著的正向效应。

H4a2：结构性社会资本对探索式创新行为具有显著的正向效应。

H4a3：关系性社会资本对探索式创新行为具有显著的正向效应。

与此同时，新创企业处于企业发展初创阶段，"小"和"新"是新创企业的普遍特征，这种特征会带来顾客不信任、强大竞争者等新进入者缺陷问题，使得新创企业难以有效地运行于当前的商业环境中。而企业的探索式创新倾向于全新知识。技术、产品和市场的促进，能使企业拥有新资产、获得新的市场回报、获取新收入。因此，提出如下假设。

H4b：探索式创新能有效促进新创企业的创业绩效。

（2）利用式创新的中介作用。

利用式创新表现为沿用企业现有经验、知识、技术和市场，通过持续改进产品、服务和商业模式以满足现存顾客或市场需求，从而降低技术创新和市场开发带来的不确定风险，缓解新创企业的进入者缺陷问题。

学者们认为孵化网络中主体间长期交互往来，能够产生互惠和信任，长期稳定的交互关系，为双方建立合作提供了非正式信誉保证机制，促进隐性知识在企业中的有效转移，显著为企业沿着既定的创新路径，扩大生产和市场网络提供帮助。同时，网络结构资本能够带来各类异质知识和市场信息，有益于企业快速获取和整合资源，从而促进企业运营效率提升与价值创造过程。而孵化器中各主体所知所想相似，网络主体间相互理解和共同的价值观能够促进初创企业间开展关于产品开发、市场策略、组织形式等方面的相互学习。讨论和学习能够促进新创企业重新审视现有产品的不足，获取知识和利用外部知识进行重新整合，不断地改进和提升现有产品性能，从而促进企业的利用式创新。基于此，提出如下假设。

H5a：利用式创新在孵化器下新创企业社会资本与新创企业创业绩效之间有中介效应。

H5a1：认知性社会资本对利用式创新行为具有显著的正向效应。

H5a2：结构性社会资本对利用式创新行为具有显著的正向效应。

H5a3：关系性社会资本对利用式创新行为具有显著的正向效应。

新创企业的利用式创新策略通过沿用或扩展现存技术和知识，改进现有产品，通过规模扩张促进企业创造更多价值。首先，企业产品和营销都是建立在已有经验、知识、技术和市场的基础上的，通过规模经济和范围经济来增加边际利润，促进企业绩效和运营效率的提升。其次，利用式创新是企业运用之前成功的知识经验，通过延伸产品线开发产品，利用式创新能够帮助企业延长产品的生命周期，通过扩大销售规模提高市场占有率，利用式创新运用更少的资源就能使企业在短期获益。最后，利用式创新带来的间接组织学习增加了企业知识深度，进而促进探索式开发。综上所述，本书研究认为新创企业的利用式创新正向影响新创企业绩效，并提出如下假设。

H5b：利用式创新能有效促进新创企业的创业绩效。

6.5.1.3 创业者风险承担的调节作用

新创企业的成功需要依靠有创造力、有热情、有决心、能在不断变化的环境中不断适应新环境的创业者，才能创造出新颖的产品和发掘新的市场需求，从而促进企业成长。而创业者最大的特征是愿意承担风险，创业者的风险承担能力和对成就的高度需求等创业特征能有效促进企业创新行为。创业者在进行创业活动时面临着诸多挑战，而他们的心理能力有助于他们应对这些挑战，从而更好地完成创业活动，促进绩效提升。风险承担能力和对成就的高度需求是创业者向前发展和实现创业目标的重要特征。风险承担能力表现为冒险倾向，是指通过冒险进入新市场和投资具有不确定结果的资源而采取大胆步骤的能力。对成就的需要重新呈现了一种心理力量，这种力量激励一个人总是渴望获得成功，从而迫切实施行动。相关研究也确定了创新对绩效的中介作用，探讨了风险承担能力和高度成就需求等创新特征在研究创新和创业绩效方面的作用。因此，本书提出如下假设。

H6：创业者风险承担对孵化器下新创企业社会资本与企业创新关系具有调节作用。

H6a：创业者风险承担对认知性社会资本与创业绩效关系具有正向调节作用。

H6b：创业者风险承担对结构性社会资本与创业绩效关系具有正向调节作用。

H6c：创业者风险承担对关系性社会资本与创业绩效关系具有正向调节作

用。

6.5.1.4 孵化器管理者主动行为的调节作用

孵化器管理者的主动行为对于增加关系性社会资本，促进企业创新具有重要意义。在人力资源文献中，主动性被定义为个人超越指定任务、主动参与自我启动、积极主动和持续克服障碍的行为。而在孵化器管理者的背景下，积极主动的管理者是指那些超越正式要求，积极参与传递关系导向给入驻企业的管理者。尽管分析孵化器管理者在建立关系中的作用的著作很少，管理者和租户之间的联系不多，但在孵化器中，管理者可以促进受雇者之间社会资本的建立，以及辅助搭建受雇者与其他外部代理人之间的联系。前面解释到，大学创业者通常与外部商业网络脱节，出现"结构洞"，而主动的管理者则可以占据"结构洞"，将新创企业与其他网络连接起来，确保创业者可以与来自不同行业的顾问、金融机构或商界人士建立关系。管理者作为每个入驻企业个体社会资本和孵化器集体社会资本的促进者的有效性取决于管理者的主动性。研究结果表明，孵化器管理人员花在合作生产上的时间越多，企业之间的关系越紧密。提出如下假设。

H7：孵化器管理者主动行为对孵化器下新创企业社会资本与企业创新关系具有调节作用。

H7a：孵化器管理者主动行为对认知性社会资本与创业绩效关系具有正向调节作用。

H7b：孵化器管理者主动行为对结构性社会资本与创业绩效关系具有正向调节作用。

H7c：孵化器管理者主动行为对关系性社会资本与创业绩效关系具有正向调节作用。

6.5.2 研究理论模型

通过文献回顾和分析可以得出结论：孵化器下新创企业社会资本是嵌入孵化器网络中的一系列现实的和潜在的资源，可以被企业接触或获取，这种分享的内部支持和协同能够促进新创企业经验的增长，是新创企业成功孵化的关键因素。这种隐形的社会资本分为认知性、结构性和关系性三种形式。

大学孵化器网络下初创企业社会资本对创新行为和新创企业绩效均有显著影响，大学企业孵化网络促进新创企业获取社会资本，进而显著地正向影响企业的探索式和利用式创新行为,通过对创新行为的影响,最终转化为新创企业绩效。此外,创业者风险承担和孵化器管理者的主动行为也被假设为对孵化器模式下新创企业社会资本与企业创新关系具有积极的调节作用。

综合以上所有的研究假设,可以归纳出大学孵化器下企业社会资本与创业绩效的逻辑关系,总结出理论研究框架如图 6.3 所示。

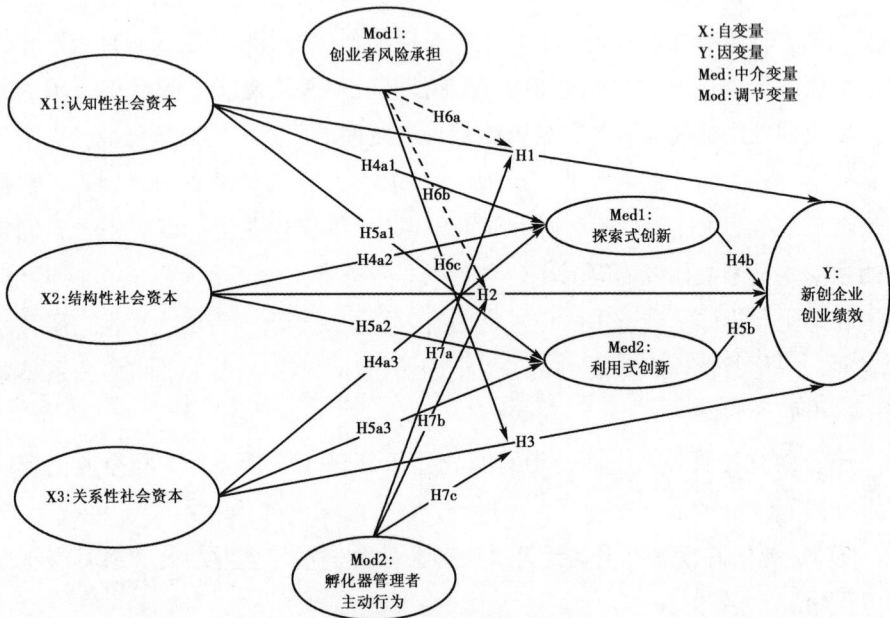

图 6.3　理论研究框架

❯❯ 6.6　本章小结

大学孵化器下新创企业的社会资本对于创业绩效的影响成为学者们争论的焦点。而孵化器下新创企业的社会资本被认为是嵌入孵化器社会网络中的一系列现实的和潜在的资源,可以被企业接触或获取,这种分享的内部支持和协同能够促进新创企业经验的增长,是新创企业成功孵化的关键因素,对新创企业创业绩效具有积极的作用。

本章节的内容是关于大学孵化器下企业社会资本与创业绩效的关系梳理、

逻辑分析、假设提出和模型构建。首先，本章阐述了大学孵化器下企业社会资本与创业绩效研究相关的父母学科理论：社会资本理论、利益相关者理论和企业创新理论。其次，详细介绍了直接学科的概念：孵化器下企业社会资本、新创企业创新行为相关理论。再次，分析大量文献数据，对大学孵化器下企业社会资本的维度进行了划分，将企业社会资本划分为认知性社会资本、结构性社会资本、关系性社会资本。然后，分析了探索式创新和利用式创新行为在企业社会资本和创业绩效关系中的中介作用，以及创业者风险承担和孵化器管理者主动行为的调节作用。最后，作为一个结果，它获得了比较可靠的孵化器背景下企业社会资本与创业绩效的逻辑结果，进而提出研究假设，构建了研究的理论模型。

接下来的章节将对研究假设和研究问题作出回应。

》》 本章参考文献

[1] 杜建华,田晓明,蒋勤峰.基于动态能力的企业社会资本与创业绩效关系研究[J].中国软科学,2009(2):115-126.

[2] 胡小龙,丁长青,肖鹏.社会资本、知识获取与新创企业的创业绩效[J].统计与决策,2013(16):171-173.

[3] 姜忠辉,白丽艳,孟朝月,等.孵化器内在孵企业社会资本对企业绩效影响的元分析[J].软科学,2023,37(10):77-83.

[4] 刘成梅,蔡建峰.孵化网络影响高层次人才创业绩效的机理研究[J].科学学研究,2016,34(11):1672-1679.

[5] 刘红丽,谢韵,周佳华.新创企业社会资本、知识获取与创业绩效的关系研究[J].科技管理研究,2014,34(3):218-223.

[6] 梁祺,张宏如.新业态下孵化器社会资本对创新孵化绩效的影响机制研究[J].软科学,2019,33(11):29-34.

[7] 李珊珊.创新创业教育与建筑课程的有效结合[J].建筑结构,2023:157.

[8] 李振华,李赋薇.孵化网络、集群社会资本与孵化绩效相关性[J].管理评论,2018,30(8):79-89.

[9] 李振华,赵敏如,王佳硕.社会资本对区域科技孵化网络创新产出影响：基

于多中心治理视角[J].科学学研究,2016,34(4):564-573.

[10] 李振华,赵敏如,吴文清.社会资本对多中心治理区域科技孵化网络产出的影响[J].科技进步与对策,2015,32(7):39-44.

[11] 潘冬,刘东皇,严登才.科技园区内孵化器的技术创新服务模式及优化路径研究[J].经济体制改革,2015(6):113-118.

[12] 孙剑萍,汤兆平.高校创新创业教育"内卷化"的困境表征与"破卷"之道[J].现代教育管理,2023(3):92-102.

[13] 陶秋燕,孟猛猛.新创企业社会资本与创新绩效的关系:孵化器所有权性质的调节作用[J].技术经济,2017,36(6):53-58.

[14] 王国红,周建林,邢蕊.孵化器"内网络"情境下社会资本对新创企业成长的影响:基于大连双D港创业孵化中心的案例研究[J].管理案例研究与评论,2015,8(1):84-96.

[15] AL-HDAIBAT B,GOVAERTS W,KUZNETSOV Y A,et al.Initialization of homoclinic solutions near gogdanov-takens points:lindstedt-poincaré compared with regular perturbation method[J].SIAM journal on applied dynamical systems,2016,15(2):952-980.

[16] AUDRETSCH D B,KEILBACH M.The theory of knowledge spillover entrepreneurship[J].Journal of management studies(wiley-blackwell),2007,44(7):1242-1254.

[17] ANTONCIC J A,ANTONCIC B,GANTAR M,et al.Risk-taking propensity and entrepreneurship:the role of power distance[J].Journal of enterprising culture,2018,26(1):1-26.

[18] BOURDIEU P.In praise of sociology:acceptance speech for the gold medal of the CNRS1[J].Sociology,2013,47(1):7-14.

[19] BØLLINGTOFT A.The bottom-up business incubator:leverage to networking and cooperation practices in a self-generated,entrepreneurial-enabled environment[J].Technovation,2012,32(5):304-315.

[20] CHAN R Y K,LAI J W M,KIM N.Strategic motives & performance implications of proactive versus reactive environmental strategies in corporate sustainable development[J].Business strategy & the environment,2022,31(5):2127-2142.

［21］ COVIN J G,GREEN K M,SLEVIN D P.Strategic process effects on the en-
trepreneurial orientation-sales growth rate relationship［J］.Entrepreneurship：
theory & practice,2006,30（1）:57-81.

［22］ CORNAGGIA J.Does risk management matter? evidence from the U.S.agri-
cultural industry［J］.Journal of financial economics,2013,109（2）:419-440.

［23］ DELL S,SUBEDI M,HSU M K,et al.Social capital & financial perfor-
mance in nonprofits［J］.Public organization review,2022,22（1）:1-18.

［24］ DUDLEY E.Social capital & entrepreneurial financing choice［J］.Journal of
corporate finance,2021,70,N.PAG.

［25］ ETZKOWITZ H.Incubation of incubators：innovation as a triple helix of
university-industry-government networks［J］.Science & public policy,2002,
29（2）:115-128

［26］ FREEMAN R E.My own book review.strategic management：a stakeholder
approach［J］.Management,2022,25（1）:67-69.

［27］ GUPTA A,RAMAN K,SHANG C.Do informal contracts matter for corpo-
rate innovation? evidence from social capital［J］.Journal of financial &
quantitative analysis,2020,55（5）,1657-1684.

［28］ HANNAN M T,FREEMAN J.Structural inertia & organizational change
［J］.American sociological review,1984,49（2）:149-164.

［29］ HEWITT-DUNDAS N.Resource & capability constraints to innovation in
small & large plants［J］.Small business economics,2006,26（3）:257-277.

［30］ KOKA B R,PRESCOTT J E.Designing alliance networks：the influence of
network position,environmental change,and strategy on firm performance
［J］.Strategic management journal,2008,29（6）:639-661.

［31］ KOLLMANN T,STÖCKMANN C.Filling the entrepreneurial orientation-
performance gap：the mediating effects of exploratory & exploitative innova-
tions［J］.Entrepreneurship：theory & practice,2014,38（5）:1001-1026.

［32］ LEVIN D Z,CROSS R.The strength of weak ties you can trust：the media-
ting role of trust in effective knowledge transfer［J］.Management science,
2004,50（11）:1477-1490.

［33］ MCADAM M,MCADAM R.High tech start-ups in university science park incubators:the relationship between the start-up's lifecycle progression & use of the incubator's resources[J].Technovation,2008,28(5):277-290.

[34] NAHAPIET J,GHOSHAL S.Social capital,intellectual capital,and the organizational advantage[J].Academy of management review,1998,23(2): 242-266.

[35] PORTES A.Social capital:its origins & applications in modern sociology [J].Annual review of sociology,1998,24(1):124.

[36] VOSS G B,VOSS Z G.Strategic ambidexterity in small & medium-sized enterprises:implementing exploration & exploitation in product & market domains[J].Organization science,2013,24(5):1459-1477.

[37] ZINKHAN G M,REINGEN P H.Structural holes:the social structure of competition[J].Journal of marketing,1994,58(1):152-155.

第 7 章　企业社会资本对创业绩效影响的分析方法

本章讨论并解决了第六章提出的问题与假设，探讨了研究范式和解决问题的方法。仔细地介绍了本书的研究方法，包括研究设计、数据收集方法、数据分析方法、目标人群和样本量等。此外，本章将介绍使用的伦理考虑。

>> 7.1　社会科学研究的基本范式

7.1.1　实证主义

社会科学研究的第一个、最主要、最客观的范式是实证主义。实证主义假设人是理性的主体，即人用理性来指导自己的行为。实证主义范式认为，科学探究应该有客观的支持。实证证据通过测试假设关系的方式开展，测试结果应该在不同的时间点和不同的人群中都可以利用。

实证主义源于现实主义的哲学本体论，也就是说，现实是真实且可以被了解的，事务本身具有内在固定的、可以重复发生的规律。事务之间的逻辑联系是先于经验而存在的，并可以通过语言总结出的理论命题来反映。实证主义者认为，社会现实是单一的和可感知的。世界由一种因果关系中彼此相关的可观察的构念组成。他们相信社会世界可以用自然法则来解释，一切客观事务都是不可变的——可观察到的，可测量的——即使是自然界无形的构造也可以在"虚构的"尺度上测量。

实证主义的认识论立场是客观的二元论，社会研究者秉承"价值中立"的原则。他们避免个人参与研究的现象，以及避免表达自己的意见。研究者可以了解和理解局内人（insider）的行为和意义解释。在本体论立场的指导下，实证主义的研究采用演绎推理的研究方式。

在方法论上，实证主义研究主要关注定量研究，使用虚拟量表测量社会构念，使用统计方法检验构念之间的关系。由于实证主义的本体论立场认为，客观的单一现实在时间和语境上是可以自由概括的，所以实证主义的研究总是从使用既存的理论来解释社会现象开始。

7.1.2 建构主义

建构主义的本体论立场是纯主体性的，建构主义者认为将感知、态度、信仰、道德责任感等因素用数字来衡量是不合理和不可信的。建构主义对社会现象进行了细致的考察，并对所研究的社会现象进行了丰富而缜密的解释（诠释学）。对他们来说，世界是由人造的、基于经验的、特定环境的和流动的社会结构组成的。因此，不可能通过节俭或唯名论的概念来衡量和了解社会现实。建构主义研究的目的在于理解或重构社会现实，而不是为了做出预测——没有普遍性。

建构主义的方法论主要依靠归纳推理。由于建构主义者拒绝社会现实的普遍性，建构主义不以其他学者的理论作为社会探究过程的起点，而是观察感兴趣的社会现象，试图收集大量的数据。通过整理数据，建构主义者通常会观察到社会现实的数据模式，然后提出一个可以在后续研究中进行定量检验的理论。建构主义者认为数据和理论都不是被发现的，研究者是研究世界以及所收集数据的一部分。调查人员和被调查对象之间的密切互动是"必要的"，以便在调查过程中共同创造和构建社会现实。

本章希望通过分析孵化器网络下企业社会资本与企业绩效之间的客观关系，以预测企业社会资本对绩效的长远影响，这与建构主义重构社会现实的本体论立场是不相符的。同时，研究的前提和来源基于其他学者的理论，而非对社会现象的观察和总结。因此，并不符合建构主义的范式。

7.1.3 批判理论

批判范式更趋向于社会世界的主观现实。批判理论的范式主要涉及一种被称为行动研究的研究类型。它将探究与行动相结合，而不是先研究后行动。它的哲学立场是朝着主体性的方向发展，接受社会建构，使其具有不同群体所持有的多重主观意义。批判理论的目的是找出现存结构中的抑制，并改善现状。

批判理论家接受社会世界的抽象和无形的本质——社会建构。因此，它不是批判理论家所谈论的绝对单一的现实，他们使用旧的"历史实在论"的本体论立场。

批判理论家接受社会世界的抽象和无形的本质——社会建构。因此，社会建构不是批判理论家所谈论的绝对单一的现实，他们使用旧的"历史实在论"的本体论立场。批判主义的认识论基于交易论与主观主义。批判理论家认为研究者和被调查对象是相互联系的。因此，在社会调查中，调查者的价值观是不可避免的。

关于批判理论的方法论，批判理论学者认为社会学研究需要通过理解来探索人类世界的行为，行动研究的交易性质要求调查者和被调查者之间进行长期和广泛的对话。对话必须是辩证的，它必须经过讨论；讨论在每个被研究的结构中的答案背后的逻辑，讨论他们的想法和意见。对话的目的是将无知和误解转化为知情的意识——让他们看到持续的结构出了什么问题，以及应该如何转变。

本书研究认为孵化器网络下的企业社会资本与企业绩效并非抽象的、无形的，而是可观察、可测量的，研究人员与被调查者之间不会产生联系，而是作为"旁观者"进行客观的观察，使用调查问卷获取数据，不需要开展广泛的对话。因此，不符合批判理论范式。

7.1.4　小结

本节的主要目的是研究大学孵化器中新创企业负责人或者管理者如何构建孵化器内部共同的认知和文化，从而使企业之间达成共识、建立彼此信任，培养责任和规范等意识，最终加强网络结构治理以优化孵化网络结构功能。本书的研究前提假设是无论孵化器管理者还是企业负责人都是理性的主体，他们在做选择的时候总是以企业或自身利益最大化为考量，不应该受到情绪和环境的影响。同时，研究认为规范孵化器内部主体间的信任和认同可以强化孵化建设，能够促进企业绩效的提升，二者之间具有客观的因果关系。著者希望扮演"中立"的角色去考察企业社会资本与绩效之间的逻辑关系。同时，孵化器社会资本、企业创新行为和企业绩效都是可观察与可测量的。以上讨论与实证主义的本体论、认识论和方法论立场一致。综上所述，实证主义范式适用于本书。

⟫⟫ 7.2 贵州省大学孵化器概况

研究旨在调查大学孵化器中新创企业的创业绩效现状，讨论孵化器中新创企业的社会资本与创业绩效的关系，对新创企业的探索式和利用式创新行为的中介效应进行实证探索，深入分析创业者风险承担和孵化器管理者主动行为对孵化器下新创企业社会资本和新创企业绩效这一创新生成路径的调节作用。因此，研究需要收集大学孵化器中新创企业社会资本、创业绩效、企业的探索式和利用式创新、创业者风险承担、孵化器管理者主动行为等数据。为了实现这一目的，著者将讨论研究设计、研究方法、研究样本、数据收集方法。

7.2.1 目标人群

本章研究将以贵州省大学孵化器背景下的新创企业管理者为研究对象。贵州位于中国西南腹地，是中国首个国家级大数据综合试验区。截至 2021 年 3 月 31 日，贵州省共有 6 个地级市和 3 个自治州，常住人口 3852 万人。2021 年，全省生产总值 19886.42 亿元，同比上年增长 8.1%，年均增长 6.3%。第一产业增加值 2730.92 亿元，增长 7.7%；第二产业增加值 6984.70 亿元，增长 9.4%；第三产业增加值 9870.80 亿元，增长 7.3%。①

为什么选择贵州省的大学孵化器作为调查对象？有四个原因。首先，近年来，贵州省经济快速发展，年均增长约 8%，创新驱动发展较快。其次，我国已经在贵州省贵阳市建立了中国的大数据中心（互联网中心）。苹果、阿里巴巴、腾讯、华为等世界知名企业的数据中心都已落户贵州省，许多股份制企业的信息基础设施也最终选择落户贵州省。贵州省正在成为中国的大数据之都。再次，贵州省创新环境较好，创新发展得到中国政府的大力支持。与此同时，贵州省高校作为创新驱动的核心阵地，也在迅速发展高校孵化器。最后，目前，贵州省的孵化器涵盖了科学技术部火炬高技术产业发展中心分类的国家

---

① 资料来源：贵州省 2021 年国民经济和社会发展统计公报 http://www.guizhou.gov.cn。

级、省级和一般级别的大学孵化器。因此，对贵州省高校企业孵化器的研究具有典型性和代表性。因此选择贵州省高校企业孵化器作为本章研究范围。

调查数据显示，截至 2021 年 12 月，贵州省共有大学孵化器 18 家，由大学孵化器培育孵化成功的创业企业 454 家，尚未孵化成功的创业企业 1052 家，累计创业企业 1506 家。因此，选择这 18 家大学孵化器中 1506 家新创企业的负责人或核心管理者作为本章研究的目标群体。具体数据详如表 7.1 所列。

表 7.1 贵州省大学孵化器基本信息汇总表

序号	地区	UBI 名称	运营单位	级别	成立时间/年	已孵化企业数量/个	新创企业数量/个
1		贵州大学孵化器	贵州大学	国家级	2011	40	136
2		贵州师范大学孵化器	贵州师范大学	国家级	2012	9	200
3		贵阳学院大学孵化器	贵阳学院	省级	2012	116	120
4		贵州财经大学孵化器	贵州财经大学	省级	2010	12	42
5	贵阳市	贵州师范学院科技园	贵州师范学院	省级	2015	24	52
6		贵州医科大学孵化器	贵州医科大学	省级	2019	12	53
7		贵阳国家高新区大学生创业园	贵阳国家高新区党工委、管委会	省级	2009	117	214
8		遵义师范学院科技园	遵义师范学院	省级	2014	23	62
9	遵义市	遵义医科大学大学孵化器	遵义医科大学	省级	2020	2	16
10		遵义大学生创新创业园	遵义市大学生创新创业园管委会	一般级	2015	58	96
11	黔东南州	凯里学院科技园	凯里学院	省级	2016	9	40
12		黔东南民族职业技术学院科技园	黔东南民族职业技术学院	省级	2015	5	39
13	黔南州	铜仁学院科技园	铜仁学院	省级	2016	6	19

表7.1（续）

序号	地区	UBI 名称	运营单位	级别	成立时间/年	已孵化企业数量/个	新创企业数量/个
14	安顺市	安顺学院大学孵化器	安顺学院	一般级	2015	3	14
15	黔西南州	兴义民族师范学院科技园	兴义民族师范学院	一般级	2016	5	15
16		黔西南民族职业技术学院科技园	黔西南民族职业技术学院	省级	2017	4	13
17	毕节市	贵州工程应用技术学院大学孵化器	贵州工程应用技术学院	省级	2020	3	11
18	六盘水市	六盘水师范学院大学孵化器	六盘水师范学院	省级	2021	6	10

数据来源：1. 数据主要来源于贵州省科技厅官方网站 http://kjt.guizhou.gov.cn/xwzx/tzgg_73876/202004/t20200409_55881835. html。

2. 部分数据来源于各大学孵化器网站。数据收集截止时间：2021 年 12 月 31 日，后续数据有不断更新。

7.2.2 贵州省大学孵化器发展概况

贵州省大学孵化器通常被称为"大学科技园""创新创业中心""大学科技创业园""大学生创新创业中心"等。此处对贵州省 2 个国家级大学孵化器和部分省级孵化器情况进行总结和简单的介绍。

7.2.2.1 贵州大学科技园

贵州大学科技园始建于 2011 年 6 月，2014 年 9 月 3 日被科技部、教育部认定为第十批国家级大学科技园，2016 年 11 月被认定为贵州省省级创业孵化示范基地。

园区由贵州大学科技园发展有限公司负责具体经营，位于贵阳市花溪区贵州大学西校区内，基础设施完善，教育、科研、文化发达，商贸、金融、交通、商住、网络、通信条件优越。园区孵化面积 10124.86 平方米，入园新创企业 136 家，其中高新技术企业 1 家，带动就业 1175 人，2017 年便实现产值

9914.70万元。经过近几年的建设与发展，初步形成了以大数据、环境治理和生态恢复、高端装备制造等为主导产业，集企业孵化、科技成果转化和科技服务为一体的大学科技园，如图7.1所示。

图 7.1 贵州大学科技园

贵州大学科技园建立了105平方米的一站式服务大厅（提供工商代办、财税咨询、法律服务、人力资源、投融资、专业培训等服务）；提供了5000余平方米的公共孵化场地（设有136个卡座）、15000余平方米的企业独立办公场地，用于师生及社会人士创新创业；建立了学生创业创新导师库，有国家级导师3人（向淑文、邓朝勇、陈前林），省级创新创业导师56人，科技园聘请社会创新创业导师20人；为学生创新创业提供40余万元资金支持，举办省级创新创业大赛4次，花溪区创新创业大赛3次；21人次的导师参加各类培训，提供创新创业培训150余场次。

7.2.2.2 贵州师范大学科技园

贵州师范大学科技园始建于2012年，是贵州首家省级大学科技园和首批国家级大学科技园。目前建设有贵州师范大学花溪校区创业园、宝山校区思雅众创空间（国家级），以及分布在各学院的多个主题创客空间。花溪校区创业园位于大学城中心，区域聚集了12所高校、万余名高校科研工作者，几十万名大学生，贵州师范大学科技园是该区域内唯一一所国家级大学科技园。思雅众创空间位于贵阳市云岩区贵州师范大学宝山校区文科楼，地处贵州省会贵阳市的政治、经济、文化中心，配套服务设施齐备，交通便利，自然人文环境良好，发展潜力巨大，"双创"资源深度聚合，如图 7.2 所示。

图 7.2　贵州师范大学科技园

贵州师范大学科技园采用公司化运营，依靠专业管理团队，紧紧围绕创新创业人才培养、学校科研成果转化、高新技术企业孵化、地方经济社会发展开展"双创"服务。目前，贵州师范大学科技园已获批包括国家大学科技园、国家小型微型企业创业创新示范基地、国家级众创空间等在内的 3 个国家级和 7 个省级"双创"孵化平台，当选为西南地区大学科技园联盟副理事长单位和贵州省大学科技园联盟秘书长单位。

贵州师范大学科技园现有场地总面积为 33800 平方米，园区功能完善，建设有共享会议室、头脑风暴中心、成果展示厅、路演厅、创客咖啡、创客服务中心等孵化公共服务功能区。为进一步推进大众创业、万众创新深入发展，科技园近三年投入大量资金，以"企业+平台+学院+师生"模式，分别和学校材料与建筑工程学院、机械与电气工程学院、国际旅游文化学院、传媒学院、求是学院、大数据学院及经济与管理学院等共建了 8 个主题型众创空间（创客空间），依托专业学科优势发展创新创业苗圃，为科技园输送优秀创业项目。

贵州师范大学科技园成立以来，孵化服务的师生及社会创客企业有 200 余家，园区企业产值超过 3 亿元，带动 1000 余人就业，成功孵化高新技术企业 9 家。以科技园管理公司身份帮助学校科研平台和团队完成技术转移转化项目

100 余项，实现产值 3000 余万元，成为学校服务社会和产业的重要桥梁。开展"创客面对面"品牌沙龙、创业训练营、项目路演等活动共计 100 余场，培训学生 10000 余人，建成了 60 余人的创新创业导师库。

经过几年的探索，贵州师范大学科技园构建了符合贵州实际的"学校资源+政府资源+平台+产业需求"孵化体系，探索出具有师大特色的"三级众创"孵化模式，以国家大学科技园为基础，进一步整合第三方创新创业资源，打破众创空间在物理场所方面的限制，打造了"线上+线下"的创新创业就业综合服务平台。孵化培育了以 500 米射电望远镜 FAST 脉冲星搜寻超算平台、南方电网贵州电力 GIS 大数据平台、"王瑛艺术工作室"、"福农宝"农业大数据平台、"闪电树懒"共享巴士等为代表的一批项目及明星企业，孵化实力和园区影响力稳居贵州省孵化器前列[①]。

7.2.2.3 贵州财经大学科技创业园

贵州财经大学创新创业中心主要服务于师生中的创新创业人员，建立校企合作平台 4 个，每年入驻的企业不少于 50 家，从业人员不少于 500 人。配有相应专业知识和技能的管理服务人员 31 人。基地制度健全、设施完善、管理者服务到位，建有规章制度 10 余个，制度健全、基础硬件条件完备、设施完善，管理者服务到位、使用效果良好，如图 7.3 所示。

图 7.3 贵州财经大学科技创业园

---

① 资料来源：https://kjy.gznu.edu.cn/info/1007/2139.htm。

基地对入驻企业有 1~3 年的针对性扶持服务规划，具有滚动孵化效应，孵化成功率逐年提高，每年遴选一次创业团队入驻创业园，协助入驻企业办理入园和开业手续，帮助入驻企业拓宽融资渠道，提供政策咨询、事务代理、项目风险评估等创业服务，协调落实新创企业享受创业扶持政策。入驻企业的创办者参加创业培训率达 100%，每年培训 8~10 次，对入驻的自主创业者给予租金免费，积极为新创企业提供人才招聘等人力资源服务，帮助企业降低创业成本。组织专家志愿团定期或不定期开展企业问诊等咨询活动，帮助解决企业生产经营过程中的问题。

目前园区共有 50 余个创新创业团队入驻，涉及学生 500 余人次，每年孵化企业 50 个以上，孵化成功率 60% 以上。入驻企业经 1~4 年孵化，成功后退出孵化基地，进驻贵安新区、贵阳市园区（市场）发展，部分入驻企业属新注册且注册资本总额超过 500 万元①。

7.2.2.4 贵州师范学院大学科技园

贵州师范学院大学科技园位于贵州省贵阳市乌当区高新路 115 号，整体占地 1.7 平方千米，是贵州省第二批省级大学科技园，如图 7.4 所示。园区主导产业为数字创新、新材料、纳米、电子信息、人工智能、综合、IT。目前正以 160 万元/亩的投资强度完善园区周边配套设施，医院、学校、超市、餐厅、图书馆、网吧、银行、菜场、健身房、汽车维修厂、宠物店、家政服务公司、快递点、理发店、咖啡馆、公交站等一应俱全。

图 7.4　贵州师范学院

---

① 资料来源：chinajob. mohrss. gov. cn/c/2022-10-26/363116. shtml。

贵州师范学院大学科技园以学校为依托,将人才、技术、信息、实验设备等综合智力资源与其他社会优势资源相结合,为学校知识与技术创新、科技成果转化、高新技术企业孵化、创新创业人才培养、产学研结合提供支撑和服务的平台。科技园对内服务全体师生员工,对外联系整合资源,不断提升创业者的能力,服务区域经济社会的发展,促进师生学有所长,提高其专业知识的实践运用能力,在实践中检验和提升人才培养的水平。

贵州师范学院大学科技园与贵州股权交易中心、贵州 ISO9000 质量促进会,与乌当区、瓮安县、纳雍县、湄潭县等多个区域开展校地合作。先后获得省级、市级多项荣誉。科技园现有入园企业 50 余家,主要涵盖各类专业的大数据板块、生物技术板块、文化创意板块、智慧教育四个板块的企业和团队,其中有 6 家高新技术企业。[①]

7.2.2.5 六盘水师范学院创新创业中心

六盘水师范学院创新创业中心(工程实训中心)是学校教学部门,内设工程实训部和创新创业教育部,负责工程实训中心的运行管理、落实全校工程认识及工程训练教学任务、创新创业教育工作、创新创业中心(大学科技园)的建设与管理、大学生创新创业训练计划项目的组织与管理、学科竞赛(比赛)的组织等工作,如图 7.5 所示。

图 7.5 六盘水师范学院创新创业中心

① 资料来源:sp. gznc. edu. cn/info/1009/1111. htm.

六盘水师范学院创新创业中心于 2019 年成立。成立后以进一步提升大学生创新意识、系统培养创新能力为宗旨，以创新理论与创新实践结合为原则，以"大学生创新创业训练项目""大学生科研项目""学科竞赛项目""科研项目孵化与转化"为实施载体，在建设大学科技园、"众创空间"、创新创业中心的基础上，整合校内外优势资源，建立了实践与理论相结合、创新和创业相结合、线上与线下相结合的创新创业教育平台。2020 年 7 月 29 日，在第十届全国大学生电子商务"创新、创意及创业"挑战赛上获得一等奖 1 项，二等奖 1 项，三等奖 5 项，并获得优秀组织奖。2020 年 8 月 15 日，由贵州省大学生生命科学创新创业大赛指导委员会主办，六盘水师范学院生物科学与技术学院和创新创业学院承办的第二届贵州省大学生生命科学创新创业大赛在六盘水师范学院成功举办。第六届贵州省"互联网+"大学生创新创业大赛，六盘水师范学院有 3 支队伍入围决赛。2020 年六盘水师范学院获得 72 项贵州省高校大学生创新创业训练计划项目省级立项，37 个项目推荐国家级立项。

自创新创业中心成立以来，营造了良好的创新创业氛围。园区一目前入驻企业 30 家，包含六盘水市创业促进会、六盘水市大数据促进会等社会组织；园区二入驻企业 93 家，直接带动就业 560 余人，年均间接带动就业 400 余人，孵化成功率达 88.4%。近三年来入驻学生团队 60 余支。

7.2.3　样本量

样本抽样采用随机抽样方法和目标分层抽样方法共同确定。按照随机抽样方法确定样本规模。研究采用简单随机抽样，近似估计抽样的样本量（风笑天，2018）。计算公式采用：

$$n = \frac{p\,(1-p)}{e^2/Z^2 + P\,(1-P)\,/N}$$

式中，p 为样本变异程度；e 为调查结果精度百分比；Z 为置信度；N 为样本总量。

一般情况下，P 的取值难以确定，取其样本变异程度最大时的值为 0.5；同时，研究希望调查结果误差在 ±0.05，调查结果精度百分比 e 即为 0.05；调查结果在 95% 置信区间以内，其 95% 置信度要求 Z 的统计量为 1.96，N 为样本总量 1506。代入公式可以计算出样本规模：

$$n = \frac{0.5\ (1-0.5)}{0.05^2/1.96^2 + 0.5\ (1-0.5)\ /1506} \approx 306$$

7.2.4 抽样步骤

第一步：按照随机抽样方法确定样本规模。根据公式可以计算出样本规模为 306。

第二步：按大学孵化器的级别分层。大学孵化器的级别代表了孵化器的成熟度和完整度。在中国，根据使用面积、新创企业数量、运营时间、服务水平、机构设置的不同，大学孵化器被划分为国家级、省级和一般级别三类。贵州省大学孵化器涵盖了孵化器的所有三种类型。目前，贵州省大学孵化器中省级孵化器数量最多，共 13 个；国家级大学孵化器 2 个；一般级别孵化器 3 个。分类样本量汇总表如表 7.2 所列。

第三步：根据样本量和分层比例确定各层抽样规模。总的样本规模为306，根据分层结果，国家级孵化器需要抽取样本量的 25.56%、省级孵化器需要抽取样本量的 61.89%、一般级别孵化器需要抽取样本量的 12.55%。不同级别孵化器需要抽取的样本量如表 7.3 所列。

表 7.2 贵州省大学孵化器分类样本量汇总表

孵化器类别	孵化器数量/个	已孵化企业数量/个	新创企业数量/个	样本总量/个	比例	样本量/个
国家级	2	49	336	385	25.56%	79
省级	13	341	591	932	61.89%	190
一般级	3	64	125	189	12.55%	37
抽样合计/个						306

数据来源：网络收集与实地考察所得。

表 7.3 不同级别的孵化器需要抽取的样本量

孵化器类别	已孵化企业数量/个	样本量/个	新创企业数量/个	样本量/个
国家级	49	10	336	69
省级	341	70	591	120
一般级	64	13	125	24

第四步：采用系统抽样的方式，先在不同级别的孵化器中随机对孵化器负责人进行问卷调查，再采取简单随机抽样的方式在已抽取出来的孵化器中抽取一定数量的企业，对企业负责人或者管理者进行调查。一般来说，公司的高层管理人员所提供的信息比较全面可靠，而且他们提供的信息基本反映了公司当前的走向和未来的发展目标，这也是当前普遍采用的一个标准。

≫≫ 7.3 变量测量和研究设计

研究设计定义了一个简洁而合乎逻辑的计划，通过计划数据的收集、解释、分析和讨论来解决既定的研究问题。在大学孵化器中，知识创新和技术创新类企业是最主要的新创企业，创新活动是新创企业创业活动的重要内容，孵化器下新创企业社会资本对于企业创业绩效并非直接的线性关系，会受到企业创新创业行为的影响。著者的研究一方面能够帮助新创企业充分利用孵化器资源进行知识交流、经验分享和技术创新，从而促进企业绩效提升；另一方面可以帮助大学孵化器提升服务能力，加强孵化器规范化管理，改革孵化器商业模式。

7.3.1 变量测量

依据所提出的问卷设计方法，结合袁剑锋（2018）、Redondo（2019）等学者提出的关于企业孵化网络对新创企业绩效的影响调查问卷，系统梳理文献，对量表进行适当修改，结合大学孵化器下新创企业社会资本的特性，刻画了大学孵化器下新创企业社会资本和新创企业创业绩效之间关系影响机理，提高问卷的信度和效度。研究借鉴国内外经典管理学实证研究做法，方便受访者理解，有效提高数据填报的准确性，量表设计遵循简单问题在前复杂问题在后、集中相同衡量尺度的问题、学术语言口语化等原则。

这项研究邀请三位相关研究专家对所编制的量表给予反馈，对问卷量表进行修正。根据研究提出的理论模型和本章的研究目的，涉及的量表包括以下方面的变量。

7.3.1.1 新创企业创业绩效

在商业与管理研究中，企业绩效被广泛地作为被解释变量。在关于企业绩效的研究中，常采用如净资产收益率、销售额增长率、销售收入、净利润率、投资回报率、员工规模等常见的财务绩效指标测量企业绩效。但是，大学孵化器内的新创企业大多处于技术研发和转化阶段，尚未在市场运营，甚至有些公司还没有完成销售环节，未形成利润，利润等财务指标难以用来衡量孵化器新创企业绩效。因此，借鉴 Walker 等（2004）、Alegre 等（2006）、唐丽艳等（2010）、Su 等（2018）、袁剑锋（2018）等学者的研究，从新创企业盈利性绩效、成长性绩效和创新绩效三个方面刻画大学孵化器内新创企业的创业绩效。

因此，本章涉及的被解释变量为孵化器新创企业创业绩效的三个维度，即新创企业盈利性绩效、成长性绩效和创新绩效，如表 7.4 所列。

表 7.4 新创企业创业绩效变量测量表

变量类型	变量内容	测量题目	参考文献
盈利性绩效	市场占有率	与市场平均水平相比，本企业具有较高市场占有率	
	净收益率	与市场平均水平相比，本企业具有较高净收益率（净收益/总销售额）	Li（2001）、Walker et al.（2004）、Alegre et al.（2006）、Li et al.（2007）、唐丽艳等（2014）、Su et al.（2018）、袁剑锋（2018）
成长性绩效	销售额	本企业销售额较去年有所增长	
	市场份额	本企业市场份额较去年有所增长	
	员工数量	本企业员工数量较去年有所增长	
创新性绩效	专利数量	本企业申请的专利数量较去年有所增长	
	新产品开发数量	本企业新产品开发数量较去年有所增长	
	科技成果转化率	本企业科技成果转化率较去年有所增长	

创业绩效变量测度采用主观赋分方式进行度量，以 Likert 五级量表打分，数值从 1 到 5，意思表示从低到高递增，1 分为"完全不同意"，5 分为"完全同意"，3 分表示中立。为了方便统计，对各变量分别采用多个题项进行测度。

7.3.1.2　大学孵化器下新创企业社会资本

大学孵化器的社会资本被定义为嵌入孵化器这一社会网络中的，能够被个人或组织接触或获取的一系列现实的和潜在的资源。孵化器中的资源来自不同网络主体之间依靠共享感知加强的合作关系，通过孵化器的桥梁作用搭建的社会关系，以及网络成员之间共同认知和价值创造的网络协同效应。综述关于孵化器下新创企业社会资本的相关研究，依据大学孵化器实际情况，并结合 Na-hapiet（1998）、Carolis 等（2009）、李振华等（2018）、Redondo（2019）等学者关于孵化器下新创企业社会资本变量测量结果，用孵化器网络的认知性、关系性、结构性维度，将大学孵化器的社会资本划分为认知性社会资本、关系性社会资本和结构性社会资本。

首先，认知性社会资本。认知性社会资本指个体具有共同的语言、文化和价值观。孵化器网络成员之间共同的出身、共同的创业目标等特征，促进了彼此之间表达、阐释与沟通的系统性资源，是文化和规范的动因。

其次，结构性社会资本。结构性社会资本主要指个体具有的关系、网络结构，是网络主体之间或者网络环境的联系方式，体现为网络结构和网络关系的特征，即网络关系的强度以及网络的密度、存在性、边缘与中心等。依据 Burt（1992）的结构洞理论，在社会网络中，占据结构洞的网络主体具有较强的影响力和控制力。因此，结构性社会资本体现的是孵化器网络主体在社会网络中关系的强度（网络联结）、网络配置中资源提供的广度（网络配置），以及个人在社会网络中的地位（网络结构），体现了个体在社会网络关系中权力和地位。

最后，关系性社会资本。关系性社会资本体现的是孵化器内网络成员之间保持密切关系的程度，体现为网络成员之间彼此信任的程度、成员共同遵循的一些行为规则、责任和期望，以及成员彼此之间的认可程度。

解释变量：认知性社会资本（共享语言、共享文化、共同价值观）、结构性社会资本（网络联结、网络配置和网络结构）、关系性社会资本（信任、规范、责任与期望、认同），如表 7.5 所列。

表7.5 大学孵化器下新创企业社会资本变量测量表

变量类型	变量内容	测量题目	参考文献
认知性 社会资本	共同的语言	和我在同一个孵化器里面的创业者，总是…… 能有效地传递与反馈信息，解决企业面临的问题；语言沟通和交流上是顺畅的	
	共同的文化	有很多共同的创业经历，能够共享这些创业经历	
	共同的价值观	对如何更好地合作看法一致	
结构性 社会资本	网络联结	本企业在孵化器中被大家所熟知，孵化器内外部其他企业很容易就能与本企业交流互动、产生业务往来	Burt（1992）、Na- hapiet et al.（1998）、 Carolis et al.（2009）、 李振华等（2017）、袁 剑锋（2018）等、Re- dondo（2019）
	网络配置	本企业利用孵化器与其他新创企业实现非常多的业务合作	
	网络结构	本企业在孵化器中有很大的影响力	
关系性 社会资本	信任	和我在同一个孵化器里面的创业者，总是…… 彼此信任	
	规范	举止始终如一，愿意共同遵守相关规定	
	责任和期望	寻求帮助的时候，对方能够乐于助人，实现我的期望	
	认同	彼此认可，有一种群体归属感	

企业社会资本是嵌入孵化网络中的个体获取资源的能力，难以直接测量。因此，采用主观赋分方式对变量进行度量，以 Likert 五级量表打分，数值从 1 到 5，表示从低到高递增，1 分为"完全不同意"，5 分为"完全同意"，3 分表示中立。为了方便统计，对各变量分别采用多个题项进行测度。

7.3.1.3 企业创新行为

March（1991）的组织学习理论将企业行为分为探索式和利用式。自此，多数学者将企业创新行为划分为探索式创新和利用式创新。孵化器内企业利用式创新表现为企业充分利用自身所拥有的资源、技术和能力，提供新知识、新技术、新产品、新服务，开拓市场，从而依靠短期的垄断获得高额回报，保持企业竞争能力；利用式创新则是沿用企业原有的技术路线和市场开展研究，在原有基础上完善技术、扩展生产规模、扩展市场，从而谋求企业绩效。因此本书在借鉴 Jansen et al.（2006）、Huang et al.（2014）、Yang（2015）、Ozer et al.（2015）、袁剑锋（2018）等学者关于探索式和利用式创新测量量表的基础上，从探索式创新和利用式创新两个维度设计孵化器新创企业创新行为的变量统计表，如表 7.6 所列。

表 7.6　企业创新行为变量统计表

变量类型	变量内容	测量题目	参考文献
探索式创新	技术创新	我们企业愿意承担风险开发新技术或新产品，替代原有技术或产品	Jansen et al.（2006）、Huang et al.（2014）、Ozer et al.（2015）、Yang（2015）、袁剑锋（2018）、Redondo（2019）
	市场创新	我们企业愿意承担风险开拓不熟悉的细分市场	
	营销方式创新	我们企业愿意承担风险尝试运营全新的市场营销策略	
利用式创新	技术创新	我们企业注重提高现有技术或技能，以改善产品和服务质量	
	市场创新	我们企业注重扩展现有产品或服务的市场份额	
	营销方式创新	我们企业注重销售经验的积累，以完善和改进营销策略	

企业创新行为难以直接测量，因此，采用主观赋分方式对变量进行度量，以 Likert 五级量表打分，数值从 1 到 5，表示从低到高递增，1 分为"完全不同意"，5 分为"完全同意"，3 分表示中立。为了方便统计，对各变量分别采用多个题项进行测度。

7.3.1.4　创业者风险承担

创业者的风险承担能力和对成就的高度需求等创业特征能有效促进企业创新行为，风险承担能力表现为冒险倾向，是指通过冒险进入新市场和投资具有不确定结果的资源而采取大胆步骤的能力。本书研究借鉴 Covin 等（1989）和张红彬等（2021）所设计和采用的创业导向的两级（bi-polar statements）研究问卷中关于风险承担的测度指标，变量测度结合了学者们的前期研究，从 3 个维度来刻画创业者风险承担，如表 7.7 所列。

表 7.7　创业者风险承担变量统计表

变量类型	变量内容	测量题目	参考文献
创业者风险承担	对成功的渴望	对于企业绩效的提升，我有非常迫切的愿望	袁剑锋（2018）、Redondo（2019）
	新产品创造	我愿意带领企业开发全新的产品	
	新市场侵入	我愿意进入收益可能很好，但是风险高的新市场	

研究采用主观赋分方式对变量进行度量，以 Likert 五级量表打分，数值从 1 到 5，表示从低到高递增，1 分为"完全不同意"，5 分为"完全同意"，3 分表示中立。为了方便统计，对各变量分别采用多个题项进行测度。

7.3.1.5　孵化器管理者主动行为

Burt（1992）的结构洞理论补充了社会资本方法。Burt（1992）提出，占据一个结构洞位置的个体能够将两个本来不会相连的群体连接起来。所述个体可以控制这些群体之间的资源流动，并且可以从这样的中介中获益。在大学孵化器内，跨越结构漏洞的作用主要由大学孵化器管理者来发挥。同时，孵化器管理人员可以在孵化器租户之间建立信任和友谊的基础上建立网络和社会互动，促进知识和信息的流动，提高企业创新水平。

此外，孵化器管理人员可能有以前的商业经验或在孵化器领域的经验，从而使他们能够为入驻企业提供各种商业联系。因此，孵化器管理人员的主动性对孵化器下新创企业社会资本与创业绩效之间具有调节作用。

关于孵化器管理人员的主动行动的测量的研究较少，指标测度主要采用 Redondo（2019）对管理者主动行为的测度。指标包括三个项目，涉及孵化器提供的联网活动（会议、访问外部网络和访问大学服务）。通过一个由四个项目组成的反思性量表来测量管理者的主动性，该量表反映了受试者对管理者在促进孵化器内部与外部代理人的联系和关系方面的参与和兴趣的感知，如表 7.8 所列。

表 7.8　孵化器管理者主动行为变量统计表

变量类型	变量内容	测量题目	参考文献
孵化器管理者主动行为	促进交流	我所在的孵化器管理者，总是为我们提供…… 孵化中心之间的会议和活动	袁剑锋（2018）、Redondo（2019）
	加强联络	进入孵化器网络的机会（有公司、协会、专业代理、顾问、律师等）	
	提供服务	与大学相关的服务（为学术导师、学生、毕业生提供技术转让服务和开展培训等）	

研究采用主观赋分方式对变量进行度量，以 Likert 五级量表打分，数值从 1 到 5，表示从低到高递增，1 分为"完全不同意"，5 分为"完全同意"，3 分表示中立。为了方便统计，对各变量分别采用多个题项进行测度。

7.3.1.6　控制变量

梁祺等（2019）指出，企业规模、成立年限及成长环境等会对创新行为和创业绩效产生较大影响。企业规模是影响企业行为和决策的重要属性，企业规模越大，企业的规模效应和声誉优势就越明显，则企业绩效可能越好，这对于企业吸引合作伙伴、强化创新合作具有一定的影响。

因此，选择受访者性别、年龄、教育水平、企业年限、企业规模和企业入孵年限等作为控制变量。

性别：虚拟变量对男性标记为"1"，对女性标记为"0"。

年龄：探讨企业负责人创办企业时的年龄。它是一个连续变量，分为 20 岁及以下、21—30 岁、31—40 岁、41 岁及以上。

教育水平：专科及以下、本科、硕士、博士。

企业年限：它是指企业成立的时间，分为 1 年、2 年、3 年、3 年以上。

企业规模：它是连续变量，用企业当前员工总数来表示，分为 5 人及以下、6~10 人、11~20 人、21 人及以上。

入驻本孵化器时间：用企业入驻本孵化器年限来表示，分为 1 年、2 年、3 年、3 年以上。

7.3.2 问卷设计

问卷由两部分组成：问卷描述和问卷项目。问卷描述主要包括调查的目的、意义、填写情况说明，并强调了隐私保护。最后，对调查者表达了真诚的感谢。

问卷项目包括研究测量项目和个人信息项目。研究测量项目共有 30 个问题。Likert 量表被用来反映孵化器下新创企业社会资本、企业创新行为、初创企业创业绩效。个人信息项目则包括 3 个方面：企业负责人基本信息（年龄、性别、教育水平）；企业基本信息（成立年龄、规模、入驻孵化器年限）；大学孵化器信息（孵化器级别）。

7.3.3 数据收集过程

实验人员包括 2 名研究人员和 3 名训练有素的研究助理。研究助理是六盘水师范学院经济统计专业的学生。首先，研究人员对研究助理开展了严格的培训。培训内容包含讲解问卷、调查方法、数据记录方式、调查过程中的伦理注意等；培训目的是确保研究助理理解问卷调查的要求，了解问题的含义，了解责任。

调查方案为实地调研。调查过程得到了研究人员的同事（著者所在高校孵化器管理者）的帮助。在同事的引荐和帮助下，研究人员和研究助理前往随机挑选出来的贵州省各个高校，通过高校孵化器负责人（守门人）的帮助和介绍，取得孵化器中企业负责人的信任，开展问卷调查。纸质问卷由研究助理负责发放与收回。

如果企业负责人不在，则采用线上发放调查问卷的形式，委托企业孵化器管理者转发问卷以收集数据。

问卷一次性发放给受访者，对于受访者不理解的问题，由研究人员和研究助理进行解释。测试时间为 2022 年 7—9 月。

7.3.4 数据质量

描述性研究主要采用两种数据收集方法：观察法和调查法。一项调查通过向适当数量的合格受访者提出有关他们的态度、意图和行为的相关问题来获得信息。物质资本可以使用客观的数量进行考量，但是社会资本与物质资本不同，社会资本探究网络中个体与个体之间共同的文化、价值观、信任、规范、责任、认同等主观态度对于专业咨询服务、技术援助、资金支持、政策支持和市场信息资源获取的能力，从而促进企业创新成长。而且，由于本书属于企业层面的研究，对孵化器网络行为、孵化网络下企业社会资本、创新行为与新创企业绩效等方面相关数据难以从公开资料中直接获得，只能采用样本问卷调查方法来收集研究所需要的数据。调查方法对于研究而言是合适的。

在选择调查管理方法时，必须考虑 5 个问题：获得适当的回复率；取得具有代表性的样本；设计调查问卷；答复的质量；执行问题。

考虑到以上问题，研究人员首先确保了问卷的质量。研究人员咨询了贵州大学罗敏教授和贵州财经大学袁剑锋副教授的意见，他们在孵化器和企业管理研究中有突出的成绩。根据他们的意见，研究人员对调查问卷进行了专业的修订。此外，研究人员还咨询了六盘水师范学院孵化器内 5 家企业负责人的意见，优化了调查问卷。

在数据收集过程中研究人员也慎重考虑了基本问题。并决定在研究助理和孵化器管理者的帮助下发放调查问卷。研究助理经过必要和专业的培训，可以确保调查者不受任何外在影响，客观真实地填写问卷，确保数据收集是客观的，收集的数据是真实的。同时，对于收集到的数据研究人员重点关注数据之间的逻辑性，对数据进行必要的挑选，以保证数据质量。

7.3.5　伦理考虑

伦理考虑作为社会科学研究的一种形式，它涉及人类受访者，必须以尊重、公平、正直和慈善的方式对待他们。当潜在的研究对象被要求参与研究时，研究人员必须意识到自己寻求许可是为了侵犯对方的隐私，因此获得参与的同意至关重要。根据 Bouma（2000）提出的五条伦理原则，本章研究考虑了以下伦理问题。

尊严和尊重：通过孵化器管理者的帮助接触潜在参与者的策略被认为是合乎道德的。此外，问卷设计中并不要求受访者透露他们的身份信息。

文献综述：在研究中，研究人员在一位经验丰富的教授的密切监督下，对与研究相关的所有领域的以往研究进行了广泛的回顾。

利益与风险：就利益而言，主要调查受访者对于社会资本、创新行为或者管理者主动行为的主观看法，也会调查企业一定的经营成效，但是不会调查企业核心技术或者商业机密，同时，调查结果都是保密的，不会造成调查者的利益损失。与此同时，参与这项研究是低风险的，因为参与者唯一的付出是回答问卷所花费的时间。

自愿和知情参与：所有受访者的参与都是完全自愿的，没有任何形式的强迫，参与者可以随时退出研究。

公开和信息研究：研究结果将在互联网上发表。任何对这个问题感兴趣的学者都可以了解。

7.4 模型验证与数据分析方法

7.4.1 数据准备和编码

数据准备包括 5 项活动：检查问卷答复情况；编辑部分不完整的问卷；编码数据；清理数据；统计调整。

首先，筛选数据。剔除信息填写严重不完整、信息随意填写、信息填写不规范和信息填写逻辑错误的调查问卷。

然后，编码与保存数据。通过调查问卷的检查和刷选，整理有效的调查问卷，建立 Excel 表格，将所有数据录入表格中，并对信息进行二次核对，确保信息的准确性。

最后，利用 SPSS 软件，对解释变量、被解释变量、中介变量、调节变量和控制变量进行设置，然后导入保存在 Excel 表格中的调查数据。

7.4.2 信效度检验

7.4.2.1 信度检验

信度分析主要用来评估初始问卷的内部一致性和稳定性。Cronbach 系数常被用来评估问卷题项间的内部一致性。Cronbach's α信度标准如表 7.9 所列。

表 7.9 Cronbach's α信度标准

Cronbach's α值	标准
α≤0.3	不可信
0.3<α≤0.4	勉强可信
0.4<α≤0.5	稍微可信
0.5<α≤0.6	可信
0.7<α≤0.9	很可信
0.9<α	十分可信

研究认为，如果 α 大于 0.7 时，则问卷题项的内部一致性程度较高，信度较好。同时，当总体相关性系数（CITC）小于 0.5 时，该题项存在一定问题；当 CITC 小于 0.3 时，该题项可以删除；当 CITC 大等于 0.5 时，问卷具有较好的一致性，信度分析结果可接受，测量量表符合信度分析要求。

7.4.2.2 效度检验

因子分析方法常被用来测度问卷的效度。主要看 KMO 相关系数，一般情况下，若 KMO 取值 0.7 以上时，且 Bartlett 球形检验显著，则表明题项效度较好。

为了使问卷符合信度和可靠性的要求，研究人员考虑了以下四个方面。

第一，在问卷中设置一个反向从句来消除问卷调查中没有仔细回应的样本。

第二，为了减少受访者的疲劳和烦躁，不采用否定的表达语句进行测量。

第三，把需要仔细考虑的项目放在问卷的前半部分进行调查。

第四，研究人员咨询了袁剑锋副教授的意见，他在孵化器和企业创新的研究中具有独到的见解，并先对 5 家企业进行调查测试，修正问卷。因此，研究人员在设计过程中对问卷进行了专业的修改。

7.4.3 试点研究

为了评估问卷的可靠性和有效性，研究人员将对初始问卷进行试点测试。研究人员计划以六盘水师范学院和安顺学院的大约 100 家新创企业作为试点测试的样本，邀请企业负责人填写初始问卷，并将获得的试点数据录入 Excel 表格，并进行信度和效度指标分析。采用 SPSS 软件对数据进行分析，验证分维方法的合理性以及测量指标的设计。测试步骤包括以下4步。

第一，以维度为单位分析各测度指标的效度；

第二，对该维度进行信度分析；

第三，根据设置的阈值优化测度指标；

第四，通过咨询其他学者，对问卷进行适当调整，以优化问卷。

7.4.4 探索性因子分析

研究人员从以下三个方面进行因素分析以测试问题。

首先，确定测量问题的探索性因子分析。基于 KMO 样品测量和 Bartlett 球形检验，对适合因子分析的样本有以下要求：Bartlett 球形检验结果应显著，KMO 大于 0.9，非常合适；0.8~0.9，非常合适；0.7~0.8，合适；0.6~0.7，不太合适；0.5~0.6，非常不情愿；0.5，不合适。采用方差最大法对因子进行旋转测量并提取因素。凯撒（1960）认为，根据采用特征根规则，将特征根中小于 1 的因子删除。因此，以大于 1 的特征根为因子的判断依据进行提取。

其次，研究采用 SPSS 软件对数据进行净化筛选，用问卷修正项目的 CITC 和内部一致性系数来提高整体内部一致性。当 CITC 小于 0.5 时，可删除该测量题项。

最后，对纯化后的测量题基本原则进行因子分析。当剩余测量题项因子负荷均大于 5，且解释累计方差比大于 50% 时，测量题项满足要求。

7.4.5 验证性因子分析

结构方程模型（SEM 模型）是一种建立、估计和测试的方法因果关系模型。该模型包括外部变量和潜在变量，不能直接观测。与传统的回归分析方法相比，结构方程可以处理多个变量，允许更灵活地测量模型，并且可以估计整个模型的拟合。在一个 SEM 模型中，潜在变量反映某种抽象的概念，是由观察变量所测量估计出来的。

由于企业的社会资本是企业从社会关系网络中所获得的一种资源能力，属于潜在变量。同时，企业创新行为和创业绩效都具有高度的主观性，很难直接测量，误差显著，因果关系仍然非常复杂。因此，需要对"企业社会资本—创新行为—创业绩效"关系模型进行拟合，然后对理论模型进行验证。

常用的评价模型的拟合指标有卡方检验（χ^2）、根平均近似平方误差（RMSEA）、比较拟合指数（CFI）、优度拟合指数（GFI）、修正拟合指数（IFI）和相对拟合指数（TLI）。研究也将使用拟合指标 χ^2/df、RMSEA、TLI、和 CFI 等指数对模型进行评价和验证。

7.4.6　描述性统计和回归分析

数据分析包括描述性统计和推论统计两个部分，分为以下五个步骤。

第一，描述性统计分析。利用 SPSS 软件，对大学孵化器的级别、性质、新创企业成立时间、新创企业规模、行业属性、新创企业主要负责人的性别、年龄、教育背景等方面进行简单的描述性统计，对各变量最大值、最小值、均值、偏度和峰度进行描述性统计，以掌握一些基本的概况。

第二，样本信效度的检验。通过 Cronbach 系数对样本问卷的信度进行检验，通过 KMO 取值较高和对应的 Bartlett 球形检验对样本效度进行检验。

第三，相关性分析。只有变量间存在一定的相关关系才能进行回归分析，因此，在对孵化器中新创企业的社会资本与创业绩效关系进行回归分析之前，应做相关性分析。

第四，回归分析。构建数学模型，对孵化器中新创企业的社会资本与创业绩效关系进行回归分析。

第五，推论统计分析。运用层次回归分析方法对企业创新行为的中介效应进行验证。

7.4.7　中介效应检验

作为一种统计学上的分析方法，中介效应模型被广泛应用于社会科学研究的各个领域。中介效应模型的基本思路为通过中介变量，考查自变量与因变量之间已知关系的影响过程与干预机制。假设自变量是 X、因变量是 Y，X 的变化会影响 Y 的变化；如果存在变量中介 M，使得自变量 X 通过 M 来影响 Y，则有

$$Y = cX + \varepsilon1$$
$$M = aX + \varepsilon2$$
$$Y = c * X + bM + \varepsilon3$$

关于企业创新行为对企业社会资本和创业绩效的中介效应的验证，首先验证孵化器中新创企业社会资本（认知性、结构性和关系性社会资本）对创业绩效的显著性；再验证企业创新行为对企业社会资本的显著性；最后验证新创企业创业绩效对创新行为的显著性。

中介效应模型通常使用逐步法（causal steps approach）进行检验。首先，检验自变量 USI 社会资本与因变量新创企业创业绩效的显著性；然后，检验自变量 USI 社会资本对中介变量创新行为的显著性，以及中介变量创新行为对因变量新创企业创业绩效的显著性；最后，将自变量 USI 社会资本和中介变量创新行为一起带入上述公式检验其对因变量新创企业创业绩效的显著性。

传导路径如图 7.6 所示。

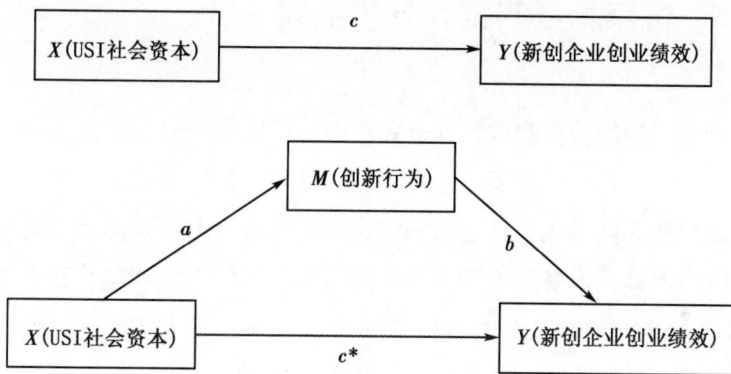

图 7.6　企业创新行为的中介效应传导路径

7.4.8　调节效应检验

关于调节效应的检验方式，根据 Baron 等（1986）的研究，温忠麟等（2023）提出有中介的调节效应的检验方法。通过四个步骤对调节效应进行分析。

首先，以社会资本为自变量，企业创新创业绩效为因变量建立多元回归模型，做自变量（社会资本）对因变量（新创企业创业绩效）的回归分析，若回归分析显著，则继续下一步。

其次，设置自变量与调节变量相乘，得到新的交互项变量"社会资本×创业者风险承担"。

再次，以自变量（社会资本）和交互项（社会资本×创业者风险承担）为自变量对因变量（新创企业创业绩效）进行回归分析。若交互项的估计系数显著，则说明中介变量创业者风险承担和孵化器管理者主动行为对社会资本与新创企业创业绩效的关系具有调节效应。

最后，稳健性检验。为了进一步检验企业创新行为在孵化器下新创企业社会资本与在新创企业创业绩效间的中介效应研究结论的稳健性，运用 Preacher 等（2008）推荐的 Bootstrap 方法检验中介效应稳健性，将样本量设置为 1000、置信区间设置为 95%，探索式创新和利用式创新中介效应进行稳健性检验。

≫ 7.5　试点测试的统计分析结果

为了确保问卷的信度和效度，著者在内容信度和结构信度方面均做了大量工作。首先，在内容信度方面以文献阅读为基础，整理出相关变量中信度和效度都较高的成熟测度量表，在访谈和咨询专家的基础上不断完善测度量表。其次，选取六盘水师范学院、安顺学院大学孵化器内的 120 家大学创业企业进行试点测试，邀请企业负责人填写初始问卷。发放问卷 120 份，收回问卷 112 份，问卷回收率 93.33%。采用 SPSS 软件对数据进行分析，结合试点测试的反馈结果，对变量的测量题项进行适当的修改，使之更符合被访者接受的语境。以下是对 112 家大学创业企业的试点测试结果。

7.5.1　试点测试企业的基本信息

7.5.1.1　频率统计

对每个变量中的所有类别进行统计。其中，特征变量表示人口学的特征，如性别、年龄等；类别是指每个特征变量下的类别，如性别的类别为男性和女性；频率（数量）是指每个特征变量下每个类别的数量；百分比是指每个类别数量与总样本数的比值，如表 7.10 所列。

表 7.10 试点测试企业基本信息频率统计

特征变量	类别	频率	百分比
性别	男	77	68.8%
	女	35	31.2%
年龄	20 岁及以下	4	3.6%
	21—30 岁	53	47.3%
	31—40 岁	44	39.3%
	40 岁以上	11	9.8%
教育背景	专科及以下	18	16.1%
	本科	70	62.5%
	硕士	21	18.7%
	博士	3	2.7%
员工总人数	5 人及以下	26	23.2%
	6~10 人	47	42.0%
	11~20 人	21	18.7%
	20 人以上	18	16.1%
成立年限	1 年	14	12.5%
	2 年	16	14.3%
	3 年	30	26.8%
	3 年以上	52	46.4%
入驻本孵化器的年限	1 年	39	34.8%
	2 年	32	28.6%
	3 年	28	25.0%
	3 年以上	13	11.6%

从表 7.10 中可知，试点测试的 112 家企业负责人以男性为主，占比 68.8%。年龄集中在 21—40 岁。教育背景以本科为主，本科生创业者占总人数的 62.5%，其次是硕士研究生，占比 18.7%，这与试点测试的高校属性有关。六盘水师范学院和安顺学院两所高校为贵州省地方高校，目前两所学校都还没有硕士研究生培育点，学生都是本科生。师资也以硕士研究生为主体，创业企业负责人主要是本科学生和部分教职工。员工总人数均较少。成立年限以 3 年以上的为主，占调查总企业的 46.4%，近两年受新型冠状病毒感染影响，

新成立公司和企业均较少。

7.5.1.2 描述性统计

描述性统计是指对变量的基本统计学特征进行分析，有助于深入观察数据的分布特征与内部结构。每个变量的最大值和最小值均在合理范围内，无异常值出现。通过平均值、中位数、众数和所有值的总和可以分析变量的集中趋势；通过标准差、方差、范围、最小值、最大值和平均值标准误差可以分析变量的离差；通过偏度和峰度来描述变量分布形状和对称性的统计特征。试点测试数据的描述性统计结果如表 7.11 所列。

表 7.11 试点测试数据描述性统计结果

关键变量	N	最小值	最大值	均值	标准差	偏度值	偏度标准错误	峰度值	峰度标准错误
盈利性绩效	112	1	4	2.89	0.700	-0.857	0.228	1.292	0.453
成长性绩效	112	1	4	2.91	0.488	-1.136	0.228	3.403	0.453
创新性绩效	112	1	4	2.79	0.609	-0.988	0.228	1.307	0.453
认知性资本	112	1	5	3.62	0.838	-0.300	0.228	-0.090	0.453
结构性资本	112	1	5	3.46	0.857	-0.128	0.228	-0.418	0.453
关系性资本	112	1	5	3.65	0.775	-0.905	0.228	1.226	0.453
探索式创新	112	1	5	3.36	0.773	0.159	0.228	-0.646	0.453
利用式创新	112	1	5	3.40	0.814	-0.318	0.228	0.098	0.453
创业者风险承担	112	1	5	3.17	1.147	0.023	0.228	-0.782	0.453
管理者主动行为	112	1	5	3.55	1.022	-0.519	0.228	0.190	0.453

表 7.11 中 N 表示变量的有效观察数，观察总数是 N 和缺失值数量之和。最小值表示变量的最小值。最大值表示变量的最大值。平均值表示观察值的算术平均值，最广泛使用的集中趋势统计量，平均值对极大或极小的值很敏感。标准差也被称为标准偏差，表示一组观察值的分布情况，标准差越大，观测值越分散，标准差是方差的平方根。偏度（skewness）表示观察值不对称的方向和程度。正态分布是对称的，偏度值为 0，具有显著的正偏度的分布有很长的右尾。具有显著的负偏度的分布有很长的左尾。作为指导，当偏度值超过标准误差的两倍时，认为不具有对称性。峰度（kurtosis）表示概率密度分布曲线

在平均值处峰值高低的特征数，直观看来，峰度反映了峰部的尖度。峰度也是对离群值程度的测量。对于正态分布，峰度统计的值为 0。正峰度指示数据表现出比正态分布更多的极值离群值。负峰度指示数据表现出比正态分布更少的极值离群值。

由表 7.11 可知，有效样本数量为 112 个。所有变量的取值，除了绩效取值，都在 1~5，即最大值和最小值之间。绩效取值的选择没有选择最大值 5，说明在所有测试企业中没有企业认为创业绩效达到完全满意。标准差普遍值较高，说明观测值相对分散。偏度数值显示数据不具有完全的对称性。峰度值显示出数据比正态分布更少的极值离群值。所有的 112 个样本最小/大值不存在异常值。

7.5.2 信效度分析

7.5.2.1 信度分析

表 7.12 试点测试信度测试结果

关键变量	校正的项总计相关性	项已删除的 Cronbach's α 值	Cronbach's α 值
盈利性绩效 1	0.755		0.857
盈利性绩效 2	0.755		
成长性绩效 1	0.606	0.674	
成长性绩效 2	0.616	0.665	0.765
成长性绩效 3	0.572	0.715	
创新性绩效 1	0.741	0.829	
创新性绩效 2	0.775	0.799	0.871
创新性绩效 3	0.745	0.827	
认知性资本 1	0.742	0.776	
认知性资本 2	0.723	0.795	0.853
认知性资本 3	0.706	0.811	
结构性资本 1	0.743	0.747	
结构性资本 2	0.711	0.779	0.843
结构性资本 3	0.672	0.816	

表 7.12 （续）

关键变量	校正的项总计相关性	项已删除的 Cronbach's α 值	Cronbach's α 值
关系性资本 1	0.679	0.834	
关系性资本 2	0.742	0.808	0.861
关系性资本 3	0.709	0.822	
关系性资本 4	0.702	0.824	
探索式创新 1	0.651	0.663	
探索式创新 2	0.668	0.645	0.779
探索式创新 3	0.534	0.789	
利用式创新 1	0.575	0.780	
利用式创新 2	0.638	0.713	0.792
利用式创新 3	0.691	0.654	
创业者风险承担 1	0.791	0.756	
创业者风险承担 2	0.706	0.837	0.862
创业者风险承担 3	0.720	0.823	
管理者主动行为 1	0.844	0.847	
管理者主动行为 2	0.842	0.850	0.909
管理者主动行为 3	0.770	0.909	

由表 7.12 可知，模型中所有变量的 Cronbach's α 值均大于 0.7，校正的项总计相关性均大于 0.5，且项已删除的单个 Cronbach's α 值均小于整个维度信度系数，说明每一个变量维度的信度符合要求，且不需要删除任何项目。

7.5.2.2 效度分析

表 7.13 试点测试 KMO 和 Bartlett 球形检验

KMO 取样适切性量数		0.774
Bortlett 球形检验	近似卡方	1846.346
	自由度	435
	显著性	0.000

表 7.13 的检验结果表明：试点测试样本的 KMO 检验值为 0.774，大于 0.700，说明量表适合进行因子分析。Bartlett 球形检验结果显示，近似卡方值为 1846.346，数值比较大，显著性概率为 0.000（P<0.01），认为量表具有较好的效度。

7.5.2.3 因子分析

效度分析主要采用主成分分析法（principal factor analysis），以方差最大正交旋转进行因子旋转，使用固定抽取因子法或者特征值大于 1 的标准提取一定数量的公因子。如果提取的公因子数量与变量或者维度数量一致，且累计的公因子解释总方差大于 60%，则说明量表具有较好的效度，提取的公因子包含了绝大部分的信息，如表 7.14 所列。

表 7.14 试点测试效度分析的公因子解释总方差

成分	初始特征值			提取载荷平方和			旋转载荷平方和		
	总计	方差百分比	累积百分比	总计	方差百分比	累积百分比	总计	方差百分比	累积百分比
1	7.548	25.159	25.159	7.548	25.159	25.159	3.033	10.111	10.111
2	3.589	11.963	37.122	3.589	11.963	37.122	2.601	8.669	18.780
3	2.311	7.702	44.823	2.311	7.702	44.823	2.501	8.336	27.116
4	1.933	6.443	51.266	1.933	6.443	51.266	2.475	8.249	35.365
5	1.812	6.041	57.308	1.812	6.041	57.308	2.388	7.961	43.326
6	1.477	4.924	62.232	1.477	4.924	62.232	2.247	7.488	50.815
7	1.440	4.801	67.033	1.440	4.801	67.033	2.204	7.345	58.160
8	1.205	4.017	71.050	1.205	4.017	71.050	2.196	7.320	65.480
9	1.089	3.629	74.678	1.089	3.629	74.678	1.997	6.657	72.137
10	1.064	3.547	78.226	1.064	3.547	78.226	1.827	6.089	78.226
11	0.650	2.165	80.391						
12	0.542	1.806	82.198						
13	0.512	1.706	83.904						
14	0.500	1.665	85.569						
15	0.461	1.536	87.105						
16	0.435	1.450	88.556						
17	0.390	1.298	89.854						
18	0.368	1.228	91.082						
19	0.354	1.182	92.264						

表7.14(续)

成分	初始特征值			提取载荷平方和			旋转载荷平方和		
	总计	方差百分比	累积百分比	总计	方差百分比	累积百分比	总计	方差百分比	累积百分比
20	0.331	1.103	93.367						
21	0.305	1.015	94.382						
22	0.276	0.921	95.303						
23	0.268	0.893	96.196						
24	0.233	0.777	96.973						
25	0.210	0.698	97.671						
26	0.193	0.644	98.316						
27	0.161	0.538	98.853						
28	0.133	0.442	99.296						
29	0.120	0.399	99.695						
30	0.092	0.305	100.000						

表7.14是试点测试效度分析的公因子解释总方差。表格中初始特征值为未旋转之前的公因子特征值，其中总计是指特征值，第一个成分将始终解释最大的方差（因此具有最高的特征值），而下一个成分将尽可能多地解释剩余的方差。初始特征值方差的百分比是指此列包含每个主成分占总方差百分比，等于总计与变量个数的比值。初始特征值累积百分比这列包含有当前和所有先前主成分解释的累积方差百分比。

根据表7.14可知，抽取了10个特征值大于1的因子，且公因子的总方差解释率为78.226%，大于60%，说明所提取的公因子包含的信息较充分。

旋转成分矩阵表示因子旋转后公因子与题项之间的相关性，也称为旋转因子载荷，它代表题项对每个公因子的加权方式。因为是相关性，所以可能的值范围从-1到+1。成分标题下的数值是指提取的旋转因子。按照因子载荷评价标准，因子载荷大于0.5可以被接受，说明这个变量可以被这一个公因子解释，如果因子载荷小于0.5，则说明该题项需要修改或者删除。另外，如果一个变量在两个或两个以上公因子上的因子载荷均较高（差值小于0.2），则说明该题项的区分效度较低，建议修改或者删除，如表7.15所列。

表 7.15 试点测试样本值旋转后的成分矩阵

关键变量	成分									
	1	2	3	4	5	6	7	8	9	10
盈利性绩效 1										0.919
盈利性绩效 2										0.892
成长性绩效 1									0.684	
成长性绩效 2									0.809	
成长性绩效 3									0.770	
创新性绩效 1			0.856							
创新性绩效 2			0.834							
创新性绩效 3			0.823							
认知性资本 1						0.787				
认知性资本 2						0.821				
认知性资本 3						0.715				
结构性资本 1				0.861						
结构性资本 2				0.818						
结构性资本 3				0.788						
关系性资本 1	0.804									
关系性资本 2	0.829									
关系性资本 3	0.815									
关系性资本 4	0.758									
探索式创新 1								0.760		
探索式创新 2								0.838		
探索式创新 3								0.723		
利用式创新 1						0.731				
利用式创新 2						0.748				
利用式创新 3						0.831				
创业者风险承担 1				0.864						
创业者风险承担 2				0.827						
创业者风险承担 3				0.858						
管理者主动行为 1		0.889								
管理者主动行为 2		0.894								
管理者主动行为 3		0.833								

提取方法：主成分分析法。

旋转方法：凯撒正态化最大方差法。

旋转在 7 次迭代后已收敛。

根据表 7.15 可知：每个题项的因子载荷均高于 0.5，且不存在双重因子负荷均高的情况，每个变量下的题项均按照理论分布聚合到一起，说明具有较好的区别效度和聚合效度。

7.5.3　相关性分析

Pearson 相关系数常被用来测试两个变量之间的相关性。关系数可以取−1 到+1 的值，表示完美的负（−1）或正（+1）关联。相关系数为 0 表示没有关联。从广义上讲，相关系数越接近零，关联越弱，相关系数越接近+1 或−1，关联越强。虽然没有硬性规则将相关性强度划分为不同等级，但 Cohen（1988）提供了一些通用指南，他认为 0.1<│r│<0.3 为弱相关，0.3<│r│<0.5 为中等强度相关，│r│>0.5 为强相关。一般 p 值小于 0.05，则说明变量之间有显著的相关性。

如表 7.16 所列，创业企业社会资本、创新行为各维度和创业绩效的相关关系计算中，各个变量之间的相关系数均为正数且小于 1，p 值大多小于 0.05 或者小于 0.01，表示部分变量之间均具有显著正相关关系。也有一些变量之间的相关系数大于 0.05，变量之间没有显著相关关系。但因为是试点测试，样本数量只有 100 左右，小样本量有的时候无法真实显示变量之间的关系。

表 7.16　试点测试样本值相关性系数

关键变量	1	2	3	4	5	6	7	8	9
盈利性绩效	1								
成长性绩效	0.239*	1							
创新性绩效	0.174	0.371**	1						
认知性资本	0.155	0.294**	0.264**	1					
结构性资本	0.156	0.376**	0.289**	0.369**	1				
关系性资本	0.008	0.171	0.262**	0.507**	0.311**	1			
探索式创新	0.317**	0.235*	0.334**	0.379**	0.306**	0.258**			
利用式创新	0.219*	0.303**	0.227*	0.518**	0.296**	0.329**	0.374**	1	

表7.16(续)

关键变量	1	2	3	4	5	6	7	8	9
创业者风险承担	0.151	0.328**	0.145	0.076	0.164	0.081	0.171	0.171	1
管理者主动行为	0.138	0.345**	0.348**	0.148	0.140	0.149	0.073	0.149	0.383**

注：* 在 0.05 级别（双尾），相关性显著。** 在 0.01 级别（双尾），相关性显著。

7.5.4 结论

试点测试想通过小样本的调查，来判断问卷质量的信度和效度。根据试点测试的结果可知：试点测试中所有变量的 Cronbach's α 系数值均大于 0.7，校正的项总计相关性均大于 0.5，且项已删除的单个 Cronbach's α 值均小于整个维度信度系数，问卷信度较好。试点测试样本的 KMO 检验值为 0.774，大于 0.700，Bartlett 球形检验的近似卡方值为 1846.346，数值比较大，显著性概率为 0.000（P<0.01），问卷具有较好的效度。因此，问卷（详见附录）具有较好的信度和效度，可以开展大样本调查。

≫ 7.6 本章小结

本章说明了本书是在实证主义基础上进行的政策研究。研究纳入了 5 个相互关联的变量进行测量。调查对象为大学孵化器中正在孵化或者已经孵化成功的新创企业负责人。以定量研究范式为主，问卷调查是主要的调查管理方法。以分层抽样和随机抽样作为抽样方法。数据收集后，进行筛选、编码和编辑，以便进一步分析。同时，整个设计过程仔细考虑了道德因素。本章介绍了研究方法，数据分析结果和讨论将在后面的章节进行描述。

≫ 本章参考文献

［1］ 陈向明.社会科学中的定性研究方法［J］.中国社会科学,1996(6):93-102.

［2］ 风笑天.社会研究:方法、能力与关键［J］.中华女子学院学报,2022,34(5):
5-12.

［3］ 井润田,孙璇.实证主义 vs 诠释主义:两种经典案例研究范式的比较与启示［J］.管理世界,2021,37(3):198-216.

［4］ 蒋勤峰.孵化企业社会资本与创业绩效关系研究［D］.上海:上海交通大学,2007.

［5］ 李振华,李赋薇.孵化网络、集群社会资本与孵化绩效相关性［J］.管理评论,2018,30(8):79-89.

［6］ 刘桔,关守义.用多元概化理论对全国优秀博士学位论文通讯评议进行信度分析［J］.学位与研究生教育,2003(7):11-13.

［7］ 梁祺,张宏如,苏涛永.新就业形态下孵化网络知识治理对创新孵化绩效的影响［J］.科技进步与对策,2019,36(17):28-36.

［8］ 刘敏,徐南.偏差行为反思:从实证主义到建构主义［J］.学术探索,2013(8):78-83.

［9］ 马庆国,沈强,李典典,等.社会神经经济学:社会决策和博弈的神经学基础［J］.浙江大学学报(人文社会科学版),2009,39(2):53-63.

［10］ 侍文庚,蒋天颖.社会资本、知识管理能力和核心能力关系研究［J］.科研管理,2012,33(4):62-72.

［11］ 唐丽艳,张静,王国红.基于虚拟孵化网络的高技术产业集成化研究:以大连电子信息产业为例［J］.管理案例研究与评论,2010,3(4):299-305.

［12］ 王重鸣,吴挺.互联网情境下的创业研究［J］.浙江大学学报(人文社会科学版),2016,46(1):131-141.

［13］ 王哲.建构主义:一种科学社会学方法论的解读［J］.新西部(理论版),2014(20):10.

［14］ 温忠麟,谢晋艳,王惠惠.潜在类别模型的原理、步骤及程序［J］.华东师范大学学报(教育科学版),2023,41(1):1-15.

［15］ 袁剑锋,许治.企业孵化器国际研究系统回顾:现状及未来发展方向［J］.科学学与科学技术管理,2018,39(8):82-99.

［16］ 袁剑锋.孵化网络嵌入、创新行为与新创企业绩效关系研究［D］.广州:华南理工大学,2018.

［17］ 张红彬.共享经济的网络效应、生产要素配置及治理研究［D］.北京:北京交通大学,2021.

［18］ 张馨遥,沈涌,张健,等.基于模糊综合评价的在线健康信息服务用户满意

度分析[J].情报科学,2018,36(6):73-78.

[19] 赵万林.社会工作督导的知识类型与实践基础[D].济南:山东大学,2018.

[20] BATJARGAL B.Social capital and entrepreneurial performance in Russia:a longitudinal study[J].Organization studies,2003,24(4):535-556.

[21] BØLLINGTOFT A.The bottom-up business incubator:leverage to networking and cooperation practices in a self-generated,entrepreneurial-enabled environment[J].Technovation,2012,32(5):304-315.

[22] CRILLY D.Recasting enterprise strategy:towards stakeholder research that matters to general managers[J].Journal of management studies(John Wiley & Sons,Inc.),2013,50(8):1427-1447.

[23] YU S H.Social capital,absorptive capability,and firm innovation[J].Technological forecasting and social change,2013,80:1261-1270.

第 8 章 新创企业社会资本对创业绩效的影响路径

对于大学孵化器中的创业企业而言，往往存在客户不信任、供应商议价能力过强和产品开发难度大等新进入者缺陷问题，要想克服新进入者缺陷，保持理想的创业绩效，就必须拥有资源。而这种资源是嵌入孵化器网络中的一系列有价值的、罕见的、独特的、不可替代的资源，可以被个人或单位接触。本章的目的是辨别社会资本资源是否会影响创业企业绩效，探讨高校孵化器网络下新创企业社会资本与创业绩效的关系，讨论新创企业的创新行为在社会资本与创业绩效之间的中介作用，这有助于更好地了解孵化网络资源对初创企业发展的影响。

≫ 8.1 研究问题概述

8.1.1 研究问题

孵化器下新创企业社会资本是嵌入孵化器社会网络中的一系列现实的和潜在的社会资源，可以被企业接触或获取。部分学者的研究结果表明孵化器下新创企业社会资本正向影响新创企业绩效。但是，也有学者认为新创企业精力有限，过多的社会关系会分散创业企业的注意力；强关系网络会限制创业企业的个人边界；过度的网络社会资本投入可能会导致负面回报，他们认为大学孵化器下新创企业社会资本与新创企业在孵绩效无关，甚至存在负相关关系。虽然大量研究结果认为大学孵化器下新创企业社会资本有助于提升新创企业绩效，但社会资本与孵化企业绩效之间关系仍存在争议。

在孵化器网络中，内部之间的知识共享和信息沟通能促进协同创新；诚信和契约激励组织成员畅所欲言和知识共享；共同愿景、价值观和语言则有助于组织成员齐心协力实践创新。因此，创新行为被认为在社会资本与创业绩效之间扮演着中介的作用。但孵化器下新创企业社会资本与新创企业之间关系路径机理仍然模糊不清，特别是对于更加具体的社会资本的各个维度如何通过影响企业创新从而影响创业绩效，还没有一致的可信任的观点。

本章从社会资本理论和创新理论角度出发，讨论大学孵化器下新创企业社会资本对创业绩效的影响，探讨创新行为在新创企业社会资本与创业绩效关系中的中介效应，这是解释孵化器下新创企业社会资本与创业绩效关系的核心。因此，本章的具体的研究问题是：

研究问题 1：大学孵化器中新创企业的认知性社会资本与创业绩效显著相关吗？

研究问题 2：大学孵化器中新创企业的关系性社会资本与创业绩效显著相关吗？

研究问题 3：大学孵化器中新创企业的结构性社会资本与创业绩效显著相关吗？

研究问题 4：探索式创新在新创企业的社会资本与创业绩效关系中是否具有中介作用？

研究问题 5：利用式创新在新创企业的社会资本与创业绩效关系中是否具有中介作用？

8.1.2 研究假设

研究假设在第六章已经进行过描述，具体包括如下内容。

H1：在大学孵化器中，认知性社会资本正向影响新创企业创业绩效。

H2：在大学孵化器中，结构性社会资本正向影响新创企业创业绩效。

H3：在大学孵化器中，关系性社会资本正向影响新创企业创业绩效。

H4a：探索式创新在孵化器下新创企业社会资本与新创企业创业绩效之间有中介效应。

H4a1：认知性社会资本对探索式创新行为具有显著的正向效应。

H4a2：结构性社会资本对探索式创新行为具有显著的正向效应。

H4a3：关系性社会资本对探索式创新行为具有显著的正向效应。

H4b：探索式创新能有效促进新创企业的创业绩效。

H5a：利用式创新在孵化器下新创企业社会资本与新创企业创业绩效之间有中介效应。

H5a1：认知性社会资本对利用式创新行为具有显著的正向效应。

H5a2：结构性社会资本对利用式创新行为具有显著的正向效应。

H5a3：关系性社会资本对利用式创新行为具有显著的正向效应。

H5b：利用式创新行为能有效促进新创企业的创业绩效。

8.1.3 中介效应检验模型

本章从研究的总的理论模型中将自变量、中介变量和因变量提取出来，主要讨论大学孵化器下企业资本与创业绩效的关系，以及企业创业资本通过创新行为影响创业绩效的路径。核心是检验自变量和因变量之间的关系，以及中介变量的作用。根据研究问题和研究假设提炼出的中介效应检验理论模型如图8.1所示。

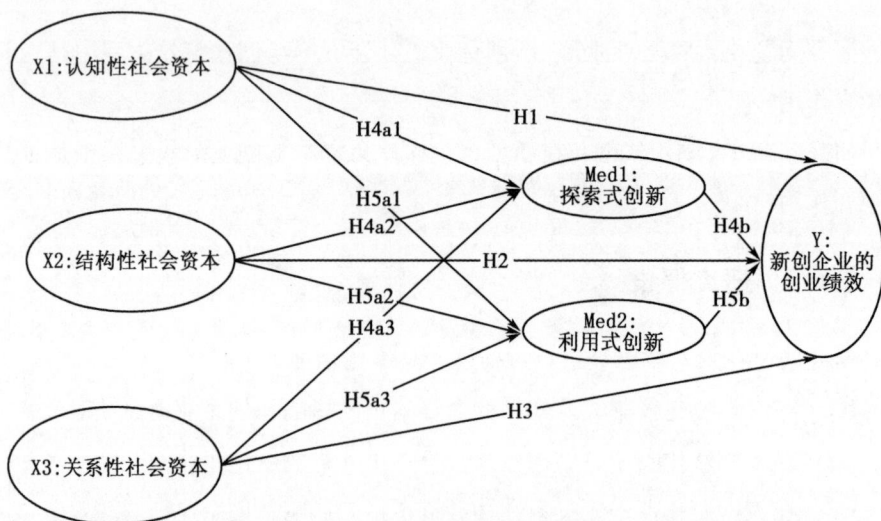

图 8.1 中介效应检验的理论模型

中介效应模型的检验是定量研究，需要收集第七章描述中关于孵化器下新创企业社会资本、企业创业绩效、企业探索式创新、企业利用式创新量表描述的数据。在量表的选择方面，依据 Churchill（1979）所提出的问卷设计方法，结合袁剑锋（2018）、Redondo（2019）等学者提出的关于社会资本对新创企业绩效的影响调查问卷，系统梳理文献，对量表进行适当修改，结合大学孵化器下新创企业社会资本的特性，刻画大学孵化器下新创企业社会资本、新创企业创业绩效、新创企业创新行为等变量。具体量表测量已经在前面单独进行过描述，此处汇总如表 8.1 所列。

表 8.1 中介效应检验的变量测度

变量	变量类型	变量内容	测量题目	参考文献
创业绩效	盈利性绩效	市场占有率	与市场平均水平相比，本企业具有较高市场占有率	Li（2001）；Walker et al.（2004）、Alegre et al.（2006）、Li et al.（2007）、唐丽艳等（2014）、Su et al.（2018）、袁剑锋（2018）等
		净收益率	与市场平均水平相比，本企业具有较高净收益率（净收益/总销售额）	
	成长性绩效	销售额	本企业销售额较去年有增长	
		市场份额数量	本企业市场份额较去年有所增长	
		员工数量	本企业员工数量较去年有所增长	
	创新性绩效	专利数量	本企业申请的专利数量较去年有所增长	
		新产品开发数量	本企业新产品开发数量较去年有所增长	
		科技成果转化率	本企业科技成果转化率较去年有所增长	

表 8.1（续）

变量	变量类型	变量内容	测量题目	参考文献
社会资本	认知性社会资本		和我在同一个孵化器里面的创业者，总是……	Burt（1992）、Nahapiet et al.（1998）、Carolis et al.（2009）、李振华等（2017）、袁剑锋（2018）等、Redondo（2019）
		共同的语言	能有效地传递与反馈信息，解决企业面临的问题；语言沟通和交流上是顺畅的	
		共同的文化	有很多共同的创业经历，能够共享这些创业经历	
		共同的价值观	对如何更好地合作看法一致	
	结构性社会资本	网络联结	本企业在孵化器中被大家所熟知，孵化器内外部其他企业很容易就能与本企业交流互动、产生业务往来	
		网络配置	本企业利用孵化器与其他新创企业实现非常多的业务合作	
		网络结构	本企业在孵化器中被大家所熟知，有很大的影响力	
	关系性社会资本		和我在同一个孵化器里面的创业者，总是……	
		信任	彼此信任	
		规范	举止始终如一，愿意共同遵守相关规定	
		责任和期望	寻求帮助的时候，对方能够乐于助人，实现我的期望	
		认同	彼此认可，有群体归属感	

表 8.1（续）

变量	变量类型	变量内容	测量题目	参考文献
创新行为	探索式创新	技术创新	我们企业愿意承担风险开发新技术或新产品，替代原有技术或产品	Jansen et al. (2006)、Huang et al. (2014)、Ozer et al. (2015)、Yang (2015)；袁剑锋（2018）；Redondo（2019）
		市场创新	我们企业愿意承担风险开拓不熟悉的细分市场	
		营销方式创新	我们企业愿意承担风险尝试运营全新的市场营销策略	
	利用式创新	技术创新	我们企业注重提高现有技术或技能，以改善产品和服务质量	
		市场创新	我们企业注重扩展现有产品或服务的市场份额	
		营销方式创新	我们企业注重销售经验的积累，以完善和改进营销策略	

》》 8.2 变量与样本

8.2.1 样本量

本书研究的样本根据前面第七章所描述的样本确定方法，研究样本使用了中国贵州省 18 家高校孵化器中创业者的数据。样本收集方法和抽样方式具体已经在第七章进行了描述。通过随机抽样方法和目标分层抽样方法共同确定了不同级别孵化器需要抽取的样本量是 306 家初创企业，如表 8.2 所列。

表 8.2 最低样本量

孵化器类别	已孵化企业数量/个	样本量/个	新创企业数量/个	样本量/个
国家级	49	10	336	69
省级	341	70	591	120
一般级	64	13	125	24

但是，306 家新企业的样本是研究所要求的最低样本量。样品采集后，会有一些样本不符合要求。为了保证样本量的合理和足额，需要增加采集的样本量。在最小样本量的基础上，每一类样本增加 20%，即期望值样本量＝最小样本量×1.2。如果计算结果有小数，则四舍五入取整数，得到不同级别孵化器的期望样本量如表 8.3 所列。

表 8.3　期望样本量

孵化器级别	已孵化企业数量/个	最小样本量/个	期望样本量/个	新创企业/个	最小样本量/个	期望样本量/个
国家级	49	10	12	336	69	83
省级	341	70	84	591	120	144
一般级	64	13	16	125	24	29

在实际调研过程中，为了进一步确保样本量，调研组向贵州省大学孵化器内的创业企业共计发放调查问卷 500 份。收回问卷 468 份，剔除无效问卷 54 份，最终获得有效问卷 414 份，超过了 368 份期望问卷数量和 306 份最低样本量需求，样本数量足够。通过对数据进行描述性统计学分析、效度分析、信度分析、因子分析、回归分析、中介效应分析，探讨高校孵化器模式下新创企业社会资本对创业绩效的影响。

在被调查的样本对象中，本科学历创业者人数最多，占 62.62%；企业员工人数集中在 6~10 人之间居多，占比 42.5%；入驻孵化器时间多以 3 年以下为主。

8.2.2　样本频率统计

频率统计是对每个变量中的所有类别进行统计。其中，特征变量表示人口学的特征，如性别、年龄等；类别是指每个特征变量下的类别，如性别的类别为男性和女性；频率（数量）是指每个特征变量下每个类别的数量；百分比是指每个类别数量与总样本数的比值。表 8.4 是对 414 家大学孵化器内新创企业的调查频率统计结果。

表 8.4 样本频率统计结果

特征变量	类别	频率	百分比
性别	男	316	76.3%
	女	98	23.7%
年龄	20 岁及以下	16	3.9%
	21—30 岁	191	46.1%
	31—40 岁	176	42.5%
	40 岁以上	31	7.5%
教育背景	专科及以下	59	14.3%
	本科	109	26.4%
	硕士	168	40.5%
	博士	78	18.8%
企业成立年限	1 年	87	21.0%
	2 年	73	17.7%
	3 年	109	26.3%
	3 年以上	145	35.0%
企业员工人数	5 人及以下	99	24.0%
	6~10 人	176	42.5%
	11~20 人	66	15.9%
	20 人以上	73	17.6%

从表 8.4 中可知，调查的 414 家企业的负责人以男性为主，占总人数的 76.3%，女性则占 23.7%。

（1）年龄特征。

在调查对象中，20 岁以下的有 16 人，占 3.9%；21—30 岁的有 191 人，占 46.1%；31—40 岁的有 176 人，占 42.5%；剩下的是 40 岁以上的人群，占 7.5%。

（2）教育背景特征。

关于教育背景，大学孵化器新创企业的负责人以本科和硕士为主，其中本科 109 人，占 26.4%；硕士 168 人，占 40.5%；而博士 78 人，占 18.8%；专科及以下的有 59 人，占 14.3%。从教育背景可以大致判断，在大学孵化器内，创业人群以有想法的大学本科生和有技术的大学教师为主，也包括一些社会入驻企业。

（3）企业成立年限特征。

关于企业成立年限，3 年以上的企业有 145 家，占 35.0%；3 年的企业

109家，占26.3%；2年的企业73家，占17.7%；1年的企业有87家，占21.0%。被调查的企业中，大多数是成立3年或者3年以上的企业。

（4）企业员工人数特征。

企业的员工人数在5人及以下的有99家企业，占24.0%；6～10人的有176家，占42.5%；11～20人的企业有66家，占总数的15.9%；21人以上的较少，占17.6%。员工人数以10人以下为主，这也是初创企业的特征，人员以合作伙伴为主，雇佣员工相对较少。

8.2.3 信效度检验

8.2.3.1 信度分析

由表8.5可知，各个维度信度系数均大于0.7，校正的项总计相关性均大于0.5，且项已删除的Cronbach's α值未大于整个维度信度系数，说明各维度的信度符合要求，且不需要删除项目，说明量表的区分效度较好。

表8.5 样本信度测试结果

关键变量	校正的项总计相关性	项已删除的Cronbach's α值	Cronbach's α值
认知性社会资本1	0.751	0.806	
认知性社会资本2	0.748	0.810	0.866
认知性社会资本3	0.737	0.820	
结构性社会资本1	0.765	0.749	
结构性社会资本2	0.726	0.787	0.850
结构性社会资本3	0.673	0.834	
关系性社会资本1	0.732	0.817	
关系性社会资本2	0.703	0.829	0.863
关系性社会资本3	0.716	0.824	
关系性社会资本4	0.694	0.833	
利用式创新1	0.721	0.835	
利用式创新2	0.730	0.827	0.867
利用式创新3	0.787	0.774	

表8.5(续)

关键变量	校正的项总计相关性	项已删除的 Cronbach's α 值	Cronbach's α 值
探索式创新 1	0.676	0.746	
探索式创新 2	0.692	0.729	0.819
探索式创新 3	0.647	0.774	
创新性绩效 1	0.647	0.705	
创新性绩效 2	0.630	0.723	0.792
创新性绩效 3	0.626	0.726	
盈利性绩效 1	0.696	0.729	0.821
盈利性绩效 2	0.696	0.774	
成长性绩效 1	0.576	0.640	
成长性绩效 2	0.580	0.636	0.739
成长性绩效 3	0.537	0.685	

8.2.3.2　效度分析

表 8.6 是 KMO 和 Bartlett 的检验结果。结果表明：KMO 检验值为 0.852，大于 0.700；Bartlett 球形检验结果显示，近似卡方值为 6503.792，显著性概率为 0.000（P<0.01），可见各量表具备较好的内部一致性，具有较好的效度。

表 8.6　样本效度测试结果

KMO		0.852
	近似卡方	6503.792
Barlett 球形检验	自由度	435
	显著性	0.000

8.2.3.3　因子分析

KMO 和 Bartlett 检验结果表明：KMO 检验值为 0.852，适合因子分析。本章研究主要采用主成分分析法（principal factor analysis）进行因子分析。以方差最大正交旋转进行因子旋转，使用固定抽取因子法或者特征值大于 1 的标准提取一定数量的公因子。如果提取的公因子数量与变量或者维度数量一致，且累计的公因子解释总方差大于60%，则说明量表具有较好的效度，提取的公因子包含了绝大部分的信息。

表8.7是效度分析的公因子解释总方差。在表8.7中，初始特征值是指未旋转之前的公因子特征值，其中总计是指特征值第一个成分将始终解释最大的方差（因此具有最高的特征值），而下一个成分将尽可能多地解释剩余的方差。初始特征值方差百分比是指此列包含每个主成分占总方差百分比，等于总计与变量个数的比值。初始特征值累积百分比是指此列包含由当前和所有先前主成分解释的累积方差百分比。

表8.7 效度分析的公因子解释总方差

成分	初始特征值			提取载荷平方和			旋转载荷平方和		
	总计	方差百分比	累积百分比	总计	方差百分比	累积百分比	总计	方差百分比	累积百分比
1	7.843	26.142	26.142	7.843	26.142	26.142	2.910	9.699	9.699
2	2.906	9.686	35.828	2.906	9.686	35.828	2.608	8.693	18.392
3	1.998	6.661	42.490	1.998	6.661	42.490	2.494	8.313	26.705
4	1.862	6.206	48.696	1.862	6.206	48.696	2.363	7.876	34.581
5	1.601	5.337	54.033	1.601	5.337	54.033	2.357	7.857	42.438
6	1.584	5.282	59.314	1.584	5.282	59.314	2.322	7.741	50.179
7	1.479	4.929	64.243	1.479	4.929	64.243	2.228	7.427	57.606
8	1.399	4.664	68.907	1.399	4.664	68.907	2.181	7.271	64.878
9	1.352	4.508	73.415	1.352	4.508	73.415	1.997	6.657	71.534
10	1.135	3.782	77.197	1.135	3.782	77.197	1.699	5.663	77.197
11	0.572	1.905	79.103						
12	0.528	1.761	80.864						
13	0.476	1.586	82.450						
14	0.455	1.517	83.967						
15	0.437	1.455	85.422						
16	0.429	1.430	86.852						
17	0.421	1.402	88.255						
18	0.391	1.303	89.557						
19	0.360	1.200	90.757						
20	0.335	1.118	91.875						
21	0.326	1.088	92.964						

表8.7(续)

成分	初始特征值			提取载荷平方和			旋转载荷平方和		
	总计	方差百分比	累积百分比	总计	方差百分比	累积百分比	总计	方差百分比	累积百分比
22	0.302	1.006	93.969						
23	0.287	0.958	94.927						
24	0.275	0.917	95.845						
25	0.261	0.869	96.714						
26	0.235	0.782	97.496						
27	0.216	0.718	98.214						
28	0.202	0.673	98.888						
29	0.185	0.618	99.505						
30	0.148	0.495	100.000						

由表 8.7 可知：根据特征值大于 1，抽取了 10 个因子，且公因子的总方差解释率为 77.197%，大于 60%，说明所提取的公因子包含的信息较充分。

旋转成分矩阵是因子旋转后公因子与题项之间的相关性，也称为旋转因子载荷，它代表题项对每个公因子的加权方式，如表 8.8 所列。因为是相关性，所以可能的值范围为 -1 到 +1。成分标题下的数值是指提取的旋转因子。按照因子载荷评价标准，因子载荷大于 0.5 可以被接受，说明变量可以被公因子解释，如果因子载荷小于 0.5，则说明该题项需要修改或者删除。另外，如果一个变量在两个或者两个以上公因子上的因子载荷均较高（差值小于 0.2），则说明该题项的区分效度较低，建议修改或者删除。

由表 8.8 可知：每个题项的印在载荷均高于 0.5，且不存在双重因子负荷均高的情况，每个变量下的题项均按照理论分布聚合，说明具有较好的区别效度和聚合效度。

表 8.8 旋转成分矩阵

关键变量	成分									
	1	2	3	4	5	6	7	8	9	10
盈利性绩效 1										0.888
盈利性绩效 2										0.904
成长性绩效 1									0.770	
成长性绩效 2									0.723	

表8.8(续)

关键变量	成分									
	1	2	3	4	5	6	7	8	9	10
成长性绩效3									0.770	
创新性绩效1								0.814		
创新性绩效2								0.819		
创新性绩效3								0.764		
认知性社会资本1					0.838					
认知性社会资本2					0.825					
认知性社会资本3					0.830					
结构性社会资本1						0.848				
结构性社会资本2						0.856				
结构性社会资本3						0.787				
关系性社会资本1	0.817									
关系性社会资本2	0.826									
关系性社会资本3	0.776									
关系性社会资本4	0.781									
探索式创新1							0.821			
探索式创新2							0.814			
探索式创新3							0.787			
利用式创新1				0.838						
利用式创新2				0.795						
利用式创新3				0.860						

▶▶ 8.3 主效应检验

8.3.1 描述性统计

描述性统计是对变量的基本统计学特征进行分析,有助于深入观察数据的分布特征与内部结构。每个变量的最大值和最小值均在合理范围内,无异常值出现。通过平均值、中位数、众数和所有值的总和可以分析变量的集中趋势;通过标准差、方差、范围、最小值、最大值和平均值标准误差可以分析变量的离差;通过偏度和峰度可以描述变量分布形状和对称性的统计特征。

表 8.9 是样本描述性统计表，表中 N 表示变量的有效观察数，观察总数是 N 和缺失值数量之和。最小值表示变量的最小值。最大值表示变量的最大值。平均值表示观察值的算术平均值，是最广泛使用的集中趋势统计量，平均值对极大或极小的值很敏感。标准差也被称为标准偏差，表示一组观察值的分布情况，标准差越大，观测值越分散，标准差是方差的平方根。偏度（skewness）表示观察值不对称的方向和程度。正态分布是对称的，偏度值为 0，具有显著的正偏度的分布有很长的右尾。具有显著的负偏度的分布有很长的左尾。作为指导，当偏度值超过标准误差的两倍时，被认为不具有对称性。峰度（kurtosis）表示概率密度分布曲线在平均值处峰值高低的特征数，直观看来，峰度反映了峰部的尖度。峰度也是离群值程度的测量。对于正态分布，峰度统计的值为 0。正峰度指示数据表现出比正态分布更多的极值离群值。负峰度指示数据表现出比正态分布更少的极值离群值。

由表 8.9 可知：有效样本数量为 414 个，所有变量的最小值和最大值不存在异常值。盈利性绩效、成长性绩效和创新性绩效的均值分别为 2.87，2.84，2.79，分数较低；标准差分值分别为 0.670，0.452，0.572，均小于 1，说明创业绩效的离散程度较低；偏度分别为 -0.716，-0.529，-0.387，峰度分别为 1.231，1.308，0.872，说明因变量样本值符合正态分布的特征。

表 8.9 样本描述性统计表

关键变量	N	最小值	最大值	均值	标准偏差	偏度	偏度标准错误	峰度	峰度标准错误
盈利性绩效	414	1	4	2.87	0.670	-0.716	0.120	1.231	0.239
成长性绩效	414	1	4	2.84	0.452	-0.529	0.120	1.308	0.239
创新性绩效	414	1	4	2.79	0.572	-0.387	0.120	0.872	0.239
认知性社会资本	414	1	5	3.55	0.871	-0.287	0.120	-0.424	0.239
结构性社会资本	414	1	5	3.41	0.866	-0.320	0.120	-0.315	0.239
关系性社会资本	414	1	5	3.63	0.833	-1.132	0.120	1.322	0.239
探索式创新	414	1	5	3.26	0.784	-0.234	0.120	0.311	0.239
利用式创新	414	1	5	3.36	0.909	-0.088	0.120	-0.369	0.239

认知性社会资本、结构性社会资本、关系性社会资本均值分别为 3.55，3.41，3.63，分数较高；标准差分值分别为 0.871，0.866，0.833，均小于1，说明创业企业社会资本的离散程度较低；偏度分别为 -0.287，-0.320，-1.132，峰度分别为-0.424，-0.315，1.322，说明自变量样本值符合正态分布。

探索式创新和利用式创新均值为 3.26 和 3.36，标准差为 0.784 和 0.909，偏度分别为-0.234 和-0.088，峰度分别为 0.311 和-0.369，中介变量符合正态分布。

8.3.2　相关性分析

Pearson 相关性表示相关系数大小，相关系数可以取-1 到+1 的值，显著性（双侧）p 值表示变量间的相关关系。如小样本测试的相关性分析所述，相关系数可以取-1 到+1 的值，这表示完美的负（-1）或正（+1）关联。相关系数为 0 表示没有关联。从广义上讲，相关系数越接近零，关联越弱，相关系数越接近+1 或-1，关联越强。

表 8.10　变量之间的相关性分析

关键变量	1	2	3	4	5	6	7	8
盈利性绩效	1							
成长性绩效	0.137**	1						
创新性绩效	0.052*	0.290**	1					
认知性社会资本	0.174**	0.350**	0.316**	1				
结构性社会资本	0.184**	0.300**	0.256**	0.413**	1			
关系性社会资本	0.189**	0.335**	0.281**	0.336**	0.293**	1		
探索式创新	0.202**	0.354**	0.277**	0.298**	0.281**	0.377**	1	
利用式创新	0.158**	0.374**	0.334**	0.348**	0.296**	0.353**	0.329**	1

注：* <0.05，** <0.01。

如表 8.10 所列，创业企业社会资本、创新行为各维度和创业绩效的相关关系计算结果如下。

（1）盈利性绩效与成长性绩效的相关系数为 0.137，p 小于 0.010；盈利性绩效与创新性绩效的相关系数为 0.052，p 小于 0.050；盈利性绩效与认知性社会资本的相关系数为 0.174，p 小于 0.010；盈利性绩效与结构性社会资本的相关系数为 0.184，p 小于 0.010；盈利性绩效与关系性社会资本的相关系数为 0.189，p 小于 0.010；盈利性绩效与探索式创新的相关系数为 0.202，p 小于 0.010；盈利性绩效与利用式创新的相关系数为 0.158，p 小于 0.010。说明盈利性绩效与各个变量之间具有显著的相关性。

（2）成长性绩效与创新性绩效的相关系数为 0.290，p 小于 0.050；成长性绩效与认知性社会资本的相关系数为 0.350，p 小于 0.010；成长性绩效与结构性社会资本的相关系数为 0.300，p 小于 0.010；成长性绩效与关系性社会资本的相关系数为 0.335，p 小于 0.010；成长性绩效与探索式创新的相关系数为 0.354，p 小于 0.010；成长性绩效与利用式创新的相关系数为 0.374，p 小于 0.010。说明成长性绩效与各个变量之间具有显著的相关性。

（3）创新性绩效与认知性社会资本的相关系数为 0.316，p 小于 0.010；创新性绩效与结构性社会资本的相关系数为 0.256，p 小于 0.010；创新性绩效与关系性社会资本的相关系数为 0.281，p 小于 0.010；创新性绩效与探索式创新的相关系数为 0.277，p 小于 0.010；创新性绩效与利用式创新的相关系数为 0.334，p 小于 0.010。说明创新性绩效与各个变量之间具有显著的相关性。

（4）认知性社会资本与结构性社会资本的相关系数为 0.413，p 小于 0.010；认知性社会资本与关系性社会资本的相关系数为 0.336，p 小于 0.010；认知性社会资本与探索式创新的相关系数为 0.298，p 小于 0.010；认知性社会资本与利用式创新的相关系数为 0.348，p 小于 0.010。说明认知性社会资本与各个变量之间具有显著的相关性。

（5）结构性社会资本与关系性社会资本的相关系数为 0.293，p 小于 0.010；结构性社会资本与探索式创新的相关系数为 0.281，p 小于 0.010；结构性社会资本与利用式创新的相关系数为 0.296，p 小于 0.010。说明结构性社会资本与各个变量之间具有显著的相关性。

（6）关系性社会资本与探索式创新的相关系数为 0.377，p 小于 0.010；关系性社会资本与利用式创新的相关系数为 0.353，p 小于 0.010。说明关系性社会资本与各个变量之间具有显著的相关性。

（7）探索式与利用式创新的相关系数为 0.329，p 小于 0.010。说明探索式与利用式创新之间具有显著的相关性。

8.3.3 假设检验

研究采用 Amos 26.0 检验企业社会资本对创业绩效的直接作用，以及探索式和利用式创新行为在二者之间的中介作用，并构建了三者关系的结构方程模型。

8.3.3.1 模型拟合度

结构方程模型（structural equation modeling，SEM）是根据变量的协方差矩阵来分析变量之间关系的一种统计方法。结构方程的主要目的是通过对实证数据的分析来判断学者提出的理论模型以及假设是否成立，分析实际情况是否符合理论假设。当卡方与自由度之比（CMIN/DF）小于 3.0 时，表示模型的适配度较佳，当其值小于 1.0 时，表示模型过度适配。GFI 是适配度指数，AGFI 为调整的适配度指数，NFI 为规准适配指数，IFI 为增值适配指数，CFI 为比较适配指数，这些指标的值介于 0 和 1 之间，数值越接近 1，表示模型的适配度越好，一般不小于 0.8 属于达标值，不小于 0.9 为理想值。RMSEA 是渐进残差均方和平方根，其值越小表示模型的适配度越好。一般可接受的范围是不大于 0.08，当 RMSEA 大于 0.1 时就不可以接受模型。模型拟合指标及其标准如表 8.11 所列。

表 8.11　结构方程模型拟合指标及其标准

指标	较为理想标准范围	理想标准范围
卡方与自由度之比 （χ^2/df）	≤5	≤3
适配度指数 （GFI）	≥0.8	≥0.9
调整的适配度指数 （AGFI）	≥0.8	≥0.9
规范拟合指数 （NFI）	≥0.9	≥0.9
非规范拟和指数 （NNFI）	≥0.9	≥0.9

表 8.11（续）

指标	较为理想标准范围	理想标准范围
比较拟合指数（CFI）	≥0.9	≥0.9
近似均方根残差（RMSEA）	≤0.08	≤0.05

大学孵化器模式下企业社会资本与创业绩效的关系理论模型拟合结果如表 8.12 所列。

表 8.12　理论模型拟合指标

指标	CMIN	DF	CMIN/DF	GFI	AGFI	NFI	IFI	TLI	CFI	RMSEA
理想值			<3	>0.9	>0.9	>0.9	>0.9	>0.9	>0.9	<0.08
达标值			<3	>0.8	>0.8	>0.8	>0.8	>0.8	>0.8	<0.1
拟合值	169.902	138	1.231	0.959	0.943	0.954	0.991	0.989	0.991	0.024

从表 8.12 中可以看出，本章理论模型的 CMIN 为 169.902，DF 为 138，χ^2/df 为 1.231<3，说明模型的拟合度较好；NFI = 0.945，IFI = 0.991，TLI = 0.989，CFI = 0.991，指标均大于 0.900，说明模型可以接受；RMSEA 值为 0.024，小于 0.080，说明模型拟合度较好。

8.3.3.2　路径分析

路径分析是结构方程分析最核心的功能，主要是为了验证变量之间的关系，在分析变量之间的关系之前，必须通过理论分析变量之间的关系，指明哪个是自变量，哪个是中介变量，哪个是因变量。研究者必须明确模型中变量之间的关系。

学术界通常认为，标准化路径系数主要根据 t 检验验证路径系数是否显著，一般认为 t 值大于 1.96 则表明该路径显著，一般认为路径系数需要大于 0.1。路径系数主要反应的是潜变量之间的直接关系。间接影响分析是结构方程特有的功能之一，主要是验证自变量通过一个或者多个中介变量对因变量产生影响，是验证中介作用的有效方法。

图 8.2 是大学孵化器下企业社会资本与创业绩效的关系理论模型的结构方程模型标准化估计路径。

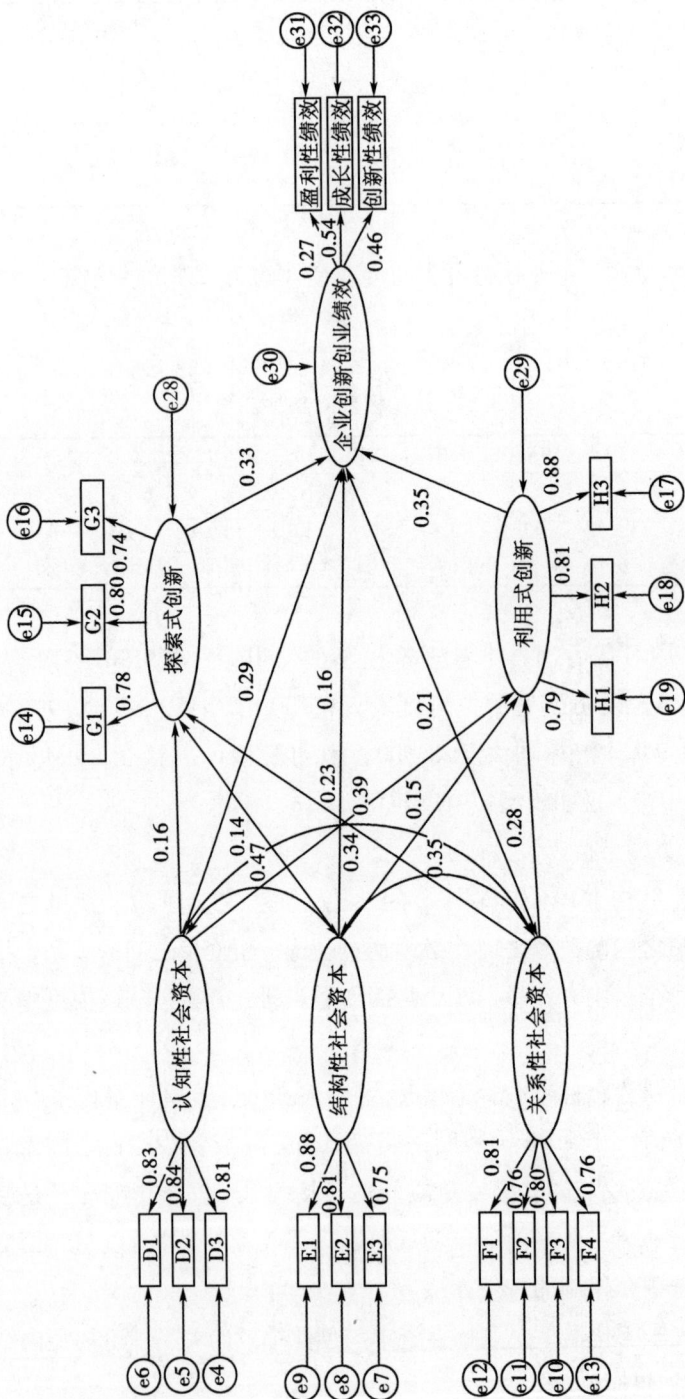

图8.2 结构方程模型标准化估计路径

表 8.13 是大学孵化器模式下企业社会资本与创业绩效的关系理论模型潜变量之间的估计路径系数。

表 8.13 潜变量之间的估计路径系数

结果潜变量		前因潜变量	标准化路径系数	非标准化路径系数	S. E.	t 值	p
探索式创新	←	认知性社会资本	0.159	0.143	0.058	2.451	0.014
利用式创新	←	认知性社会资本	0.227	0.254	0.070	3.639	**
探索式创新	←	结构性社会资本	0.144	0.146	0.064	2.270	0.023
利用式创新	←	结构性社会资本	0.147	0.185	0.076	2.420	0.016
探索式创新	←	关系性社会资本	0.341	0.322	0.059	5.454	**
利用式创新	←	关系性社会资本	0.276	0.323	0.069	4.704	**
企业创业绩效	←	认知性社会资本	0.288	0.065	0.022	2.980	0.003
企业创业绩效	←	结构性社会资本	0.164	0.041	0.021	1.960	0.005
企业创业绩效	←	关系性社会资本	0.210	0.050	0.021	2.323	0.020
企业创业绩效	←	探索式创新	0.326	0.081	0.025	3.280	0.001
企业创业绩效	←	利用式创新	0.354	0.071	0.020	3.562	**

注: ** 表明数值太小, 小于 0.001。

由图 8.2 和表 8.13 可知以下关系。

(1) 社会资本与创业绩效的关系。

认知性社会资本到企业创业绩效的标准化路径系数为 0.288 ($t = 2.98$, $p = 0.003 < 0.050$), 说明认知性社会资本与企业创业绩效显著正相关, 认知性社会资本的值越高, 企业的创业绩效越高, 故假设 H1 成立。

结构性社会资本到企业创业绩效的标准化路径系数为 0.164 ($t = 1.96$, $p = 0.05 = 0.05$), 说明结构性社会资本与企业创业绩效显著正相关, 结构性社会资本的值越高, 企业的创业绩效越高, 故假设 H2 成立。

关系性社会资本到企业创业绩效的标准化路径系数为 0.21 ($t = 2.323$, $p = 0.02 < 0.05$), 说明关系性社会资本与企业创业绩效显著正相关, 关系性社会资本的值越高, 企业的创业绩效越高, 故假设 H3 成立。

(2) 社会资本与探索式创新行为的关系。

认知性社会资本到探索式创新的标准化路径系数为 0.159 ($t = 2.451$, $p = 0.014 < 0.050$), 说明认知性社会资本对探索式创新有显著的正向影响作用,

即认知性社会资本越高，越能促进企业的探索式创新行为，故假设 H4a1 成立。

结构性社会资本到探索式创新的标准化路径系数为 0.144（$t = 0.146$，$p = 0.23 < 0.05$），说明结构性社会资本对探索式创新有显著的正向影响作用，即结构性社会资本越高，越能促进企业的探索式创新行为，故假设 H4a2 成立。

关系性社会资本到探索式创新的标准化路径系数为 0.341（$t = 5.454$，$p < 0.001 < 0.050$），说明关系性社会资本对探索式创新有显著的正向影响作用，越能促进企业的探索式创新行为，故假设 H4a3 成立。

（3）社会资本与利用式创新行为的关系。

认知性社会资本到利用式创新的标准化路径系数为 0.227（$t = 3.639$，$p < 0.001 < 0.050$），说明认知性社会资本对利用式创新有显著的正向影响作用，即认知性社会资本越高，越能促进企业的利用式创新行为，故假设 H5a1 成立。

结构性社会资本到利用式创新的标准化路径系数为 0.147（$t = 2.42$，$p = 0.016 < 0.050$），说明结构性社会资本对利用式创新有显著的正向影响作用，即结构性社会资本越高，越能促进企业的利用式创新行为，故假设 H5a2 成立。

关系性社会资本到利用式创新的标准化路径系数为 0.276（$t = 4.704$，$p < 0.001 < 0.050$），说明关系性社会资本对利用式创新有显著的正向影响作用，越能促进企业的利用式创新行为，故假设 H5a3 成立。

（4）探索式创新行为与企业创业绩效的关系。

探索式创新到企业创业绩效的标准化路径系数为 0.326（$t = 3.28$，$p = 0.001 < 0.050$），说明认探索式创新对企业创业绩效有显著的正向影响作用，即探索式创新行为越活跃，越能促进企业的创业绩效提升，故假设 H4b 成立。

根据前面所述，H4a1、H4a2、H4a3 已经成立，此处的 H4b 也得到支撑，可说明创新行为在社会资本与创业绩效之间具有部分中介作用。

（5）利用式创新行为与企业创业绩效的关系。

利用式创新到企业创业绩效的标准化路径系数为 0.354（$t = 3.562$，$p < 0.001 < 0.050$），说明利用式创新对企业创业绩效有显著的正向影响作用，即利用式创新行为越活跃，越能促进企业的创业绩效提升，故假设 H5b 成立。

根据前面所述，H5a1、H5a2、H5a3 已经成立，此处的 H5b 也得到支撑，可说明创新行为在社会资本与创业绩效之间具有部分中介作用。

此外，出于严谨性考虑，本书还运用 Mplus 6.0 软件将性别、年龄、教育水平、企业年限、企业规模和企业入孵年限等控制变量，以及自变量、因变量、中介变量一起纳入模型中进行分析，结果显示，创业企业社会资本对创业绩效的直接作用与创新行为在二者间的中介作用较少受到控制变量的影响，研究结果差异不大。

≫ 8.4 创新行为的中介效应检验

8.4.1 中介效应检验：Bootstrap 法

从结构模型的检验结果来看，创业企业社会资本可以通过探索式创新、利用式创新行为对创业绩效产生影响，因此继续进行中介效应检验。本书研究采用 Bootstrap 法，设定 Bootstrap 样本数为 1000，在 95% 置信水平下，执行中介效应检验。根据 Preacher 等的研究，Bootstrap 置信区间不包含 0，则对应的间接、直接或总效应存在。中介效应的检验结果如表 8.14 所列。

表 8.14 变量之间的路径关系中介效应值

路径关系	中介效应值	Bias-corrected（95%）	
		Lower	Upper
认知性社会资本→探索式创新→企业创新创业绩效	0.012	0.002	0.032
结构性社会资本→探索式创新→企业创新创业绩效	0.012	0.001	0.034
关系性社会资本→探索式创新→企业创新创业绩效	0.026	0.009	0.057
认知性社会资本→利用式创新→企业创新创业绩效	0.018	0.006	0.040
结构性社会资本→利用式创新→企业创新创业绩效	0.013	0.003	0.035
关系性社会资本→利用式创新→企业创新创业绩效	0.023	0.009	0.049

（1）探索式创新的中介效应检验。

由表 8.14 可知：通过分析认知性社会资本通过中介变量探索式创新对企业创新创业绩效的中介影响可知，中介效应值为 0.012，Bias-corrected 的范围为 0.002~0.032，不含 0，说明认知性社会资本通过中介变量探索式创新对企业创新创业绩效产生显著的中介影响。

结构性社会资本通过中介变量探索式创新对企业创新创业绩效的中介影响中，中介效应值为 0.012，Bias-corrected 的范围为 0.001 ~ 0.034，不含 0，说明结构性社会资本通过中介变量探索式创新对企业创新创业绩效产生显著的中介影响。

而关系性社会资本通过中介变量探索式创新对创业绩效的中介影响可知，中介效应值为 0.026，Bias-corrected 的范围为 0.009 ~ 0.057，不含 0，说明关系性社会资本通过中介变量探索式创新对创业绩效产生显著的中介影响。

因此，创业企业认知性社会资本、结构性社会资本、关系性社会资本都通过中介变量探索式创新影响了新创企业的创业绩效，探索式创新的中介影响得到支持，假设 H4 得到验证。

（2）利用式创新的中介效应检验。

同理，由表 8.14 可知，通过分析认知性社会资本通过中介变量利用式创新对企业创新创业绩效的中介影响可知，中介效应值为 0.018，Bias-corrected 的范围为 0.006 ~ 0.014，不含 0，说明认知性社会资本通过中介变量利用式创新对企业创新创业绩效产生显著的中介影响。

结构性社会资本通过中介变量利用式创新对企业创新创业绩效的中介影响中，中介效应值为 0.013，Bias-corrected 的范围为 0.003 ~ 0.035，不含 0，说明结构性社会资本通过中介变量利用式创新对企业创新创业绩效产生显著的中介影响。

而关系性社会资本通过中介变量利用式创新对创业绩效的中介影响可知，中介效应值为 0.023，Bias-corrected 的范围为 0.009 ~ 0.049，不含 0，说明关系性社会资本通过中介变量利用式创新对创业绩效产生显著的中介影响。

因此，创业企业认知性社会资本、结构性社会资本、关系性社会资本都通过中介变量利用式创新影响了新创企业的创业绩效，利用式创新的中介影响得到支持，假设 H5 得到验证。

8.4.2 中介效应检验：逐步法

逐步法是中介效应检验的常用方法。中介效应分析主要是对中介变量在自变量影响因变量路径中的作用进行检验。如果自变量 X 对因变量 Y 有影响，X 可能对 Y 有直接影响，也有可能通过影响中介变量 M 来影响 Y。假设所有变量都已经中心化，则可用下列方程式来描述变量之间的关系。

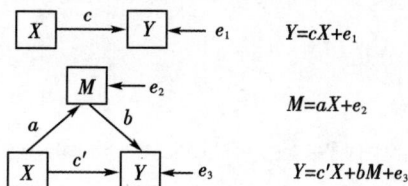

$$Y=cX+e_1$$

$$M=aX+e_2$$

$$Y=c'X+bM+e_3$$

式中，c 是自变量 X 对因变量 Y 的总效应，$a×b$ 是自变量 X 经过中介变量 M 对因变量 Y 影响的中介效应（mediating effect），c' 是自变量 X 对因变量 Y 的直接效应。总效应 c＝直接效应 c'＋中介效应 $a×b$。

8.4.2.1 探索式创新的中介检验

（1）以认知性社会资本为自变量，探索式创新为中介变量，以企业创新创业绩效为因变量进行分析。

从表 8.15 中可以看出：第一步，自变量（认知性社会资本）和因变量（企业创新创业绩效）的回归系数为 0.179，回归具有高度显著性（$p<0.01$）；第二步，自变量（认知性社会资本）与中介变量（探索式创新）的回归系数为 0.268，回归具有高度显著性（$p<0.01$）；第三步，同时加入自变量（认知性社会资本）与中介变量（探索式创新）后，自变量（认知性社会资本）对因变量（企业创新创业绩效）回归系数为 0.139，回归显著（$p<0.01$），且中介变量（探索式创新）对因变量（企业创新创业绩效）的回归系数为 0.149，回归具有高度显著性（$p<0.01$）。因此，可以判定探索式创新对认知性社会资本与企业创新创业绩效具有部分中介作用。

表 8.15 认知性社会资本通过探索式创新影响创业绩效的中介效应检验

步骤	回归分析过程		回归结果				
			P 值	T 值	R^2	Adjusted R^2	F 值
一	认知性社会资本→创业绩效		0.179 **	9.517	0.180	0.178	90.580 (0.000)
二	认知性社会资本→探索式创新		0.268 **	6.342	0.089	0.087	40.224 (0.000)
三	认知性社会资本	→创业绩效	0.139 **	7.480	0.272	0.269	76.881 (0.000)
	探索式创新		0.149 **	7.209			

注：** <0.01。

（2）以结构性社会资本为自变量，探索式创新为中介变量，以企业创新创业绩效为因变量进行分析。

从表 8.16 中可以看出：第一步，自变量（结构性社会资本）和因变量（企业创新创业绩效）的回归系数为 0.158，回归具有高度显著性（$p<0.01$）；第二步自变量（结构性社会资本）与中介变量（探索式创新）的回归系数为 0.255，回归具有高度显著性（$p<0.01$）；第三步，同时加入自变量（结构性社会资本）与中介变量（探索式创新）后，自变量（结构性社会资本）对因变量（企业创新创业绩效）回归系数为 0.117，回归显著（$p<0.01$），且中介变量（探索式创新）对因变量（企业创新创业绩效）的回归系数为 0.159，回归具有高度显著性（$p<0.01$）。因此，可以判定探索式创新对结构性社会资本与企业创新创业绩效具有部分中介作用。

表 8.16　结构性社会资本通过探索式创新影响创业绩效的中介效应检验

步骤	回归分析过程		回归结果				
		P 值	T 值	R^2	Adjusted R^2	F 值
一	结构性社会资本→创业绩效	0.158**	8.118	0.138	0.136	65.902 (0.000)
二	结构性社会资本→探索式创新	0.255**	5.950	0.079	0.077	35.405 (0.000)
三	结构性社会资本 →创业绩效	0.117**	6.176	0.243	0.240	66.113 (0.000)
	探索式创新	0.159**	7.571			

注：** <0.01。

（3）以关系性社会资本为自变量，探索式创新为中介变量，以企业创新创业绩效为因变量进行分析。

从表 8.17 中可以看出：第一步，自变量（关系性社会资本）和因变量（企业创新创业绩效）的回归系数为 0.179，回归具有高度显著性（$p<0.01$）；自变量（关系性社会资本）与中介变量（探索式创新）的回归系数为 0.355，回归具有高度显著性（$p<0.01$）；同时加入自变量（关系性社会资本）与中介变量（探索式创新）后，自变量（关系性社会资本）对因变量（企业创新创业绩效）回归系数为 0.128，回归显著（$p<0.01$），且中介变量（探索式创

新）对因变量（企业创新创业绩效）的回归系数为 0.144，回归具有高度显著性（$p<0.01$）。因此，可以判定探索式创新对关系性社会资本与企业创新创业绩效具有部分中介作用。

表 8.17 关系性社会资本通过探索式创新影响创业绩效的中介效应检验

步骤	回归分析过程	回归结果				
		P 值	T 值	R^2	Adjusted R^2	F 值
一	关系性社会资本→创业绩效	0.179**	8.982	0.164	0.162	80.673 (0.000)
二	关系性社会资本→探索式创新	0.355**	8.263	0.142	0.140	68.271 (0.000)
三	关系性社会资本 →创业绩效	0.128**	6.240	0.245	0.241	66.594 (0.000)
	探索式创新	0.144**	6.639			

注：** <0.01。

因此，创业企业认知性社会资本、结构性社会资本、关系性社会资本都通过中介变量探索式创新影响了新创企业的创业绩效，探索式创新的中介影响得到支持，假设 H4 得到验证。

8.4.2.2 利用式创新的中介检验

（1）以认知性社会资本为自变量，利用式创新为中介变量，以企业创新创业绩效为因变量进行分析。

从表 8.18 中可以看出：第一步，自变量（关系性社会资本）和因变量（企业创新创业绩效）的回归系数为 0.179，回归具有高度显著性（$p<0.01$）；第二步，自变量（关系性社会资本）与中介变量（利用式创新）的回归系数为 0.363，回归具有高度显著性（$p<0.01$）；第三步，同时加入自变量（关系性社会资本）与中介变量（利用式创新）后，自变量（关系性社会资本）对因变量（企业创新创业绩效）回归系数为 0.131，回归显著（$p<0.01$），且中介变量（利用式创新）对因变量（企业创新创业绩效）的回归系数为 0.134，回归具有高度显著性（$p<0.01$）。因此，可以判定利用式创新对关系性社会资本与企业创新创业绩效具有部分中介作用。

表 8.18　认知性社会资本通过利用式创新影响创业绩效的中介效应检验

步骤	回归分析过程	回归结果				
		P 值	T 值	R^2	Adjusted R^2	F 值
一	认知性社会资本→创业绩效	0.179 **	9.517	0.180	0.178	90.580 (0.000)
二	认知性社会资本→利用式创新	0.363 **	7.541	0.121	0.119	56.864 (0.000)
三	认知性社会资本 →创业绩效	0.131 **	6.909	0.277	0.273	78.577 (0.000)
	利用式创新	0.134 **	7.400			

注:** <0.01。

（2）以结构性社会资本为自变量，利用式创新为中介变量，以企业创新创业绩效为因变量进行分析。

表 8.19　结构性社会资本通过利用式创新影响创业绩效的中介效应检验

步骤	回归分析过程	回归结果				
		P 值	T 值	R^2	Adjusted R^2	F 值
一	结构性社会资本→创业绩效	0.158 **	8.118	0.138	0.136	65.902 (0.000)
二	结构性社会资本→利用式创新	0.311 **	6.291	0.088	0.085	39.581 (0.000)
三	结构性社会资本 →创业绩效	0.112 **	5.942	0.256	0.253	70.886 (0.000)
	利用式创新	0.146 **	8.096			

注:** <0.01。

从表 8.19 中可以看出：第一步，自变量（关系性社会资本）和因变量（企业创新创业绩效）的回归系数为 0.158，回归具有高度显著性（$p<0.01$）；第二步，自变量（关系性社会资本）与中介变量（利用式创新）的回归系数为 0.311，回归具有高度显著性（$p<0.01$）；第三步，同时加入自变量（关系性社会资本）与中介变量（利用式创新）后，自变量（关系性社会资本）对因变量（企业创新创业绩效）回归系数为 0.112，回归显著（$p<0.01$），且中介变量（利用式创新）对因变量（企业创新创业绩效）的回归系数为 0.146，

回归具有高度显著性（$p<0.01$）。因此，可以判定利用式创新对关系性社会资本与企业创新创业绩效具有部分中介作用。

（3）以关系性社会资本为自变量，利用式创新为中介变量，以企业创新创业绩效为因变量进行分析。

从表 8.20 中可以看出：第一步，自变量（关系性社会资本）和因变量（企业创新创业绩效）的回归系数为 0.179，回归具有高度显著性（$p<0.01$）；第二步，自变量（关系性社会资本）与中介变量（利用式创新）的回归系数为 0.385，回归具有高度显著性（$p<0.01$）；第三步，同时加入自变量（关系性社会资本）与中介变量（利用式创新）后，自变量（关系性社会资本）对因变量（企业创新创业绩效）回归系数为 0.126，回归显著（$p<0.01$），且中介变量（利用式创新）对因变量（企业创新创业绩效）的回归系数为 0.137，回归具有高度显著性（$p<0.01$）。因此，可以判定利用式创新对关系性社会资本与企业创新创业绩效具有部分中介作用。

表 8.20　关系性社会资本通过利用式创新影响创业绩效的中介效应检验

步骤	回归分析过程	回归结果				
		P 值	T 值	R^2	Adjusted R^2	F 值
一	关系性社会资本→创业绩效	0.179 **	8.982	0.164	0.162	80.673 (0.000)
二	关系性社会资本→利用式创新	0.385 **	7.657	0.125	0.122	58.631 (0.000)
三	关系性社会资本 →创业绩效	0.126 **	6.307	0.264	0.260	70.654 (0.000)
	利用式创新	0.137 **	7.476			

注：** <0.01。

因此，创业企业认知性社会资本、结构性社会资本、关系性社会资本都通过中介变量利用式创新影响了新创企业的创业绩效，利用式创新的中介影响得到支持，假设 H5 得到验证。

>> 8.5 创新行为的中介作用分析

理论模型的建立是根据前人的研究和理论推导出来的,证实了之前大量研究的结果,并断言这一事实,即在大学孵化器内,创业企业的社会资本是提高创业绩效的关键。研究结果表明以下内容。

(1) 大学孵化器内新创企业社会资本显著影响创业绩效。

首先,创业企业通过空间邻近关系、孵化器管理者制定的标准化进入和退出机制产生历史互动和日常契约关系,从而建立起彼此认同的文化、语言和规范,形成共同的价值观网络。创业企业间共同理解的表达、阐释与沟通的系统性资源促进了彼此交流和知识的流动,当产品生产出来时,通过一种崭新的渠道构建利益交易网络,最终实现收益,提升创业绩效。其次,孵化器的桥梁作用为创业企业建立了丰富的社会关系网络,使创业企业更容易获得外部的政策支持、资金支持、专业咨询服务、技术援助和市场信息,从而增加了外部资源获取的可能性,提升了绩效。最后,进入者之间的频繁接触、日常互动和集体培训均有利于信任培养,而网络成员之间保持密切关系和彼此信任则促进了技术秘密、商业想法、创业经验的共享,降低了创业者进入新市场时的新进入者缺陷风险,提高了创业绩效。

这项研究证实了以前创业企业社会资本影响创业绩效的研究成果。研究结果否定了过度的网络社会资本投入导致负面回报的概念。

(2) 大学孵化器内新创企业社会资本能有效激发企业的创新行为。

大学孵化器的存在,是一所大学知识转让和技术创新的"温床"。孵化网络中的创业企业频繁交互往来产生了互惠和信任,促进了隐性知识在企业之间的有效转移,显著扩展了创新知识和经验的交流,扩展了创新路径。同时,创业企业在孵化网络中的结构地位决定了企业获取异质知识和市场信息资源的水平,以及内部创新交流的机会,从而促进了创新的转移,提高了大学向外部组织成功转让创新的能力。网络主体间的相互理解、共同价值观和彼此信任有效促进初创企业间相互学习,共同探讨产品开发与改进、市场策略,甚至组织形式。这让新创企业不断审视产品创新改进、市场挖掘或组织优化,要么决定开展新产品创造、市场开发或组织重构的探索式创新活动,要么实施产品技艺改进、市场渗透或组织改进的利用式创新。

（3）无论是探索式创新还是利用式创新均能促进创业绩效。

企业战略创新设计涵盖两种模式：一是延续历史经验和熟悉的战略，根据消费者的需求对产品功能进行改进；扩大生产规模降低固定成本获取规模经济；提高分销渠道的利用效率，对市场进行深度渗透，扩大市场规模，提高市场占有率。二是摒弃历史做法，研发新产品以刺激消费者新的需求；通过业务外包或客户裂变等方式启用新的分销渠道；多元化战略使企业保持新市场和资产。新创企业无论采取原有经验改进的利用式创新，还是一切重新开始的探索式创新，都能使企业在某种程度上获益，促进绩效，这正是创业企业本质属性的体现。研究结果进一步揭示，创新行为不仅与创业绩效直接相关，也有在社会资本和创业绩效之间穿梭的中介性能。

8.6 本章小结

8.6.1 本章研究的不足

本章研究的不足主要有：其一，研究背景基于中国情境展开，研究对象只选择了贵州省的大学孵化器，受限于经历和时间的限制，研究样本的选择存在一定的局限性，如果能够找到更多数量和更多地区的样本数据进行验证将会更优。其二，根据企业孵化器的内涵和功能定位、运营模式、孵化对象、投资主体不断变化，孵化器类型可分为政府主导孵化器、大学孵化器、独立运营孵化器、公司内部孵化器和虚拟孵化器五种类型。关于创业企业社会资本和创业绩效的探讨，研究主要基于大学孵化器开展讨论，研究范畴具有一定局限性，创业企业社会资本和创业绩效的关系是否也使用其他类型的孵化器，总结与提炼是否更具普适性的创业思维，有待于进一步拓展研究。其三，在大学孵化器下创业企业的社会资本对于创业绩效的关系路径研究中，只关注了创新行为的中介影响，未来研究可以扩展研究视角，探讨不同的实现路径。第四，研究通过收集的调查问卷横截面数据分析社会资本对创业绩效的影响，受到被调查者主观偏差和社会大环境的影响，特别是受到新型冠状病毒感染的影响，导致近 3 年来的创业绩效不理想。未来应采用多阶段调查或者面板数据进行时间序列分析，讨论不同时期下创业企业社会对创业绩效的影响程度。

8.6.2 未来研究思路

未来研究可以集中在两个方面：一方面，可以扩展研究范畴，将创业企业社会资本与创业绩效关系的研究扩展到政府主导孵化器、独立运营孵化器、公司内部孵化器和虚拟孵化器等，特别是伴随互联网的发展，可以更加关注虚拟孵化器的特性和内涵，也可以对不同类型孵化器下企业社会资本和创业绩效的关系进行比较分析，总结更具普适性的创新创业模式。另一方面，研究视角可以被改变，可以从不同认知角度，如社会资本通过不同商业模式影响创业绩效的思路和路径开展研究。

孵化器网络下的新创企业拥有最新的研发技术和创新知识，但是商业知识和商业社会关系网络普遍匮乏，社会资本不足，容易遭到客户的不信任、供应商议价能力过强和产品开发难度大等新进入者缺陷问题，导致创业绩效有限，容易孵化失败。因此，创业者不仅要关注企业发展的显性资源资本，更应该关注隐性社会资本，为了建立企业间共同的认知而加强联系，遵守孵化器管理规则；提高企业在孵化网络中的主导地位，以获取更多的外部支持；信任合作伙伴和共同创业的"朋友"，加强经验分享。孵化器管理者则需要思考如何优化孵化器管理体系，充分发挥孵化器平台功能，为新创企业构建利益交易网络和共同价值规范，从而促进创业企业绩效提升。

》》 本章参考文献

[1] 李振华,赵寒,吴文清.新创企业关系社会资本对创新绩效影响:以资源获取为中介变量[J].科学学与科学技术管理,2017,38(6):144-156.

[2] 谭云清,马永生,李元旭.社会资本、动态能力对创新绩效的影响:基于我国国际接包企业的实证研究[J].中国管理科学,2013,21(S2):784-789.

[3] 唐丽艳,周建林,王国红.社会资本、新创企业吸收能力和创新孵化绩效的关系研究[J].科研管理,2014,35(7):51-59.

[4] 许可,岳微琼,张琬莹.社会资本视角下的农村籍大学生就业风险研究[J].经济研究导刊,2016(25):125.

［5］ 薛静.创业者特质、社会资本与创业企业绩效:研究述评及展望［J］.管理现代化,2018,38(6):122-125.

［6］ 袁剑锋.孵化网络嵌入、创新行为与新创企业绩效关系研究［D］.广州:华南理工大学,2018.

［7］ 袁剑锋,许治.企业孵化器国际研究系统回顾:现状及未来发展方向［J］.科学学与科学技术管理,2018,39(8):82-99.

［8］ 张鹏,邓然,张立琨.企业家社会资本与创业绩效关系研究［J］.科研管理,2015,36(8):120-128.

［9］ 张鑫.社会资本和融资能力对农民创业的影响研究［D］.重庆:西南大学,2015.

［10］ ANTONCIC J A, ANTONCIC B, GANTAR M, et al. Risk-taking propensity and entrepreneurship:The role of power distance［J］.Journal of enterprising culture,2018,26(1):1-26.

［11］ BØLLINGTOFT A.The bottom-up business incubator:leverage to networking and cooperation practices in a self-generated, entrepreneurial-enabled environment［J］.Technovation,2012,32(5):304-315.

第9章　新创企业社会资本对创业绩效的影响机理

大学孵化器是支持创业企业早期发展的工具，许多创业者利用大学孵化器的空间、资金和平台转化自身技术和知识。在孵化器中，创业者越来越多地开始重视那些有价值的、罕见的、独特的、不可替代的资源型社会资本以促进绩效的提升。本章的目的是辨别大学孵化器下企业社会资本是否会影响创业企业绩效；讨论创业者风险承担和孵化器管理者主动行为对社会资本与创业绩效之间的调节作用，这有助于更好地了解孵化网络资源对初创企业绩效的影响。研究同样用贵州省的18家高校孵化器中的421名创业者的数据来检验研究假设，对数据进行描述性统计学分析、效度分析、信度分析、因子分析、回归分析、调节效应分析，进一步探讨高校孵化器下新创企业社会资本与创业绩效的关系。

❯❯ 9.1　研究问题陈述

9.1.1　研究问题

创业企业社会资本对创业绩效的影响还会受到创业者的风险承担和孵化器管理者的主动行为的调节。学者们认为，创业者的风险承担能激发创业者的冒险意识，提高他们勇于承担风险的能力，对于企业绩效提升具有积极作用；而孵化器管理者的主动行为则可以将新创企业与其他网络连接起来，并且加强组织内部个体间信任和友谊的建立，增加新创企业社会资本，影响知识的流动，促进创业发展。因此，从孵化器组织人员行为角度出发讨论创业者风险承担和孵化器管理者主动行为，是解释孵化器下新创企业社会资本与创业绩效关系的关键。事实是否如此呢？大学孵化器下企业之间的认知性社会资本、结构性社会资本和关系性社会资本各个维度对创业绩效的影响都会受到创业者的风险承担和孵化器管理者的主动行为的调节吗？现有的研究中并没有进行细分，也没有从社会资本的各个维度出发，讨论创业者的风险承担和孵化器管理者的主动行为的调节作用。因此，本章的主要研究问题是：

研究问题 1：创业者风险承担是否会调节新创企业的认知性社会资本与创业绩效的关系？

研究问题 2：创业者风险承担是否会调节新创企业的关系性社会资本与创业绩效的关系？

研究问题 3：创业者风险承担是否会调节新创企业的结构性社会资本与创业绩效的关系？

研究问题 4：孵化器管理者主动行为是否会调节新创企业的认知性社会资本与创业绩效的关系？

研究问题 5：孵化器管理者主动行为是否会调节新创企业的关系性社会资本与创业绩效的关系？

研究问题 6：孵化器管理者主动行为是否会调节新创企业的结构性社会资本与创业绩效的关系？

为了解决这些问题，著者借鉴了社会资本理论。首先，确定了大学孵化器中新创企业的社会资本维度，以演绎的方式构建了大学孵化器下新创企业社会资本对创业绩效影响的调节效应检验研究假设和理论模型。其次，采用多元回归分析和调节效应检验方法，实证分析了大学孵化器内新创企业社会资本对创业绩效的影响，探讨了创业者风险承担和孵化器管理者主动行为对孵化器下新创企业社会资本和创业绩效这一创新生成路径的调节作用。最后，结合贵州省大学孵化器的实际情况，从完善孵化网络结构、提高企业认知、强化关系角度，建立新创企业创业绩效提升的支持体系，探讨孵化器管理者主动行为和创业者的风险承担促进新创企业创业绩效提升的对策和途径，努力探索知识和资源高速流动的孵化网络体系。

9.1.2　调节效应检验模型

根据研究问题和研究假设，提取自变量、因变量和中介变量，得到关于调节效应检验的研究模型，如图9.1所示。

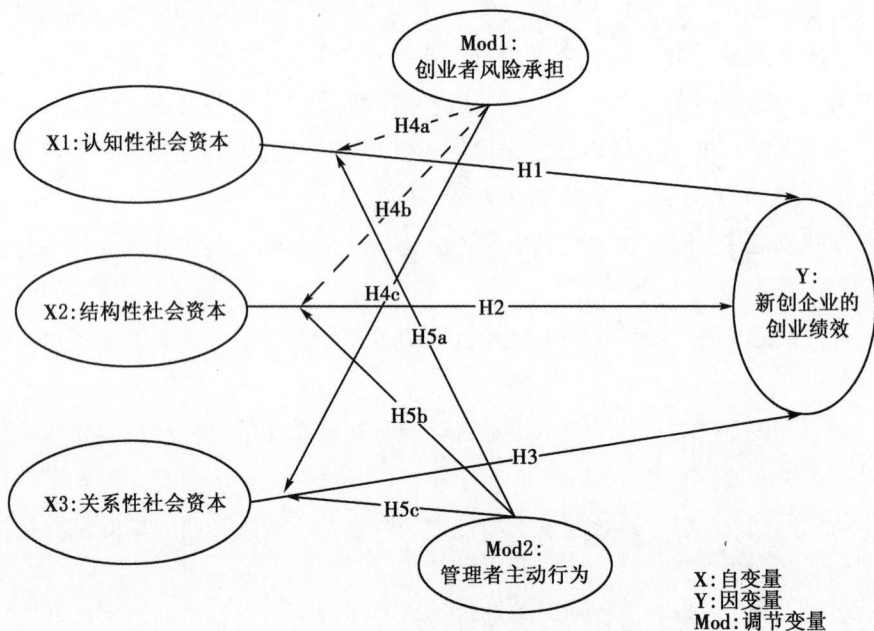

图 9.1　调节效应检验的理论模型

❯❯ 9.2　变量与样本

9.2.1　变量测量

依据 Cainelli（2006）所提出的问卷设计方法，结合了袁剑锋（2018）、Redondo（2019）等学者提出的关于社会资本对新创企业绩效影响的调查问卷，系统地梳理文献，对量表进行适当修改，结合大学孵化器下新创企业社会资本的特性，刻画了大学孵化器下新创企业社会资本、新创企业创业绩效、创业者风险承担、孵化器管理者主动行为等变量。具体量表测量已经在前面第七章单独进行过描述，此处汇总如表9.1所列。

表 9.1 变量测量表

变量	变量类型	变量内容	测量题目	参考文献
创业绩效	盈利性绩效	市场占有率	与市场平均水平相比，本企业具有较高市场占有率	Li（2001）、Walker et al.（2004）、Alegre et al.（2006）、Li et al.（2007）、唐丽艳等（2014）、Su et al.（2018）、袁剑锋（2018）
		净收益率	与市场平均水平相比，本企业具有较高净收益率（净收益/总销售额）	
	成长性绩效	销售额	本企业销售额较去年有增长	
		市场份额	本企业市场份额较去年有所增长	
		员工数量	本企业员工数量较去年有所增长	
	创新性绩效	专利数量	本企业申请的专利数量较去年有所增长	
		新产品开发数量	本企业新产品开发数量较去年有所增长	
		科技成果转化率	本企业科技成果转化率较去年有所增长	
社会资本	认知性社会资本	共同的语言	能有效地传递与反馈信息，解决企业面临的问题；语言沟通和交流上是顺畅的	Burt（1992）、Na-hapiet et al.（1998）、Carolis et al.（2009）、李振华等（2017）、袁剑锋（2018）、Redon-do（2019）
		共同的文化	有很多共同的创业经历，能够共享这些创业经历	
		共同的价值观	对如何更好地合作看法上一致	
	结构性社会资本	网络联结	本企业在孵化器中被大家所熟知，孵化器内外部其他企业很容易就能与本企业交流互动，产生业务往来	
		网络配置	本企业利用孵化器与其他新创企业实现非常多的业务合作	
		网络结构	本企业在孵化器中被大家所熟知，有很大的影响力	

表 9.1（续）

变量	变量类型	变量内容	测量题目	参考文献
社会 资本	关系性社会 资本	信任	彼此信任	
		规范	举止始终如一，愿意共同遵守相关规定	
		责任和期望	寻求帮助的时候，对方能够乐于助人，实现我的期望	
		认同	彼此认可，有群体归属感	
创业者风 险承担		对成功的渴望	对于企业绩效的提升，我有非常迫切的愿望	袁剑锋（2018）、Redondo（2019）
		新产品创造	我愿意带领企业开发全新的产品	
		新市场侵入	我愿意进入收益可能很好，但是风险高的新市场	
孵化器管理 者主动行为		促进交流	提供孵化中心之间的会议和活动	袁剑锋（2018）、Redondo（2019）
		加强联络	提供进入孵化器网络的机会（如公司、协会、专业代理、顾问、律师等）	
		提供服务	提供与大学相关的服务（为学术导师、学生、毕业生提供技术转让服务和开展培训等）	

注：采用主观赋分方式对变量进行度量，以 Likert 五级量表打分，数值从 1 到 5，表示从低到高递增。

同时，梁祺等（2019）指出，企业规模、成立年限及成长环境等会对创业绩效产生较大影响。企业规模是影响企业行为和决策的重要属性，企业规模越大，企业的规模效应和声誉优势就越明显，则企业绩效可能越好，这对于企业吸引合作伙伴，强化创新合作具有一定的影响。因此，选择受访者年龄、任职年限、企业入孵年限、企业规模及所在孵化器规模等作为控制变量。

9.2.2　样本量

本书研究时间截至 2021 年 12 月，贵州省现有大学孵化器 18 家，由大学孵化器培育孵化成功的创业企业 454 家，尚未孵化成功的创业企业 1052 家，累计创业企业 1506 家。

本章研究的研究样本与前面所述研究样本是一致的。样本抽样采用随机抽样方法和目标分层抽样方法共同确定，可以计算出最少的样本规模为 306。发放问卷 500 份，收回问卷 468 份，剔除无效问卷 54 份，有效问卷 414 份。

9.2.3　信效度检验

9.2.3.1　信度分析

研究从内容效度与结构效度 2 个方面检验量表的效度。在内容效度方面，研究均选取了学者公认的成熟量表，且在设计过程中进行了反复论证。因此，研究量表具有较高的内部效度。由表 9.2 可知，各个维度信度系数均大于 0.7，校正的项总计相关性均大于 0.5，且项已删除的 Cronbach's α 值未大于整个维度信度系数，说明各维度的信度符合要求，且不需要删除项目，说明量表的区分效度较好。

表 9.2　信度测试结果

关键变量	校正的项总计相关性	项已删除的 Cronbach's α 值	Cronbach's α 值
认知性社会资本 1	0.751	0.806	
认知性社会资本 2	0.748	0.810	0.866
认知性社会资本 3	0.737	0.820	
结构性社会资本 1	0.765	0.749	
结构性社会资本 2	0.726	0.787	0.850
结构性社会资本 3	0.673	0.834	
关系性社会资本 1	0.732	0.817	
关系性社会资本 2	0.703	0.829	
关系性社会资本 3	0.716	0.824	0.863
关系性社会资本 4	0.694	0.833	

表 9.2（续）

关键变量	校正的项总计相关性	项已删除的 Cronbach's α 值	Cronbach's α 值
创业者风险承担 1	0.794	0.840	
创业者风险承担 2	0.784	0.849	0.892
创业者风险承担 3	0.785	0.849	
管理者主动行为 1	0.840	0.888	
管理者主动行为 2	0.862	0.870	0.922
管理者主动行为 3	0.822	0.903	
创新性绩效 1	0.647	0.705	
创新性绩效 2	0.630	0.723	0.792
创新性绩效 3	0.626	0.726	
盈利性绩效 1	0.696	0.729	0.821
盈利性绩效 2	0.696	0.774	
成长性绩效 1	0.576	0.640	
成长性绩效 2	0.580	0.636	0.739
成长性绩效 3	0.537	0.685	

9.2.3.2 效度分析

效度指的是量表能够准确测出想要测量的变量的程度。表 9.3 检验结果表明：KMO 检验值为 0.852，大于 0.700；Bartlett 球形检验结果显示，近似卡方值为 6503.792，数值比较大，显著性概率为 0.000（$p<0.010$），可见各量表具备较好的内部一致性，具有较好的效度。

表 9.3　KMO 和 Bartlett 系数

KMO 取样适切性量数		0.852
Bartlett 球形度检验	近似卡方	6503.792
	自由度	435
	显著性	0.000

9.3 主效应检验

根据路径分析的方法，标准化路径系数主要根据 t 检验来验证路径系数是否显著，一般认为 t 值大于 1.96 则认为该路径显著，一般认为路径系数需要大于 0.1。表 9.4 是大学孵化器下企业社会资本与创业绩效的关系理论模型各个变量之间的估计路径系数。

表 9.4　自变量和因变量之间的估计路径系数

结果潜变量		前因潜变量	标准化路径系数	非标准化路径系数	S. E.	t 值	p
企业创业绩效	←	认知性社会资本	0.288	0.065	0.022	2.980	0.003
企业创业绩效	←	结构性社会资本	0.164	0.041	0.021	1.960	0.005
企业创业绩效	←	关系性社会资本	0.210	0.050	0.021	2.323	0.020

根据表 9.4 的估计路径系数可知以下假设成立。

认知性社会资本到企业创业绩效的标准化路径系数为 0.288（$t=2.98$，$p=0.003<0.050$），说明认知性社会资本与企业创业绩效显著正相关，认知性社会资本的值越高，企业的创业绩效越高，故假设 H1 成立。

结构性社会资本到企业创业绩效的标准化路径系数为 0.164（$t=1.96$，$p=0.05=0.05$），说明结构性社会资本与企业创业绩效显著正相关，结构性社会资本的值越高，企业的创业绩效越高，故假设 H2 成立。

关系性社会资本到企业创业绩效的标准化路径系数为 0.21（$t=2.323$，$p=0.02<0.05$），说明关系性社会资本与企业创业绩效显著正相关，关系性社会资本的值越高，企业的创业绩效越高，故假设 H3 成立。

9.4　创业者风险承担的调节效应检验

研究实证检验了大学孵化器下企业社会资本对创业绩效的关系，以及创业者风险承担与孵化器管理者主动行为的调节效应，使用 SPSS 22.0 对回收的数据进行检验与分析，采用多元线性方法得到回归结果。

9.4.1　调节效应分析方法

如果自变量 X 与因变量 Y 的关系是调节变量 M 的函数，则说明调节变量 M 对 X 和 Y 具有调节作用。这种有调节变量的模型一般可以表示如下：

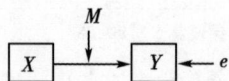

在做调节效应分析时，通常要将自变量和调节变量做中心化变换，则调节模型的关系如下：

$$Y = aX + bM + cXM$$

其中，c 衡量了调节效应。根据温忠麟等（2023）的调节效应检验方法，主要利用多元层级回归进行检验。

9.4.2　创业者风险承担的调节检验

（1）创业者风险承担对认知性社会资本和新创企业创业绩效的调节作用分析。

为了提高模型的解释能力，引入人口统计学变量作为控制变量。模型 1 以性别、年龄、教育背景、企业成立年限为自变量，企业创新创业绩效为因变量建立多元回归模型；模型 2 以性别、年龄、教育背景、以企业成立年限和认知性社会资本为自变量，以企业创新创业绩效为因变量建立多元回归模型；模型 3 以性别、年龄、教育背景、企业成立年限、认知性社会资本，以及交互项认知性社会资本×创业者风险承担为自变量，以企业创新创业绩效为因变量建立多元回归模型。

表 9.5 的模型 1 中控制变量性别、年龄、教育背景、企业成立年限的回归系数均不显著，说明其对企业创新创业绩效没有显著的影响作用；模型 2 中自变量认知性社会资本对企业创新创业绩效有显著的正向影响作用（$\beta = 0.172$，$t = 9.675$）；模型 3 中自变量与调节变量的交互项的回归系数为 0.021（$t = 1.577$），说明交互项对企业创新创业绩效没有显著的影响作用。故证明调节变量创业者风险承担对认知性社会资本和企业创新创业绩效的影响没有显著的调节作用，假设 H4a 不成立。

表 9.5 创业者风险承担对认知性社会资本和新创企业创业绩效关系的调节回归模型

		模型 1	模型 2	模型 3
控制变量	性别	−0.038（−1.047）	−0.038（−1.218）	−0.040（−1.301）
	年龄	−0.036（−1.353）	−0.008（−0.350）	−0.009（−0.406）
	教育背景	0.011（0.412）	0.026（1.174）	0.026（1.197）
	企业成立年限	−0.005（−0.334）	−0.007（−0.532）	−0.007（−0.498）
自变量	认知性社会资本		0.172** （9.675）	0.168** （9.396）
交互项	认知性社会资本×创业者风险承担			0.021（1.577）
	R^2	0.008	0.295	0.299
	Adjusted R^2	−0.002	0.284	0.287
	F 值	0.801（0.525）	28.318（0.000）	24.717（0.000）

注：** <0.01。

（2）调节变量创业者风险承担对结构性社会资本和企业创新创业绩效的调节作用分析。

同理，可以得到调节变量创业者风险承担对结构性社会资本和企业创新创业绩效的调节回归模型，如表 9.6 所列。

表 9.6　创业者风险承担对结构性社会资本和新创企业创业绩效关系的调节回归模型

		模型 1	模型 2	模型 3
控制变量	性别	−0.038 (−1.047)	−0.039 (−1.204)	−0.040 (−1.233)
	年龄	−0.036 (−1.353)	−0.022 (−0.935)	−0.023 (−0.983)
	教育背景	0.011 (0.412)	0.019 (0.840)	0.022 (0.966)
	企业成立年限	−0.005 (−0.334)	−0.008 (−0.603)	−0.007 (−0.498)
自变量	结构性社会资本		0.137** (7.27)	0.136** (7.22)
交互项	结构性社会资本× 创业者风险承担			0.020 (1.55)
	R^2	0.008	0.232	0.237
	Adjusted R^2	−0.002	0.221	0.223
	F 值	0.801 (0.525)	20.492 (0.000)	17.968 (0.000)

注：** <0.01。

表 9.6 的模型 1 中控制变量性别、年龄、教育背景、企业成立年限的回归系数均不显著，说明其对企业创新创业绩效没有显著的影响作用；模型 2 中自变量结构性社会资本对企业创新创业绩效有显著的正向影响作用（$\beta = 0.137$，$t = 7.27$）；模型 3 中自变量与调节变量的交互项的回归系数为 0.02（$t = 1.55$），说明交互项对企业创新创业绩效没有显著的影响作用。故证明调节变量创业者风险承担对结构性社会资本和企业创新创业绩效的影响没有显著的调节作用，假设 H4b 不成立。

（3）创业者风险承担对关系性社会资本和企业创新创业绩效的调节作用分析。

同理，可以得到调节变量创业者风险承担对关系性社会资本和企业创新创业绩效的调节回归模型，如表 9.7 所列。

表 9.7　创业者风险承担对关系性社会资本和新创企业创业绩效关系的调节回归模型

		模型 1	模型 2	模型 3
控制变量	性别	−0.038 (−1.047)	−0.012 (−0.382)	−0.014 (−0.437)
	年龄	−0.036 (−1.353)	−0.029 (−1.276)	−0.030 (−1.314)
	教育背景	0.011 (0.412)	0.015 (0.650)	0.018 (0.801)
	企业成立年限	−0.005 (−0.334)	−0.011 (−0.805)	−0.007 (−0.506)
自变量	关系性社会资本		0.155** (7.991)	0.161** (8.26)

表 9.7 （续）

		模型 1	模型 2	模型 3
交互项	关系性社会资本× 创业者风险承担			0.026 * （2.211）
	R^2	0.008	0.250	0.259
	Adjusted R^2	−0.002	0.239	0.246
	F 值	0.801 （0.525）	22.606 （0.000）	20.260 （0.000）

注：* <0.05，** <0.01。

表 9.7 的模型 1 中控制变量性别、年龄、教育背景、企业成立年限的回归系数均不显著，说明其对企业创新创业绩效没有显著的影响作用；模型 2 中自变量关系性社会资本对企业创新创业绩效有显著的正向影响作用（$\beta=0.155$，$t=7.991$）；模型 3 中自变量与调节变量的交互项的回归系数为 0.021（$t=2.211$），说明交互项对企业创新创业绩效有显著的影响作用，且模型 2 的 R^2 是 0.250，模型 3 的 R^2 是 0.259，显著提高，说明模型解释能力增强。故证明调节变量创业者风险承担对关系性社会资本和企业创新创业绩效的影响有显著的调节作用，假设 H4c 成立。

将创业者风险承担的所有调节变量和回归模型进行整合后放到同一个表格当中，检验创业者风险承担的调节效应，利用层次回归法，可以得到 7 个检验模型。模型 1 将创业者性别、年龄、教育背景、企业成立年限等控制变量放入回归模型，以控制这些变量对整体结果的影响，从而更好地检验社会资本与创业绩效之间的关系；模型 2 和模型 3 除引入控制变量以外，还引入了认知性社会资本，以及交互项认知性社会资本×创业者风险承担为自变量，以创业绩效为因变量建立多元回归模型；模型 4 和模型 5 引入了结构性社会资本，以及交互项结构性社会资本×创业者风险承担为自变量建立多元回归模型；模型 6 和模型 7 引入了关系性社会资本，以及交互项关系性社会资本×创业者风险承担为自变量建立多元回归模型。实证分析结果如表 9.8 所列。

表 9.8 创业者风险承担的调节系数汇总表

		模型 1	模型 2	模型 3	模型 4	模型 5	模型 6	模型 7
控制变量	性别	-0.038(-1.047)	-0.038(-1.218)	-0.040(-1.301)	-0.039(-1.204)	-0.040(-1.233)	-0.012(-0.382)	-0.014(-0.437)
	年龄	-0.036(-1.353)	-0.008(-0.350)	-0.009(-0.406)	-0.022(-0.935)	-0.023(-0.983)	-0.029(-1.276)	-0.030(-1.314)
	教育背景	0.011(0.412)	0.026(1.174)	0.026(1.197)	0.019(0.840)	0.022(0.966)	0.015(0.650)	0.018(0.801)
	企业成立年限	-0.005(-0.334)	-0.007(-0.532)	-0.007(-0.498)	-0.008(-0.603)	-0.007(-0.498)	-0.011(-0.805)	-0.007(-0.506)
自变量	认知性社会资本		0.172**(9.675)	0.168**(9.396)				
	结构性社会资本				0.137**(7.27)	0.136**(7.22)		
	关系性社会资本						0.155**(7.991)	0.161**(8.260)
交互项	认知性社会资本×创业者风险承担			0.021(1.577)				
	结构性社会资本×创业者风险承担					0.020(1.55)		
	关系性社会资本×创业者风险承担							0.026*(2.211)
	R^2	0.008	0.295	0.299	0.232	0.237	0.250	0.259
	Adjusted R^2	-0.002	0.284	0.287	0.221	0.223	0.239	0.246
	F 值	0.801(0.525)	28.318(0.000)	24.717(0.000)	20.492(0.000)	17.968(0.000)	22.606(0.000)	20.260(0.000)

注：* <0.05，** <0.01。

同样的，模型 1 中控制变量性别、年龄、教育背景、企业成立年限的回归系数均不显著，说明其对创业绩效没有显著的影响作用。模型 2 中自变量认知性社会资本对创业绩效有显著的正向影响作用（$p < 0.01$，$\beta = 0.172$，$t = 9.675$）。模型 3 中认知性社会资本与创业绩效的交互项的回归系数为 0.021（$t = 1.577$），P 值大于 0.050，不显著，说明交互项对创业绩效没有显著的影响作用，H4a 没有通过假设检验。同理，H4b 也没有通过假设检验。

模型 6 中自变量关系性社会资本对创业绩效有显著的正向影响作用（$P < 0.01$，$\beta = 0.155$，$t = 7.991$）；模型 7 中关系性社会资本与创业绩效的交互项的回归系数为 0.021（$P < 0.01$，$t = 2.211$），说明交互项对企业创新创业绩效有显著的影响作用，且模型 2 的 R^2 是 0.250，模型 3 的 R^2 是 0.259，显著提高，说明模型解释能力增强。故证明调节变量创业者风险承担对关系性社会资本和创业绩效的影响有显著的调节作用，假设 H4c 成立。

≫ 9.5　管理者主动行为的调节检验

（1）管理者主动行为对认知性社会资本和企业创新创业绩效的调节作用分析。

采用关于创业者风险承担中介作用的检验方法，可以得到调节变量管理者主动行为对认知性社会资本和企业创新创业绩效的调节回归模型，如表 9.9 所列。

表 9.9　管理者主动行为对关系性社会资本和新创企业创业绩效关系的调节回归模型

		模型 1	模型 2	模型 3
控制变量	性别	−0.038（−1.047）	−0.045（−1.450）	−0.047（−1.520）
	年龄	−0.036（−1.353）	−0.005（−0.227）	−0.004（−0.199）
	教育背景	0.011（0.412）	0.025（1.130）	0.021（0.944）
	企业成立年限	−0.005（−0.334）	−0.006（−0.415）	−0.005（−0.396）
自变量	认知性社会资本		0.162**（8.958）	0.162**（9.000）
交互项	认知性社会资本×管理者主动行为			0.033*（2.209）
	R^2	0.008	0.282	0.290
	Adjusted R^2	−0.002	0.271	0.278
	F 值	0.801（0.525）	26.608（0.000）	23.721（0.000）

注：* <0.05，** <0.01。

表 9.9 的模型 1 中控制变量性别、年龄、教育背景、企业成立年限的回归系数均不显著，说明其对企业创新创业绩效没有显著的影响作用；模型 2 中自变量认知性社会资本对企业创新创业绩效有显著的正向影响作用（$\beta = 0.162$，$t = 8.958$）；模型 3 中自变量与调节变量的交互项的回归系数为 0.033（$t = 2.209$），说明交互项对企业创新创业绩效有显著的影响作用，且模型 2 的 R^2 是 0.282，模型 3 的 R^2 是 0.290，显著提高，说明模型解释能力增强。故证明调节变量管理者主动行为对认知性社会资本和企业创新创业绩效的影响有显著的调节作用，假设 H5a 成立。

（2）管理者主动行为对结构性社会资本和企业创新创业绩效的调节作用分析。

同理，得到调节变量管理者主动行为对结构性社会资本和企业创新创业绩效的调节回归模型，如表 9.10 所列。

表 9.10 管理者主动行为对结构性社会资本和新创企业创业绩效关系的调节回归模型

		模型 1	模型 2	模型 3
控制变量	性别	−0.038（−1.047）	−0.046（−1.41）	−0.047（−1.472）
	年龄	−0.036（−1.353）	−0.018（−0.777）	−0.023（−0.980）
	教育背景	0.011（0.412）	0.019（0.826）	0.020（0.869）
	企业成立年限	−0.005（−0.334）	−0.007（−0.505）	−0.007（−0.475）
自变量	结构性社会资本		0.130 ** （6.819）	0.132 ** （6.963）
交互项	结构性社会资本× 管理者主动行为			0.045 ** （3.016）
	R^2	0.008	0.228	0.245
	Adjusted R^2	−0.002	0.217	0.232
	F 值	0.801（0.525）	20.067（0.000）	18.841（0.000）

注：** <0.01。

表 9.10 的模型 1 中控制变量性别、年龄、教育背景、企业成立年限的回归系数均不显著，说明其对企业创新创业绩效没有显著的影响作用；模型 2 中自变量结构性社会资本对企业创新创业绩效有显著的正向影响作用（$\beta = 0.13$，$t = 6.819$）；模型 3 中自变量与调节变量的交互项的回归系数为 0.045（$t = 3.016$），说明交互项对企业创新创业绩效有显著的影响作用，且模型 2 的 R^2 是 0.228，模型 3 的 R^2 是 0.245，显著提高，说明模型解释能力增强。故证明

调节变量管理者主动行为对结构性社会资本和企业创新创业绩效的影响有显著的调节作用，假设 H5b 成立。

（3）管理者主动行为对关系性社会资本和企业创新创业绩效的调节作用分析。

同理，得到调节变量管理者主动行为对关系性社会资本和企业创新创业绩效的调节回归模型，如表 9.11 所列。

表 9.11　管理者主动行为对关系性社会资本和新创企业创业绩效关系的调节回归模型

		模型 1	模型 2	模型 3
控制变量	性别	−0.038（−1.047）	−0.020（−0.61）	−0.018（−0.563）
	年龄	−0.036（−1.353）	−0.025（−1.095）	−0.022（−0.951）
	教育背景	0.011（0.412）	0.015（0.654）	0.012（0.539）
	企业成立年限	−0.005（−0.334）	−0.010（−0.711）	−0.009（−0.646）
自变量	关系性社会资本		0.152**（7.819）	0.162**（8.294）
交互项	关系性社会资本×管理者主动行为			0.044**（2.998）
	R^2	0.008	0.252	0.269
	Adjusted R^2	−0.002	0.241	0.256
	F 值	0.801（0.525）	22.906（0.000）	21.304（0.000）

注：** <0.01。

表 9.11 的模型 1 中控制变量性别、年龄、教育背景、企业成立年限的回归系数均不显著，说明其对企业创新创业绩效没有显著的影响作用；模型 2 中自变量关系性社会资本对企业创新创业绩效有显著的正向影响作用（β = 0.152，t = 7.819）；模型 3 中自变量与调节变量的交互项的回归系数为 0.044（t = 2.998），说明交互项对企业创新创业绩效有显著的影响作用，且模型 2 的 R^2 是 0.252，模型 3 的 R^2 是 0.269，显著提高，说明模型解释能力增强。故证明调节变量管理者主动行为对关系性社会资本和企业创新创业绩效的影响有显著的调节作用，假设 H5c 成立。

用同样的方法，将管理者主动行为的所有调节变量和回归模型进行整合以后放到同一个表格当中，检验管理者主动行为的调节效应，通过层次回归，同样得到 7 个检验模型。实证分析结果如表 9.12 所示。

表 9.12 管理者主动行为调节系数汇总表

		模型 1	模型 8	模型 9	模型 10	模型 11	模型 12	模型 13
控制变量	性别	-0.038 (-1.047)	-0.045 (-1.45)	-0.047 (-1.52)	-0.046 (-1.41)	-0.047 (-1.472)	-0.020 (-0.61)	-0.018 (-0.563)
	年龄	-0.036 (-1.353)	-0.005 (-0.227)	-0.004 (-0.199)	-0.018 (-0.777)	-0.023 (-0.98)	-0.025 (-1.095)	-0.022 (-0.951)
	教育背景	0.011 (0.412)	0.025 (1.13)	0.021 (0.944)	0.019 (0.826)	0.020 (0.869)	0.015 (0.654)	0.012 (0.539)
	企业成立年限	-0.005 (-0.334)	-0.006 (-0.415)	-0.005 (-0.396)	-0.007 (-0.505)	-0.007 (-0.475)	-0.010 (-0.711)	-0.009 (-0.646)
自变量	认知性社会资本		0.162** (8.958)	0.162** (9)				
	结构性社会资本				0.130** (6.819)	0.132** (6.963)		
	关系性社会资本						0.152** (7.819)	0.162** (8.294)
交互项	认知性社会资本×管理者主动行为			0.033* (2.209)				
	结构性社会资本×管理者主动行为					0.045** (3.016)		
	关系性社会资本×管理者主动行为							0.044** (2.998)
	R^2	0.008	0.295	0.299	0.228	0.245	0.252	0.269
	Adjusted R^2	-0.002	0.284	0.287	0.217	0.232	0.241	0.256
	F 值	0.801 (0.525)	26.608 (0.000)	23.721 (0.000)	20.067 (0.000)	18.841 (0.000)	22.906 (0.000)	21.304 (0.000)

注: * <0.05, ** <0.01。

同样的，表 9.12 的模型 1 中控制变量性别、年龄、教育背景、企业成立年限对创业绩效没有显著的影响作用。模型 8 中自变量认知性社会资本对创业绩效有显著的正向影响作用（$P<0.01$，$\beta=0.162$，$t=8.958$）；模型 9 中认知性社会资本与创业绩效的交互项的回归系数为 0.033（$P<0.01$，$t=2.209$），说明交互项对创业绩效有显著的影响作用，且模型 8 的 R^2 是 0.295，模型 9 的 R^2 是 0.299，显著提高，说明模型解释能力增强。故证明调节变量管理者主动行为对关系性社会资本和创业绩效的影响有显著的调节作用，假设 H5a 成立。同理，可得到 H5b 和 H5c 也通过假设检验得到支持。

9.6 风险承担和主动行为的调节作用

图 9.2 到图 9.5 显示了创业者风险承担和管理者主动行为的调节效果。

毫无疑问，在被调查的企业中，大学孵化器企业社会资本为激发创业绩效作出了贡献。孵化器中创业企业之间的空间临近和日常互动有助于共同文化、语言和规范的构建；孵化器的桥梁作用为创业企业建立了丰富的社会关系网络，使创业企业更容易获得外部的政策支持、资金支持、专业咨询服务、技术援助和市场信息；企业之间信任培养则促进了彼此技术秘密、商业想法、创业经验的共享。共同价值观、外部资源支持和创业经验的分享均在不同程度上促进了新创企业创业绩效的提升。

同时，值得注意的是创业者的风险承担能体现创业者的冒险意识和责任心。创业者勇于担当的品质和勇于承担风险的能力容易获取同伴的信任，激发创业者之间技术秘密、商业想法、创业经验的共享，对于创业绩效具有积极作用。但是创业者的这种冒险精神却容易与规则和规范相冲突，不利于企业之间共同价值观网络的形成。风险承担能力表现为冒险倾向，是指通过冒险进入新市场和投资具有不确定结果的资源而采取大胆步骤的能力。但是，外部的政策支持和资金支持会非常关注投资回报的"风险"问题，风险评估过高的项目或者企业往往会被放弃或淘汰。因此，创业者风险承担虽然会促进认知性社会资本对创业绩效的影响，却阻碍结构性社会资本对创业绩效的促进。对于创业者而言，冒险精神是利弊共存的体现，需要被慎重考虑。

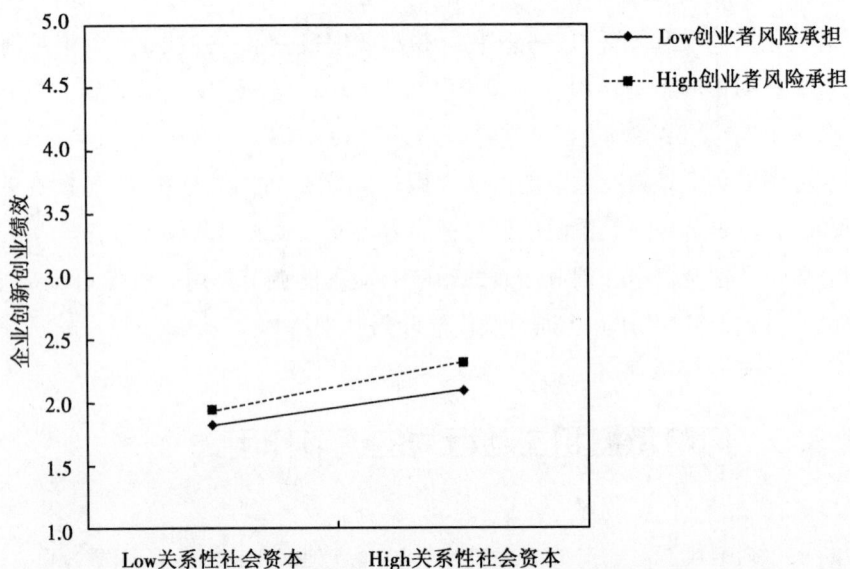

图 9.2　创业者风险承担对于关系性社会资本与创业绩效的调节图

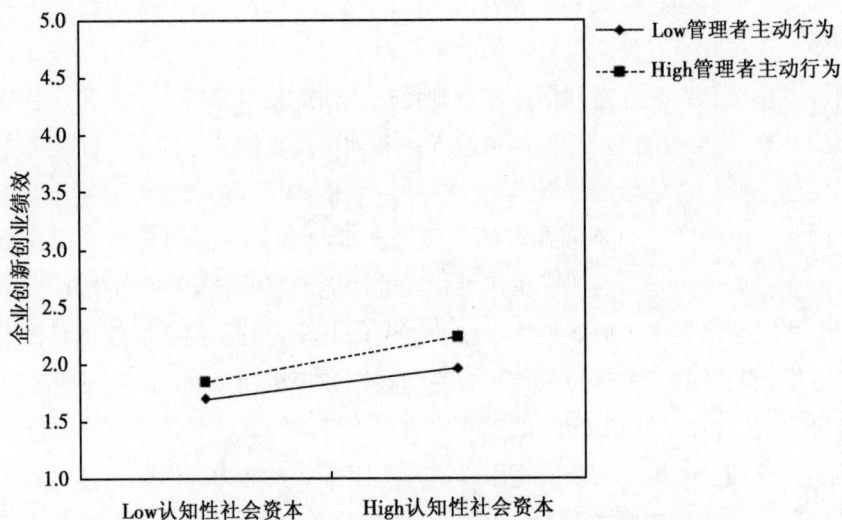

图 9.3　管理者主动行为对于认知性社会资本与创业绩效的调节图

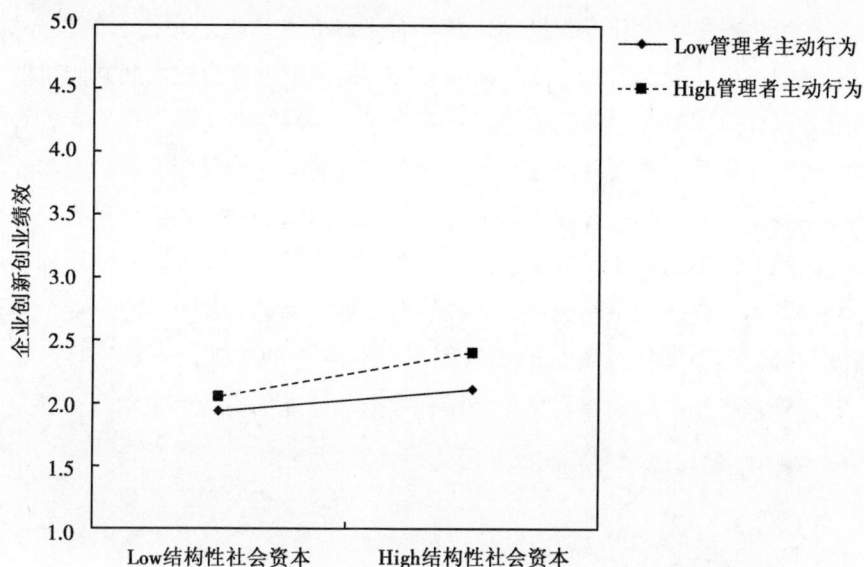

图 9.4　管理者主动行为对于结构性社会资本与创业绩效的调节图

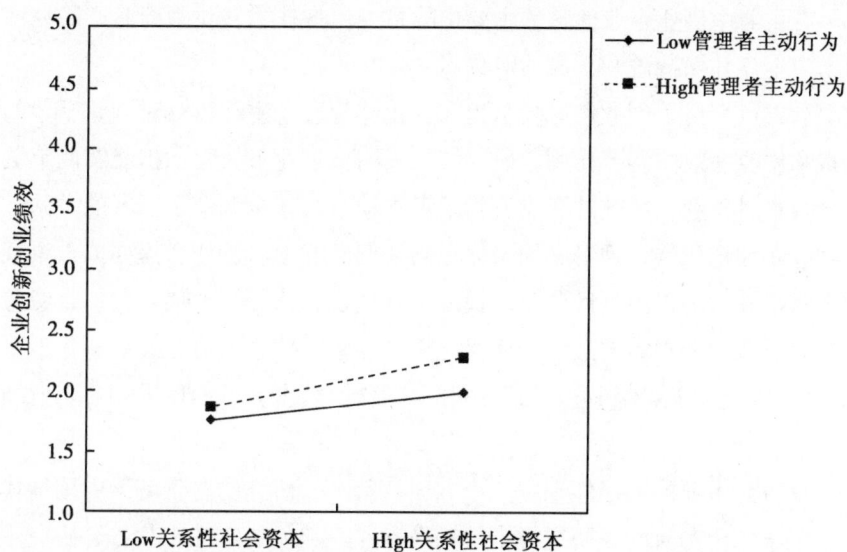

图 9.5　管理者主动行为对于关系性社会资本与创业绩效的调节图

在这个阶段，应该强调管理者主动行为在社会资本与创业绩效之间的积极作用。在孵化器中，管理者积极制定科学合理的企业入驻、退出和管理办法，这无疑对创业企业提出了统一的标准和要求，促进了创业企业之间共同价值规范的形成。与此同时，主动的管理者是孵化器关系网络结构洞的连接者，管理者可以占据结构洞，将新创企业与其他网络连接起来，确保创业者可以与外部主体建立关系。同样的，管理者通过传递关系导向给入驻企业的管理者，将新创企业之间的联系加强，促进了组织内部个体间信任和友谊的建立，增加新创企业社会资本，影响知识的流动，促进创新发展。因此，每个入驻企业个体社会资本和孵化器集体社会资本的促进取决于管理者的主动性。对于管理者而言，制定管理机制、定期召开交流会议、积极争取外部支持等主动行为都是必要的职责。

▶▶ 9.7 本章小结

在全球范围内，大学孵化器已被视为支持创业发展和创业企业成长的重要机制。孵化器中创业企业面临的主要挑战是如何将技术转化为商业产品，在现有市场中生存并保持盈利，成功孵化。

本章重点探讨了创业者风险承担和孵化器管理者主动行为对创业企业的社会资本和创业绩效的调节作用。研究结果表明：创业者风险承担能够调节关系性社会资本对于创业绩效的影响，管理者主动行为完全调节了二者的关系。因此，创业者和孵化器管理者必须努力提高他们的能力。创业者需要慎重审视自己的冒险精神，加强内外部联系，提高主导地位，信任合作伙伴，加强经验分享。孵化器管理者则需要思考如何优化孵化器管理体系，充分发挥孵化器平台功能，为新创企业构建利益交易网络和共同价值规范，从而促进创业企业绩效提升。

本章研究主要的不足体现在三个方面：其一，研究的背景基于中国情境展开，受限于经历和时间，研究样本的选择存在一定的局限性。其二，研究主要基于大学孵化器开展讨论，研究结论对于科技型孵化器、公司型孵化器和虚拟孵化器是否适用，需要进一步研究。其三，创业企业的社会资本对于创业绩效具有显著的影响，研究只关注了创业者风险承担和管理者主动行为的调节作用，未来研究可以考虑更多因素的调节效果。

≫ 本章参考文献

[1] 风笑天.社会研究:方法、能力与关键[J].中华女子学院学报,2022,34(5):5-12.

[2] 蒋勤峰.孵化企业社会资本与创业绩效关系研究[D].上海:上海交通大学,2007.

[3] 李振华,李赋薇.孵化网络、集群社会资本与孵化绩效相关性[J].管理评论,2018,30(8):79-89.

[4] 李振华,赵寒,吴文清.新创企业关系社会资本对创新绩效影响:以资源获取为中介变量[J].科学学与科学技术管理,2017,39(8):144-156.

[5] 梁祺,张宏如.新业态下孵化器社会资本对创新孵化绩效的影响机制研究[J].软科学,2019,33(11):29-34.

[6] 唐丽艳,周建林,王国红.社会资本、新创企业吸收能力和创新孵化绩效的关系研究[J].科研管理,2014,35(7):51-59.

[7] 温忠麟,侯杰泰,张雷.调节效应与中介效应的比较和应用[J].心理学报,2005,(2):268-274.

[8] 袁剑锋.孵化网络嵌入、创新行为与新创企业绩效关系研究[D].广州:华南理工大学,2018.

[9] 袁剑锋,许治.企业孵化器国际研究系统回顾:现状及未来发展方向[J].科学学与科学技术管理,2018,39(8):82-99.

[10] 王健,何飞.社会资本促进包容性发展吗?:基于坦桑尼亚和印度的跨国考察[J].甘肃理论学刊,2017(5):81-88.

[11] ATUAHENE-GIMA K,MURRAY J Y.Exploratory and exploitative learning in new product development:a social capital perspective on new technology ventures in China[J].Journal of international marketing,2007,15(2):1-29.

[12] AUDRETSCH D B.,KEILBACH M.The theory of knowledge spillover entrepreneurship[J].Journal of management studies(Wiley-Blackwell),2007,44(7):1242-1254.

[13] ANTONCIC J A, ANTONCIC B, GANTAR M, et al.. Risk-taking propensity and entrepreneurship: the role of power distance[J]. Journal of enterprising culture, 2018, 26(1):1-26.

[14] BATTISTI M, MCADAM M. Challenges of social capital development in the university science incubator the case of the graduate entrepreneur[J]. The international journal of entrepreneurship and innovation, 2012, 13(4):261-276.

[15] BOUMA J J, KAMP-ROELANDS N. Stakeholders' expectations of an environmental management system: some exploratory research[J]. European accounting review, 2000, 9(1):131-144.

[16] BOURDIEU J, KESZTENBAUM L, POSTEL V G, et al.. Intergenerational wealth mobility in France, 19th and 20th century[J]. Review of income & wealth, 2019, 65(1):21-47.

[17] BOURDIEU P. In praise of sociology: acceptance speech for the gold medal of the CNRS1[J]. Sociology, 2013, 47(1):7-14.

[18] BØLLINGTOFT A. The bottom-up business incubator: leverage to networking and cooperation practices in a self-generated, entrepreneurial-enabled environment[J]. Technovation, 2012, 32(5):304-315.

[19] CAINELLI G, EVANGELISTA R, SAVONA M. Innovation and economic performance in services: a firm-level analysis[J]. Cambridge journal of economics, 2006, 30(3):435-458.

[20] MCADAM M, MCADAM R. High tech start-ups in university science park incubators: The relationship between the start-up's lifecycle progression and use of the incubator's resources[J]. Technovation, 2008, 28(5):277-290.

[21] NAHAPIET J, GHOSHAL S. Social capital, intellectual capital, and the organizational advantage[J]. Academy of management review, 1998, 23(2):242-266.

[22] NIELSEN J A, MATHIASSEN L, HANSEN A M. Exploration and exploitation in organizational learning: a critical application of the 4I model[J]. British journal of management, 2018, 29(4):835-850.

[23] VANDERSTRAETEN J, MATTHYSSENS P. Service-based differentiation strategies for business incubators: exploring external and internal alignment

[J].Technovation,2012,32(12):656-670.

[24] VOSS G B,SVOSS Z G.Strategic ambidexterity in small and medium-sized enterprises:implementing exploration and exploitation in product and market domains[J].Organization science,2013,24(5):1459-1477.

[25] YU S H.Social capital,absorptive capability,and firm innovation[J].Technological forecasting and social change,2013,80:1261-1270.

[26] ZINKHAN G M,REINGEN P H.Structural holes:the social structure of competition[J].Journal of marketing,1994,58(1):152-155.

第 10 章 新创企业社会资本对创业绩效的研究结论

通过理论与实证研究，基于相关理论基础，前文已对大学孵化器下，企业社会资本对不同创新行为产生影响，最终转化为企业创业绩效的路径和作用机理进行了深入分析。本章将对以上研究进行总结，概括主要研究结论，总结主要创新点，进一步凝练本书的理论贡献和实践指导价值，并总结本书的局限和不足，从而提出未来研究展望。

研究以大学孵化器的网络资源为切入点，综合社会资本理论、利益相关者理论、创新理论，构建大学孵化器网络情境下，新创企业社会资本、创新行为对新创企业绩效的路径机理理论模型。研究过程中综合运用了文献研究、问卷调查、数理实证分析等研究方法，使用了 CiteSpace、SPSS、Amos 等定量实证分析工具，理论与实证相结合，检验了本书提出的有关大学孵化器下企业社会资本与创业绩效关系的三个研究问题。

▶▶ 10.1　社会资本与创业绩效的直接关系结论

研究问题 1：社会资本与创业绩效之间的关系是什么？社会资本与高校创业孵化器新创企业的创业绩效是否存在相关性？

对个人关系的工具性使用在中国的社会文化中扮演着重要角色。无形的社会关系网络资源是物质资源的一大补充。这意味着，在大学孵化器中，创业者的成功不仅取决于自身的财务能力和技术实力，还取决于许多其他因素，如非正式的网络、信任、交往等。这也就表明，由于不稳定的制度和不完善的监管框架，社会关系对创业企业的商业交易有着深刻的影响。

大学孵化器被视为创业生态系统的一部分，在创业生态系统中，新创企业之间的关系允许企业与外部网络之间建立良好的联系，有利于提高企业的管理效率。广泛的创业者个人网络会增加找到具有社会约束的客户和供应商的可能性。新创企业通过嵌入孵化网络中的社会资源（如免费办公空间、公共实验技术平台、创业风险投资等），获取技术、商业、市场等信息、知识或经验，从而获得大量创业资源和市场机会。这有助于销售业绩的稳定和最终增长，因为新创企业在网络中的主导地位为谈判提供了一个灵活的空间，这可能使创业者能够将社会纽带转化为收入增长和其他有形利益。而个人或群体所拥有的资源的数量取决于个人或群体在社会空间中的总体地位。这种资源在社会群体和个体间的不均匀分散是指社会行为者的资源异质性，即创业者在网络的社会资源范围、关系和联系资源方面的禀赋不均衡。资源异质性形成了一系列约束，以一种持久的方式支配社会的功能，处理网络结构中心的创业者拥有更多的渠道和选择，从而决定了个人工具行为的成功机会。创业者的社会资本异质性（即结构性社会资本差异）导致了企业绩效的多样性，这在本书的研究中得到证实。

与结构性社会资本相比，关系性社会资本通常对个人的经济行为有相当直接的影响。关系性社会资本维度主要关注社会关系网络中的人格化，是行动者在行动过程中建立的具体关系，受理性选择动力的驱使。在互动的历史和随之而来的相互期望中，创业者通过建立信任、信息传递和联合问题解决安排来直接提高公司绩效。比如，创业者和供应商之间的良性互动使创业者能够以较低的价格购买原材料，这会影响利润率，提高整体业绩。或者创业者和银行家之间的个性化关系导致贷款利率降低，以更好地获得投资设施、快速的现金管理和其他服务，使得生产公司可以及时交付货物，并灵活地满足客户的特殊需求。这些安排可能会提高公司的财务业绩比率（如资产回报率），加速了新创企业的创新和成长，最终促进了新创企业的存活和盈利。

当谈到学术型创业者参与商业活动和创业过程时，创业者通常面临两个主要障碍：一是担心核心技术被窃取难以保障自身核心竞争力；二是对不确定市场情况和信息不对称的反感或敌意。因此，当个人认同其他创业者时，就会产生信任，缺乏经验和感受分享会促使成员觉得他们有共同的处境，体现为"群体认同"。这给了学术创业者面对商业挑战的自信，防止创业者采取机会主义，并允许建立社会能力、关系和互动。这些互动发生在两个层面：在内部层面，与其他新创企业（受影响者）进行互动；在外部层面，与其他商业代理人

（如潜在客户、供应商、金融机构、顾问、政府、其他企业）进行互动。因此，基于共同价值观、共同语言和理念的认知性社会资本一方面提高了创业者面对商业挑战的勇气，另一方面强化了个体被集体和他人接受的程度，巩固了其在网络结构中的中心性。

总而言之，本书的研究结果表明：作为缓解初创创业失灵的商业中介组织，大学孵化器通过搭建资源平台，为新创企业构建利益交易网络和价值规范，提供系列业务帮助。创业企业感知和利用孵化网络的商业机会，从网络变更中寻求信息、建议和社会支持，控制和管理交换结构，访问金融资本，并获得参与者的认可，以影响企业产品生产、市场占有率和盈利率。因此，孵化网络下新创企业的认知性社会资本、结构性社会资本、关系性社会资本与新创企业创业绩效显著正相关，正向影响了新创企业的创业绩效。研究结果证实了Bøllingtof（2012）、Löfsten（2016）、薛静（2018）等的研究发现，表明了创业者维护社会关系的重要意义。

≫≫ 10.2　社会资本与创业绩效的关系路径结论

研究问题 2：新创企业的社会资本如何影响创业绩效？创新行为是否在社会资本与新创企业创业绩效之间起中介作用？

创新活动是新创企业创业过程中必要的手段。然而，处于初创阶段的企业总是受资源、信息和经验的制约，导致创新道路举步维艰。大学孵化器的存在，是大学为创新营造的有利环境，这个环境能更有效地提高大学在知识转让、技术创新方面的能力。大学孵化器成立的初衷就是集聚一群有创意、有想法的创业者，并为他们提供场地、资金和服务，促进企业的成长。

在大学孵化器特定组织情境下，孵化网络的关系性社会资本为在孵企业进行跨组织搜索，获取创新所需的必要资源、新知识和信息提供了基本保证。频繁讨论与不断商榷的过程促进了思维碰撞和新想法的诞生，从而有效促进创意与灵感的迸发。创新过程中的经验或共性资源的分享（如怎样迅速获取创投资金，如何规避项目申报中的繁琐手续等方面的经验交流），有助于新创企业节约试错成本，改善创新风险管理水平，促进创新。这些都对在孵企业探索式创新具有促进作用。成员之间彼此信任，减少了由于不信任和谨慎带来的知识保护，可以鼓励组织成员畅所欲言，不会因为提防自身创意被剽窃而不敢大胆尝试新想法、新思路和新创意，有效促进组织成员之间的知识共享、创意交流和技术分享，这有利于利用式创新行为的产生。

在孵化器内部，各个主体之间会逐步形成一个紧密的关系网络，并相互提供相关的资源。以信任、认同和互惠为特征的关系环境本身并不能改善业务结果，但可能会促进对其他网络的访问。这些结果与结构洞理论是一致的，结构洞理论认为社会资本，即通过社会结构获取信息和资源，在网络中更多的是发挥中介作用而不是封闭作用。网络结构资本能够为企业创新活动带来各类相关异质知识和市场信息，有益于企业以更快的速度、更低的成本获取整合资源，进而快速地调整和提升企业运营效率与加快价值创造过程，为企业的创新行为提供勇气。孵化器通过定期为创业者提供学习和交流的机会，使他们能够愿意创新，发展创新，并将知识扩展到他们的组织中，从而促进创新从大学的成功转移，提高了大学向外部组织成功转让创新的能力。

孵化网络认知性社会资本更多地表现为组织间具有共同语言和拥有相似的价值观。在孵化网络中，认知性社会资本更多地表现为新创企业受其他在孵企业创业经验、创业活动的影响。共识目标的制定、价值取向一致、共同愿景达成和语言代码统一等精神支柱层面的认知保障，则有助于组织成员齐心协力地为实践创新行为共同努力，从而积极推动成员创意、创新、创造的顺利实现。从认知性社会资本对探索性创新影响显著结果来看，孵化网络认知性社会资本对新创企业利用新知识、改变已有技术轨迹，进而开展探索式创新具有积极的影响。从利用式创新特点来看，孵化网络形成的共享价值观和组织相互的共同语言促进了在孵企业创业学习，通过经验获取和氛围的影响，有助于在孵企业在产品开发和运行效率方面的提升，因而，认知性社会资本对在孵企业利用式创新产生正向影响。

本书的研究结果进一步表明了社会资本对新创企业创新行为的影响。研究结果发现大学孵化器内新创企业的认知性社会资本、结构性社会资本、关系性社会资本三个变量均对新创企业的探索式创新和利用式创新行为产生显著影响。证实了大学科技园的孵化网络为新创企业带来创新所需的新知识、经验、资源、商业化机会等社会资本，因而影响企业创新活动。这与 Powell 等（1996）、Ahuja（2000）、Sundbo（2009）、Alpkan 等（2010）关于社会资本能有效促进企业创新的解释相一致。

与此同时，创业企业的探索式创新倾向于获取新知识、开发新产品、探索新服务、创建新市场。企业不会依赖已经熟悉的知识和经验，而是运用探索式创新策略在新兴市场上销售新产品。因此，企业的探索式创新行为对于企业绩效而言具有积极作用，这也是本书研究的结果。利用式创新建立在已有学习曲线和已有成熟技术知识基础上选择沿用已有商业模式创新、产品改进等策略。如同研究结果显示的一样，基于技术创业的在孵企业，探索式创新和利用式创新是其创新的两个不同方面，探索式和利用式两种创新行为均对在孵企业绩效产生正向影响，在孵企业的创新行为对其绩效产生显著作用。该研究证实了以前的研究结果，即创新会影响企业的绩效。

新创企业社会资本能够广泛地促进组织间的学习和创新，最终对在孵企业绩效产生影响。在孵企业技术创新是其创业活动的重要内容，通过孵化网络嵌入利用社会资本，获取技术、知识、资源影响着在孵企业的创新行为。企业社会资本对在孵企业绩效产生影响，需要通过企业创新活动，才能最终转化为在孵企业绩效。本书的研究结果进一步表明，企业的创新行为不仅与创业绩效直接相关，而且在企业社会资本与创业绩效之间起中介作用。研究证实了"企业社会资本—创新行为—创业绩效"路径关系的存在。

❯❯ 10.3　社会资本对创业绩效的影响过程结论

研究问题 3：新创企业的社会资本是否直接影响创业绩效？创业者的冒险行为和孵化器管理者的积极行为如何影响社会资本与创业者绩效的关系？

创新行为的选择不仅需要依赖现有的资源调节，同时与行动者的主观选择密切相关。创业者在进行创业活动时面临着诸多挑战，而他们的心理能力有助于他们应对这些挑战，从而更好地完成创业活动，创业者对风险承担的意愿和对成功的渴求越强烈，越容易采取创新行动。对成就的需要重新呈现了一种心理力量，这种力量激励一个人总是渴望获得成功，从而迫切实施行动。创业者勇于担当的品质和勇于承担风险的能力容易获得同伴的信任，激发创业者之间技术秘密、商业想法、创业经验的共享，对于创业绩效具有积极作用。但是创业者的这种冒险精神却容易与规则和规范相冲突，不利于企业之间共同价值观网络的形成。风险承担能力是指通过冒险进入新市场和投资具有不确定结果的资源而采取大胆步骤的能力，表现为冒险倾向。但是，外部的政策支持和资金支持会非常关注投资汇报的"风险"问题，风险评估过高的项目或者企业往往会被放弃或淘汰。因此，创业者风险承担虽然会促进认知性社会资本对创业绩效的影响，却阻碍结构性社会资本对创业绩效的促进。对于创业者而言，冒险精神是利弊共存的体现，需要被慎重考虑。

在这个阶段，应该强调的是管理者主动行为在社会资本与创业绩效之间的积极作用。在孵化器中，管理者积极制定科学合理的企业入驻、退出和管理办法，无疑为创业企业树立了统一的标准和要求，促进了创业企业之间共同价值规范的形成。与此同时，主动的管理者是孵化器关系网络"结构洞"的连接者，管理者则可以占据结构洞，将新创企业与其他网络连接起来，确保创业者可以与外部主体建立关系。当管理人员为新创企业提供进入外部网络（公司、协会和其他代理人）以及进入其他资源（如转学和培训计划）的机会时，他们鼓励在孵化器之外建立网络和联系。孵化器管理者可以充当孵化器内新创企业和其他对业务有用和必要的外部代理之间的连接器。而正是这种搭桥的社会资本，在企业的规划、实施和管理等方面，对新创企业的经营效率产生了显著的影响。尽管一些学者认为，管理者的任务不一定是建立关系，因为新创企业自然和本能地彼此协作，但当前的研究结果表明，孵化器管理者确实充当了一个结构洞中的桥梁，将新创企业与其他外部代理人联系起来，从而有利于新创企业经营效率的提升。

虽然大学负责培养有助于建立网络的创业传统，但管理者可以在孵化器成员之间建立基于信任的网络和社会互动。管理人员直接帮助承租人之间建立信任，营造互惠的气氛，促使承租人之间产生认同感。因此，入驻企业个体社会资本和孵化器集体社会资本的促进取决于管理者的主动性。那些积极主动的管理者，可以参与传递关系给入驻企业的管理者，在孵化器租户之间建立信任和友谊的基础上建立网络和社会互动，促进知识流动和创新。

因此，从孵化器组织人员行为角度出发，创业者风险承担和孵化器管理者主动行为是解释大学孵化器下新创企业社会资本与企业创新关系的核心。研究结果证实了具有风险承担意识的创业者和高度负责的孵化器管理者作为关系型社会资本的驱动者所起的关键作用。

≫ 10.4 本章小结

本章对大学孵化器下企业社会资本对创业绩效的影响结果进行了探讨，明确了企业关系性社会资本、结构性社会资本和认知性社会资本对创业绩效的积极意义；也证实了"企业社会资本—创新行为—创业绩效"路径关系的存在；强调了管理者主动行为在社会资本与创业绩效之间的积极作用。

本书对未来研究的主要理论贡献是通过社会资本理论探讨大学孵化器下新创企业的绩效的概念做出了更好的解释。更具体地说，本书通过以下方式对该研究作出了贡献：将在西方社会环境中发展和测试的嵌入性论点和社会资本理论应用到中国贵州省的现实中，扩展了范式边界；将创业生态系统的一个部分与社会资本理论联系起来，论证了社会资本的不同组成部分对多个创业绩效指标的不同功利价值，并建立了其工具效用的排序顺序，探讨了社会资本对创业绩效的影响；能够更好地理解创业企业之间知识协同的前因和结果，揭示了创业企业流动关系对于绩效提升的路径；明确了创业者风险承担的调节作用，明确了主动行为和勇于承担风险在创业过程中的价值和意义；衡量了孵化器管理者作为中间人的影响，填补了创业企业与外部代理人之间的结构洞。

≫ 本章参考文献

[1] 梁祺,张宏如.新业态下孵化器社会资本对创新孵化绩效的影响机制研究[J].软科学,2019,33(11):29-34.

[2] 袁剑锋.孵化网络嵌入、创新行为与新创企业绩效关系研究[D].广州:华南理工大学,2018.

[3] 袁剑锋,许治.企业孵化器国际研究系统回顾:现状及未来发展方向[J].科学学与科学技术管理,2018,39(8):82-99.

[4] ANTONCIC,J A,ANTONCIC B,GANTAR M,et al.Risk-taking propensity and entrepreneurship:the role of power distance[J].Journal of enterprising culture,2018,26(1):1-26.

［5］ BOURDIEU P.In praise of sociology：acceptance speech for the gold medal of the CNRS1［J］.Sociology，2013，47（1）：7-14.

［6］ BØLLINGTOFT A.The bottom-up business incubator：leverage to networking and cooperation practices in a self-generated，entrepreneurial-enabled environ-ment［J］.Technovation，2012，32（5）：304-315.

［7］ GERDSRI N，IEWWONGCHAROEN B，RAJCHAMAHAK，et al.Capability assessment toward sustainable development of business incubators：framework and experience sharing［J］.Sustainability，2021，13（9）：4617.

［8］ CORACZKOWKA J.Enterprise innovation in technology incubators and uni-versity business incubators in the context of polish industry［J］.Oeconomia copernicana，2020，11（4）：799-817.

［9］ HAUSBERG J P，KORRECT S.Business incubators and accelerators：a co-ci-tation analysis-based，systematic literature review［J］.The journal of technolo-gy transfer，2021，45（1）：151-176.

［10］ LÖFSTEN H.Business and innovation resources：determinants for the survi-val of new technology-based firms［J］.Management decision，2016，54（1）：88-106.

［11］ REDONDO M，CAMARERO C.Social capital in university business incuba-tors：dimensions，antecedents and outcomes［J］.International entrepreneur-ship and management journal，2019，15（2）：599-624.

第 11 章 "双创"教育下促进创新创业发展的管理启示

在大学孵化器中，创业者以掌握研发技术的大学教师和拥有创业激情的大学生为主，这两类特殊的创业者往往拥有一定的学术背景，掌握一定的专业技术，但是又缺乏市场和商业的经验。大学孵化器可以被视为一个实验环境，在这里，创业者们除获得场地、资金和基础设备的支持以外，还能通过与其他创业者建立关系来锻炼商业和社会技能，并与其他企业建立联系，这些关系联络被证明对创业企业业务的发展具有积极意义。孵化器下企业的关系性、结构性和认知性社会资本被认为对创业企业的绩效具有积极意义；关系性、结构性和认知性社会资本通过促进知识和信息的交流刺激初创企业的创新，达到企业绩效的提升；创业企业的这一创新行为过程同时会受到创业者风险承担和孵化器管理者主动行为的影响。因此，作为创新创业服务平台的大学孵化器，在帮助初创企业集聚社会资本、设计初创企业管理路径、帮助企业成长、促进高校创新创业高质量发展的"双创教育"方面应发挥积极的作用，具体包括：

≫ 11.1 刚柔并济，促进社会资本的建构和积累

大学孵化器通常由大学设立专门的管理机构和人员，负责协调孵化器内企业与企业、企业与大学、企业与政府、企业与服务机构的关系对接，落实国家和学校的优惠政策，为新创企业和孵化器发展争取政策和资金等的支持。大学孵化器关系性、结构性和认知性社会资本对于创业企业的创业绩效具有积极作用，因此大学孵化器的管理应从关系性、结构性和认知性三个维度积极创造社会资本，从规范管理的"刚"到促进交流协同的"柔"两个方面发力，刚柔并济，协同促进新创企业的发展与成长。

11.1.1　规范管理，建立认知性社会资本

认知性社会资本对于创业绩效的促进体现在：在大学孵化器下，创业成员之间共同的语言能促进交流从而达成共识（共享语言）；成员间所共享的意义符号和共同的经历产生的共享文化能被成员共同遵守，并形成行动的一致（共享文化）；成员间共同的理解、认知、价值观能提高成员的归属感，加强信任，推动成员间相互帮助（共同价值观）。这一发现的含义是，大学孵化器管理人员的任务之一应该是评估创业者的概况和多样性，以促进可能对他们最有利可图的联系。也就是说，大学孵化器的管理者应该激发创业成员之间的互惠感和认同感，因为这些是未来内部和外部关系的纽带。

对于孵化器内大部分的创业成员而言，他们来自不同学院、拥有不同的学科背景、不一样的创业理论、不同的价值观念和思维，试图在他们中间建立共享语言、文化和价值观并非易事。大学孵化器管理者和经营者需要认识到，孵化器的发展和企业的成长除了需要政府和学校的大力支持，还需要提高自我发展的能力，规范管理、制度创新，必须树立服务至上、管理为辅的理念，寓管理于服务之中，建立相关的支撑服务体系。

（1）建立项目的孵化和退出机制，统一规范管理制度。大学孵化器依托高校的科技背景，对学校的科技成果进行产业转化，创新思想进行市场化运行。在通常情况下，凡经过论证进入孵化器的企业和项目，均可享受办公场地、设施设备利用、创业启动资金扶持等优惠政策和高效服务。因此，对于入驻项目的筛选应摒弃"挖到筐里就是菜"的思想，实行孵化链条服务管理工作一条龙式运作模式，立足经济产业特点和发展规划，对创业团队在成立公司前期以项目形式进行创业苗圃预孵化培育，然后通过专家评审的方式有目的、有计划地筛选创业"金种子"，提供创业资金资助，为其中有良好发展前途的创业企业提供更深层次的孵化服务。

科研项目入驻孵化器和退出孵化器，都应制定统一的标准。制度系统化建设，规章上墙，让所有准备入驻或已经入驻的企业建立统一的操作和运行认知。同时，提高项目准入门槛，实行专家论证机制，组建由高校行业专家、行业企业专家等在内的知名专家库，在项目入驻前对项目技术含量、创新能力等进行综合论证，将那些对地方经济拉动作用小、技术含量低、缺乏市场前景的项目拒之门外。

进入孵化器的项目也并非高枕无忧，应为入驻项目设定年度考核，入驻一定时间后，组织专家审核小组再次对项目发展和进度进行分析，那些发展无望、后续无力的项目最终将被淘汰出局。只有建立标准和统一的项目孵化和退出机制，并在实践过程中严格执行，营造公平、公正、公开的创业氛围，才能培养入驻企业的忧患意识和创业意识。管理规范统一有助于成员共同意识的培养和建立。

（2）营造创新创业舆论，培育创业共享文化。成员间所共享的意义符号和共同的经历产生的共享的文化能被成员共同接受。而共享文化的形成则是日积月累的过程。针对大学孵化器创业者共享文化和共同价值观念的培育，应将创业文化融入校园文化建设之中，鼓励创新，树立创业典型，积极报道创新创业获奖或者创业转化成果，培养和激发师生的创业热情、创业动机和创业理念，不断提高广大师生对创业文化及创业型人才培养重要性的认识，促进创业者共享文化的逐步形成。

11.1.2　沟通互动，创造结构性社会资本

大学孵化器为创业者提供基础设施，促进与外部代理人建立商业网络，社会关系资源越多则机会越多（网络配置），个体在社会网络中建立关系网络越发达则越能有效地获取相应的隐藏在社会网络中的资源（网络联结），个体联络的联系人越多则越容易获取独家信息、新颖信息和有价值的创业机会（网络结构）。因此，大学孵化器管理者需要根据自身的结构性社会资本和创业者的个体社会资本，因地制宜，有效整合创业资源，积极建立孵化器服务平台与商业机构、孵化器与高校、孵化器与政府、企业与企业之间沟通的渠道，提升社会关系网络地位，促进自身发展的同时提供针对性服务。

（1）加强与商业机构的合作，建立完善的中介服务体系。在大学企业孵化网络中，大学、投融资机构、孵化器、中介服务机构、商业咨询机构及其他新创企业等组织通过联合互动，形成了以合作共赢、资源共享和风险共担为目标的孵化网络。新创企业在发展过程中，需要得到各类中介机构的辅助。例如，新创企业的新技术研发需要一定的技术支持，新产品需要数据测试、市场调研代理；新创企业科研项目及科研资金的申请、研发成果的推介；会计账务处理、代理记账、审计服务、项目融资、企业上市、风险投资等金融服务；创业咨询、企业管理咨询服务等。因此，孵化器管理者需要积极地为入园的新创

企业搭建技术服务、金融支持、产品测试、市场调研、数据分析等中介服务平台，促进新创企业与中介机构的合作。

（2）依托与高校的良好互动，实现高校科研力量与企业创新相结合。大学孵化器管理者要定期走访创业企业，掌握创业企业技术转化情况，汇集企业在创业过程中的技术难题。针对创业企业遇到的技术瓶颈，收集问题并反馈到学校，积极组织校内专家、科研团队联合实施技术改进和科研攻关，以帮助企业促进技术提升。同时，大学孵化器管理者和经营者可以组织孵化器内的创业企业与学校实践性较强的专业或学科联合开办实践课程，建立就业实习基地，联合培养学生，一方面为创业企业可持续发展培养人才，另一方面协助高校加强学科建设，提高科研成果转化率，实现知识创新与孵化器发展的良性结合，提高大学孵化器在学校社会网络中的地位。

（3）建立与政府部门的沟通渠道，落实政府的普惠政策。孵化器管理者需要随时关注国家、省、市和地区对于创新创业的优惠政策，以及对于新创企业发展的扶持政策和相关的管理办法，了解最新的创业普惠政策，组织新创企业积极申报和争取优惠，一方面可以降低新创企业创业的负担和成本，另一方面可以提升新创企业的信任。在实践中，积极建立与地方科技、税务、市场监督管理、工商等部门的联系，帮助企业在税收政策优惠申请、专项资金支持补助、各类行政审批手续的办理、产品质量管理体系标准认证等方面提供指引，进一步畅通企业与政府部门沟通的渠道。

11.1.3 交流学习，打造关系性社会资本

本书的研究结果还展示了关系性社会资本的重要意义。网络成员之间彼此信任能增加归属感和安全感，降低知识和资源的自我保护力度，促使网络主体提高资源分享意愿，提高资源的共享机会和资源转移效率（信任）；集体成员共同遵守的行为规则会促使成员自动调整自己的交际态度和动机，积极融入群体（规范）；高质量的责任促进了期望的满足，促进了信赖和信任的增长（责任与期望），有利于知识的协同；个体对其他成员的认可程度则能促进知识和技术的交流（认同）。因此，大学孵化器管理者只有采取积极的对策，促进孵化器内集群企业的彼此认同、信任，才能促进知识的流动，实现"1+1>2"的知识协同价值。

（1）搭建"企业协作中心"，促进企业之间的交流互动。孵化器内的企业

虽然在物理空间上邻近，但大多学科背景和创业背景有一定差异性，平时沟通交流较少。大学孵化器管理者可以通过为孵化器新创企业的成员提供活动空间，分享经验，搭建"企业协作中心"或者"企业家俱乐部"，定期或不定期地开展研讨、沙龙等形式的活动，让企业之间彼此认识和交流创业心得等，为创业者聚首、沟通思想、抒发见解、探讨创新创业的经营理念提供场所和机会，促进创业者的沟通，实现创业知识的学习。

（2）加强孵化企业与外部主体的交流，提升创业者的共同认知。孵化器的管理者可以定期或不定期地开展讲座、培训、咨询等活动，通过邀请行业企业负责人、专家学者、政府工作人员、优秀创业导师等开展培训和讲座。通过引进创业成功者或有着丰富创业经验的人士及专业投资人作为创业导师，传授创业者运营管理、产品设计、市场营销、发展策略、财务规划等经验，介绍优惠政策，帮助创业者降低创业风险，提升创业成功率。同时，促进知识的交流，加强创业者与各类人员的联系，培养创业企业共同的认知，提高彼此的认同感。

11.2 守正创新，激发师生创新活力与创业动力

大学孵化网络中的创业企业频繁交互往来产生了互惠和信任，促进隐性知识在企业之间的有效转移，显著扩展了创新知识和经验的交流，扩展了创新路径。新创企业无论是采取原有经验改进的利用式创新，还是一切重新开始的探索式创新都能使企业在某种程度上获益，促进绩效，这正是创业企业本质属性的体现。由此可见，大学孵化器内企业创新行为的重要价值。因此，作为大学孵化器管理者和经营者不仅要关注孵化企业之间显性资源资本的提供，更应该关注隐性的社会资本促进企业创新对于孵化企业的重要性，采取积极措施，激发和鼓励企业创新。

11.2.1 举办创新创业活动，加强交流学习

大学孵化器管理者可以定期开展大学生创业沙龙、创新创业活动周、获奖项目路演分享会、科创联合会等活动，为大学生创业者提供更多交流的机会，形成互帮互助的风气。同时，可邀请行业领先企业的创业者开展座谈交流。根

据行业特征组织主题活动，能够很好地调动创业者的积极性，增进创业者与企业家的交流，不仅能互帮互助，解决创业面临的共性问题，甚至能促进彼此间产生实质性的商业合作。

同时，向发展水平和管理水平较高的孵化器学习，借鉴先进的管理模式。例如，深圳清华大学研究院实行的"企业协作中心"模式，就能很好地促进交流学习。"企业协作中心"模式专门为被孵化的新创企业提供成果鉴定、商情分析、企业战略、法律顾问、市场营销、人力资源和财务管理等多种形式的管理服务。建立以教授、研究员、企业专家为主体的专家顾问团，设置为会员"诊病"和"治病"的专家门诊，采用走访企业了解困难解决问题的"出诊"、对企业提出问题专家分析研讨提出解决对策的"会诊"、专家在线研究的"坐诊"三种方式来为新创企业提供专业化和个性化的优质服务，促进知识的沟通、交流和协同。

11.2.2　开发创新创业课程，构建创新系统

创业教育是高校的教育工作之一，担负着创业意识的培养、创业技能的训练和创业知识的传授三大重任。专业课程的创新创业培养主要在于专业知识教育、核心技术学习和学科素养的提升。对于大学孵化器而言，则要根据创业型人才必须具备的商业知识结构培养师生的创新创业意识。因此，大学科技园可以积极开展教育教学改革有关工作，开展线上或线下的创新创业公共课（如"创业管理""创业社会常识""企业战略管理""市场营销战略""创业企业设计和研发"等与创业密切相关的课程），邀请专业教师团队共同开发和授课。紧密依托教学，形成创新创业教育的"课程教学—项目研究—竞赛实训—成果转化—创业孵化"全价值链体系，并积极开拓和整合校内外资源，实现学校主导、教师参与、学生自主、企业介入、政府扶持的创新创业教育生态系统。

11.2.3　激发创新创业激情，改革评价机制

大学孵化器的创新资源总体有限，如何及时发现和精准培育高新技术企业，加快引导各类创新要素向"潜力"企业集聚值得讨论。无论企业规模如何，产品品类是否丰富，对于创业企业的发展绩效评价本质应倡导以实际业绩

和社会效果为主。高校要根据国家规定和学校实际，制定企业发展绩效的评价指标，如目前流行的"企业创新积分制"办法，以科学合理的方式考核企业发展潜力，促进优势资源的集聚。同时，科技成果转移转化奖励和收益分配办法也应合理与公正。在制定科技成果转移转化奖励和收益分配办法时，要充分听取学校科技人员的意见，兼顾学校、院系、成果完成人和专业技术转移转化机构等参与科技成果转化的各方利益。只有评价机制和利益分配机制合理，才能充分激发孵化器内主体创新创业的热情。

≫ 11.3 踔厉奋发，培养创业者风险承担意识

创业者的冒险精神容易与规则和规范相冲突，不利于企业间共同价值观网络的形成，也容易遭受风险投资的"嫌弃"。创业者勇于担当的品质和勇于承担风险的能力容易获取同伴的信任，激发创业者之间技术秘密、商业想法、创业经验的共享，对于关系性社会资本与创业绩效的关系构建具有积极的调节作用。

大学孵化器内的创业者，特别是大学生创业者具有盲目乐观、急于求成、市场观念淡薄、缺乏商业风险意识等特点。创业者风险承担是一把双刃剑，对于创业者大胆创新、勇于担当的品质需要鼓励和培养，对于急于求成、过于冒进的想法则需要积极引导。

11.3.1 加强理论与实践的学习，提升风险辨别能力

针对大学生创业者风险辨别意识弱的问题，需要加强创业风险教育。风险教育的核心在于理论与实践相结合。在教学课程体系优化上，学校的双创学院可以组织专业教师建设一批有关创新创业培养和风险意识辨别的理论课程，如市场动态、投融资、营销、法律等相关的课程，在师资缺乏的情况下可以开设慕课，供学生选择和学习。通过开设专门的创业风险课程，指派专业教师专门讲授风险知识及相关风险的防范与处理方法，使学生具备基本的风险理论及常识。

实践课程可以由各个专业与双创中心合作，增加适当的社会调查、市场调查等课程，通过讲授、案例、模拟、调研等教学方法开展创业风险教育。针对

教师创业者，可以开展相关培训课程或安排教师到相关行业企业进行挂职锻炼，促进教师对风险知识的学习和了解。

同时，可以邀请一些商界人士到校为师生分享创业经历，讲解最新的市场动态等，增强学生对市场风险的认识，提高风险辨别能力。

11.3.2　注重创业实践能力培养，提高风险承担能力

风险承担能力的培养并非一蹴而就，而是实践出真知。在平时的学生创新能力培养过程中，大学孵化器在组织国家"互联网+"大学生创新创业大赛"挑战杯"等校级选拔赛中，需要邀请创业导师对学生的创业项目进行评审和指导，积极组织各类校级创新创业大赛、开设创业讲座等，激发大学生的创新思维和创业兴趣，提升风险承担意识。除此以外，在条件允许的情况下，高校的后勤管理工作可以适当地提供一些工作岗位让学生参与创业，自主经营，自负盈亏，丰富创业经验，增加风险意识。

11.3.3　强化创业典型案例探讨，增强创业风险意识

多数创业者在创业初期总是踌躇满志，但是由于缺乏对风险的认知，往往使得创业草草收场。而学习典型案例可以很好地培养创业者的风险意识，有效规避创业过程中的各类风险。成功的创业案例和创业典型不仅可以激发创业者的创业热情，也可以增加大学生创业者的创业自信。在专业课程教学、创业课程开设、实践课程操作、讲座培训等过程中都可以有效地使用案例分析教学法。通过成功案例的分析和报告，深入剖析创业成功案例在创业各个阶段所遇到的风险，以及规避风险的举措，适时地结合实际，有意识地强调该创业者在创业中关于创业风险的防范及处理措施，使大学生正确地认识创业风险，增强创业风险意识。

≫ 11.4　奋楫笃行，发挥孵化器管理者主动作用

主动的管理者是大学孵化器关系网络"结构洞"的连接者，其促进了创业企业之间、创业企业和高校之间、创业企业和政府之间、创业企业和中介机

构之间的联结，促进了集群企业之间个体信任和友谊的建立，增加了新创企业社会资本，影响知识的流动，促进创新发展。因此，对于管理者而言，制定管理机制、定期召开交流会议、积极争取外部支持等主动行为都是必要的职责。

11.4.1 主动思考，强化孵化服务理念

大学孵化器管理者要学会主动思考创业企业的需求、主动思考孵化器的责任、主动思考孵化服务水平的提升。时刻以在孵企业为中心，努力满足在孵企业成长和发展过程中的需求，关注新创企业成长中遇到的困难和瓶颈，积极地想办法为孵化企业解决创业过程中遇到的问题。树立有效服务的观念，注重服务水平和质量，不断增强服务能力，有针对性地帮助在孵企业解决创立和发展过程中遇到的困难。与此同时，孵化器运营管理人员要主动思考在服务创业企业的过程中如何培养自身的综合能力，特别是要有能力胜任创业导师，做高企体系贯彻标准的倡导者。

11.4.2 规范流程，明确服务的责任主体

作为大学孵化器管理者和经营者，规范管理流程，明确责任主体是核心工作任务之一。需要建立企业或项目入驻、管理、服务与退出的规范，优化服务流程，做到责任明确。开展服务规范化和标准化建设，提高服务质量，明确管理者的责任分工，对新创企业的成立、产品研发、市场投入、过程管理、毕业退出等过程配置专业的管理人员，为新创企业的成长全程保驾护航。

11.4.3 主动作为，创新服务模式和方法

孵化器管理者需要主动作为，积极探讨服务模式与方法的创新。引入社会力量为孵化器及在孵企业提供服务，推进孵化服务社会化。孵化器要发挥自己的优势，对于自身没有优势的服务项目，要充分发挥和借助社会机构的力量，引入专业化的服务；要探索有偿服务的方式和方法，通过有偿孵化服务促使孵化器提高服务质量和服务效率，改进服务态度，不断提高孵化服务。构建有效的投融资服务、管理咨询与培训服务、技术服务和中介服务等平台。应当配备专业技术平台和有专业背景的管理队伍。提供办公场地、通信系统、计算机网络系统等基本设施和全天候的物业服务、商务服务。孵化器管理者要构建健

全、有效的服务体系，注重营造良好的创业氛围，提高孵化服务的能力与水平。

11.5　本章小结

大学孵化器体现了知识创新和技术转移，是国家创新体系的重要环节。大学孵化器的建设和发展对于大学本身或大学的师生群体而言都有着重要的价值和意义。在大学孵化器的建设中，规范管理，锐意创新，积极探讨创业企业交流互动、创新成长的管理模式，建立自我发展、自我壮大的运作机制，走可持续发展之路，是必然选择。

本章从大学孵化器管理者和经营者角度出发，探讨了"双创"教育背景下新创企业绩效提升的管理模式，总结了本书对于高校创新创业教育的重要管理启示：一是规范管理加优化服务，促进社会资本的营造；二是积极探讨创新方式，促进新创企业的创新；三是培养创业者风险承担能力；四是发挥管理者主动行为。

从这些结果中，可以看出某些管理方面的影响。在创造社会资本方面，孵化器管理人员应该意识到，创业者要发展的主要技能之一必须是在孵化器内外建立关系网的社会能力。因此，孵化器管理者在促进外部关系的同时，也要在促进内部关系的变化中发挥桥梁的作用。

本章参考文献

[1]　郭荔清.基于需求视角的科技企业孵化器人力资源管理体系创新[J].知识经济,2017(14):71-72.

[2]　巩家诚.基于零缺陷理论的企业孵化器管理模式构建研究[J].企业改革与管理,2022(3):9-11.

[3]　梁琳.基于协同发展的企业孵化器孵化能力研究[D].成都:西南石油大学,2006.

[4]　林强,姜彦福,王德保,等.科技创新孵化器的管理模式研究:以深圳清华大

学研究院为例[J].科学学与科学技术管理,2003(8):16-21.

[5] 王天卓.浅谈哈尔滨工程大学国家大学科技园科技企业孵化器“模块化”管理模式[J].黑龙江科技信息,2010(33):115.

[6] 温平川,罗显波.基于孵化器的信息产业技术创新管理模式研究:以重庆市为例[J].企业经济,2012,31(4):60-62.

[7] 袁剑锋.孵化网络嵌入、创新行为与新创企业绩效关系研究[D].广州:华南理工大学,2018.

[8] 袁剑锋,许治.企业孵化器国际研究系统回顾:现状及未来发展方向[J].科学学与科学技术管理,2018,39(8):82-99.

附　录

》》大学孵化器社会资本对新创企业创业绩效影响调查问卷

尊敬的先生/女士：

　　您好！感谢您在百忙之中抽出时间参与本问卷调查。本问卷主要想了解大学孵化器社会资本与新创企业创业绩效的相关情况。此次调研为学术研究，我们将对您所填报的数据严格保密。如您对分析结果感兴趣，欢迎您提供邮箱，我们会在研究结束后及时将研究结果发送给您。您的真实情况将为大学孵化器和新创企业发展提供很有价值的参考。

　　在这个调查中不必填写名字。所有的答案将只用于统计分析。有关资料将进行严格保密处理。您只需要根据实际情况回答即可。

　　感谢您对这次调查的帮助与支持！

填表说明

　　1. 本问卷答案无对错之分，请您根据实际情况回答，在相应的选项上打对号即可。

　　2. 题项中 1~5 的分值表示程度依次递增。

　　3. 问卷第一部分表示您所认为题项中所描述的内容与您实际情况的符合程度。问卷第二部分调查您的基本信息，调查资料仅用于统计分析。

≫ 第一部分：大学孵化器社会资本对新创企业创业绩效影响调查问卷

表 1

编号	变量类型	变量内容	新创企业创业绩效	完全不符合→完全符合				
	盈利性绩效	市场占有率	与市场平均水平相比，本企业具有较高市场占有率	1	2	3	4	5
		净收益率	与市场平均水平相比，本企业具有较高净收益率（净收益/总销售额）	1	2	3	4	5
	成长性绩效	销售额	本企业销售额较去年有增长	1	2	3	4	5
		市场份额	本企业市场份额较去年有所增长	1	2	3	4	5
		员工数量	本企业员工数量较去年有所增长	1	2	3	4	5
	创新性绩效	专利数量	本企业申请的专利数量较去年有所增长	1	2	3	4	5
		新产品开发数量	本企业新产品开发数量较去年有所增长	1	2	3	4	5
		科技成果转化率	本企业科技成果转化率较去年有所增长	1	2	3	4	5

表 2

编号	变量类型	变量内容	社会资本	完全不符合→完全符合				
	认知性社会资本	共同的语言	和我在同一个孵化器里面的创业者，总是…… 能有效地传递与反馈信息，解决企业面临的问题；语言沟通和交流上是顺畅的	1	2	3	4	5
		共同的文化	有很多共同的创业经历，能够共享这些创业经历	1	2	3	4	5
		共同的价值观	对如何更好地合作看法一致	1	2	3	4	5

表 2（续）

编号	变量类型	变量内容	社会资本	完全不符合→完全符合
	结构性 社会资本	网络联结	本企业在孵化器中被大家所熟知，孵化器内外部其他企业很容易就能与本企业交流互动、产生业务往来	1 2 3 4 5
		网络配置	本企业利用孵化器与其他新创企业实现非常多的业务合作	1 2 3 4 5
		网络结构	本企业在孵化器中有很大的影响力	1 2 3 4 5
	关系性 社会资本		和我在同一个孵化器里面的创业者，总是……	
		信任	彼此信任	1 2 3 4 5
		规范	举止始终如一，愿意共同遵守相关规定	1 2 3 4 5
		责任和期望	寻求帮助的时候，对方能够乐于助人，实现我的期望	1 2 3 4 5
		认同	彼此认可，有群体归属感	1 2 3 4 5

表 3

编号	变量类型	变量内容	企业创新行为	完全不符合→完全符合
	探索式 创新	技术创新	本企业愿意承担风险开发新技术或新产品，替代原有技术或产品	1 2 3 4 5
		市场创新	本企业愿意承担风险开拓不熟悉的细分市场	1 2 3 4 5
		营销方式创新	本企业愿意承担风险尝试运营全新的市场营销策略	1 2 3 4 5
	利用式 创新	技术创新	本企业注重提高现有技术或技能，以改善产品和服务质量	1 2 3 4 5
		市场创新	本企业注重扩展现有产品或服务的市场份额	1 2 3 4 5
		营销方式创新	本企业注重销售经验的积累，以完善和改进营销策略	1 2 3 4 5

表4

编号	变量类型	变量内容	孵化器管理者主动行为	完全不符合→完全符合				
	孵化器管理者主动行为	对成功的渴望	我所在的孵化器管理者们，总是为我们提供…… 孵化中心之间的会议和活动	1	2	3	4	5
		新产品创造	进入孵化器网络的机会（有公司、协会、专业代理、顾问、律师等）	1	2	3	4	5
		新市场侵入	与大学相关的服务（为学术导师、学生、毕业生提供技术转让服务和开展培训）	1	2	3	4	5

表5

编号	变量类型	变量内容	创业者风险承担	完全不符合→完全符合				
	创业者风险承担	促进交流	对于企业绩效的提升，我有非常迫切的愿望	1	2	3	4	5
		加强联络	我愿意带领企业开发全新的产品	1	2	3	4	5
		提供服务	我愿意进入收益可能很好，但是风险高的新市场	1	2	3	4	5

➤➤ 第二部分：孵化器、企业和企业负责人基本信息情况

（1）您的性别：□男；□女。

（2）您创办企业时的年龄：□20岁及以下；□21～30岁；□31～40岁；□41岁及以上。

（3）您的教育背景：□专科及以下；□本科；□硕士；□博士。

（4）您所在企业成立年限：□1年；□2年；□3年；□3年以上。

（5）您所在企业当前员工总数：□5人及以下；□6～10人；□11～20人；□21人及以上。

（6）您所在企业入驻本孵化器年限：□1 年；□2 年；□3 年；□3 年以上。

（7）您所在企业所处大学孵化器级别：□国家级；□省级；□其他级别。

后 记

又是一年冬去春来、时移物换；又是一年奋发蹈厉、砥志研思。

关于选题，为什么会想要做大学孵化器下企业社会资本与创业绩效的研究，有两个原因：一是曾经在校指导学生做过一些创新创业相关的项目，学生总有很多好的创意和想法想要付诸实践，却困难重重。二是自己所学专业为企业管理，也曾经萌发创建企业的"冲动"，高校教师想要创业，大学孵化器是很好的辅助平台。它可以提供场地、资金、信息等资源，促进新创企业的发展和成长。因此，著者对于大学孵化器下企业的创业绩效的研究，有着极大的兴趣和热忱。

此书的写作初衷，仅仅是因为这是本人博士论文的研究成果。2020 年 1 月，有幸得到单位的支持，出国继续博士研究生阶段的学习。可是刚出国便遇到新型冠状病毒感染，至此已 3 年有余。3 年期间，一直开展线上的学习，和博士生导师们一起探讨社会研究的范式，一起研读管理学经典理论，一起学习使用 CiteSpace、SPSS 等数据分析的工具。然后就是选题、开题和论文的写作。论文基本写完以后，慢慢地滋生出将理论和思想总结提炼，将整个论文整理编著成书的"妄想"。之后，便开始搭建书稿框架，一遍一遍地修改，途中经历多少次框架的修改已不记得，利用晚上和周末的时间不断地修改，不断地加工。

书稿主要在 2022 年和 2023 年这两年中完成。这两年，始终处于工作上教学、科研、行政压力并行，生活上照料两个幼小孩子的饮食起居和辅助学习，学业上完成博士论文的写作和答辩，巨大的工作和生活压力时常让自己喘不过气来。但是，很庆幸终于完成，终究熬了过来。

当然，本著作之所以能够出版，得益于各方的鼎力支持——导师和益友在专业和写作中的指导，学校双创中心同事在调查中的积极支持，家人的陪伴，都给了我很大的鼓励。在此，谨以此记一并表达深深的谢意！

囿于水平，本书存在的不足与疏漏在所难免，敬请广大读者批评指正。

丁 克

2023 年 4 月 7 日